該資料輯録爲國家社會科學基金重大項目
“東胡系民族歷史文獻整理與研究”（項目號：17ZDA211）
成果之一，獲内蒙古大學“2021年度雙一流建設
和特色發展引導資金”資助出版

【東胡系民族資料彙編】

張久和　主編

張久和　王石雨　編

東胡資料輯録 烏桓（丸）資料輯録

中華書局

圖書在版編目(CIP)數據

東胡資料輯録　烏桓(丸)資料輯録/張久和,王石雨編. —北京:中華書局,2022.12
(東胡系民族資料彙編)
ISBN 978-7-101-16009-3

Ⅰ.東…　Ⅱ.①張…②王…　Ⅲ.鮮卑–民族歷史–史料–中國–商代–漢代　Ⅳ.K289

中國版本圖書館 CIP 數據核字(2022)第 231025 號

書　　名	東胡資料輯録　烏桓(丸)資料輯録
編　　者	張久和　王石雨
叢書名	東胡系民族資料彙編
責任編輯	陳　喬
責任印製	管　斌
出版發行	中華書局
	(北京市豐臺區太平橋西里 38 號　100073)
	http://www.zhbc.com.cn
	E-mail:zhbc@zhbc.com.cn
印　　刷	三河市宏達印刷有限公司
版　　次	2022 年 12 月第 1 版
	2022 年 12 月第 1 次印刷
規　　格	開本/920×1250 毫米　1/32
	印張 13¾　插頁 2　字數 260 千字
國際書號	ISBN 978-7-101-16009-3
定　　價	98.00 元

目　録

東胡資料輯録

烏桓(丸)資料輯録

東胡資料輯録

凡　例

　　本輯録包含紀傳體、編年體、典制體史書以及大型類書、地理總志中有關東胡之資料。其收録範圍包括：凡各類典籍中有"東胡"字樣，無論其爲記載"東胡族"歷史還是指代東胡系各民族，均予以收録。如無"東胡"二字，僅指代東胡系民族，則不予收録。

　　本輯録編排方法：以正史爲主，以本紀爲綱，重出者集中排列，歧異者注明。

　　所收録史料過長時，與東胡關係較小之部分，酌情予以省略。

　　本輯録主體分爲兩部分：

　　（一）散見史料繫年録

　　（二）散見未繫年史料

　　"散見史料繫年録"每條史料均標注公元紀年，輔以周、秦、兩漢等政權年號，以資對照。同年資料，按月編排，記載相同或相近内容之史料按成書年代排序並予以集中。年代可以判斷大致範圍但不能絶對確定者，一般繫於相當年代之末並作出注釋。不能或不宜繫年者，則編入"散見未繫年史料"。

　　所標年月，以正史爲主，正史無可考者，則據《資治通鑑》或其他史料，具有争議者則以注釋説明。

　　所收資料，酌分段落，所用史料爲影印版本者添加標點符號。影印本文字儘量遵循原書，如有明顯謬誤者，根據其他版本或正史靈活參正。對舊字形、俗字以及部分異體字，本系列輯録選用規範繁體字代替。明清刻本中的避諱字，一般恢復爲原字。

　　文内凡標注爲脚注之字句，均爲編者所添。圓括號中内容除史料原文自帶外，一般爲補充所發生事件之主語，如："（冒頓）遂東襲滅東胡王，虜其人衆畜産。"

　　本編所收資料，將各史之正文及後人注釋均予以收録，如《通鑑》胡三省注即全部收録。注釋及編者之自注，俱使用小號字體。各點校本史料，多附有校勘記，考慮到其學術價值，本系列輯録均予以保留。

散見史料繫年録

公元前七〇六年　周桓王十四年　齊釐公二十五年

是後六十有五年,而山戎〔一〕越燕而伐齊,齊釐公與戰于齊郊。

〔一一〕【索隱】服虔云:"山戎蓋今鮮卑。"按:胡廣云"鮮卑,東胡別種"。又應奉云"秦築長城,徒役之士亡出塞外,依鮮卑山,因以爲號"。

《史記》卷一百十《匈奴列傳第五十》頁二八八一、二八八三

公元前三〇七年　周赧王八年　趙武靈王十九年

十九年春正月,大朝信宮。召肥義與議天下,五日而畢。王北略中山之地,至於房子,〔一〕遂之代,北至無窮,西至河,登黃華之上。〔二〕召樓緩謀曰:"我先王因世之變,以長南藩之地,屬阻漳、滏之險,①立長城,又取藺、郭狼,敗林人〔三〕於荏,而功未遂。今中山在我腹心,北有燕,〔四〕東有胡,〔五〕西有林

---

①此處中華書局點校本《史記》無校勘記,中華書局點校修訂本《史記》二一九九頁校勘記〔三五〕作:屬阻漳滏之險 "漳",原作"障",據景祐本、紹興本、殿本改。按:本書卷四四《魏世家》:(轉下頁)

胡、樓煩、秦、韓之邊，[六] 而無強兵之救，是亡社稷，奈何？夫
有高世之名，必有遺俗之累。吾欲胡服。"樓緩曰："善。"群
臣皆不欲。

〔一〕【正義】趙州縣也。

〔二〕【正義】黃華蓋西河側之山名也。

〔三〕【正義】即林胡也。

〔四〕【正義】《地理志》云趙分晉，北有信都、中山，又得
涿郡之高陽、鄚州鄉；東有清河、河閒，又得渤海郡東平舒等
七縣。[①] 在河以北，故言"北有燕"。

〔五〕【正義】趙東有瀛州之東北。營州之境即東胡、烏
丸之地。服虔云："東胡，烏丸之先，後爲鮮卑也。"

〔六〕【正義】林胡、樓煩即嵐、勝之北也。嵐、勝以南石
州、離石、藺等，七國時趙邊邑也。秦隔河也。晉、洺、潞、澤
等州皆七國時韓地，爲並趙西境也。

《史記》卷四十三《趙世家第十三》頁一八〇五至一八〇六

自常山以至代、上黨，[七] 東有燕、東胡之境，而西有樓
煩、秦、韓之邊，今無騎射之備。故寡人無舟楫之用，夾水居

（接上頁）"道河內，倍鄴、朝歌，絕漳、滏水，與趙兵決於邯鄲之郊。"
《戰國策·趙策》三："今趙，萬乘之強國也，前漳滏，右常山，左河
間，北有代，帶甲百萬。"

① 此處中華書局點校本《史記》無校勘記，中華書局點校修訂本《史
記》二一九九頁校勘記〔三六〕作：又得渤海郡東平舒等七縣 《漢
書》卷二八下《地理志》下云"又得渤海郡之東平舒、中邑、文安、東
州、成平、章武"，凡六縣。

之民,將何以守河、薄洛之水;變服騎射,以備燕、三胡、〔八〕秦、韓之邊。

〔七〕【集解】徐廣曰:"一云'自常山以下,代、上黨以東'。"

〔八〕【索隱】林胡,樓煩,東胡,是三胡也。

《史記》卷四十三《趙世家第十三》頁一八〇九、一八一〇

自常山以至代、上黨,東有燕、東胡之境,西有樓煩、秦、韓之邊,而無騎射之備。故寡人且聚舟檝之用,求水居之民,以守河、薄洛之水,變服騎射,以備其叁胡、樓煩、秦、韓之邊。

《戰國策注釋》卷十九《趙策二》頁六七九

(趙武靈)王自往請之,使,疏史翻。曰:"吾國東有齊、中山,按趙都邯鄲,東接於齊,中山在其東北,故《史記·趙世家》載武靈王之言曰:"吾國東有河薄落之水,與齊、中山同之。"蓋河、薄落之水在趙之東,與齊、中山同此地險也。北有燕、東胡,西有樓煩、秦、韓之邊。《史記正義》曰:營州之境,即東胡、烏丸之地。林胡、樓煩,即嵐、勝之北也。班《志》:雁門郡樓煩縣。應劭《注》云:故樓煩胡地。嵐、勝以南,石州離石、藺等,七國時趙邊也,與秦隔河。晉、洺、潞、澤等州,皆七國時韓地,趙之西邊也。燕,因肩翻。今無騎射之備,則何以守之哉?騎,奇寄翻。先時中山負齊之强兵,侵暴吾地,係累吾民,先,悉薦翻。累,力追翻。引水圍鄗;微社稷之神靈,則鄗幾於不守也。鄗,趙邑;漢光武改爲高邑;隋、唐爲柏鄉縣地,唐屬趙州。鄗,呼各翻。幾,居衣翻。先君醜之,以爲趙國之醜。故寡人變服騎

射，欲以備四境之難，難，乃旦翻。報中山之怨。而叔順中國之俗，惡變服之名，惡，烏路翻。以忘鄗事之醜，非寡人之所望也！”

《資治通鑑》卷三《周紀三·赧王八年》頁一○四至一○五

自常山以至代、上黨，東有燕、東胡之境，而西有樓煩、秦、韓之邊，今無騎射之備。故寡人無舟楫之用，夾水居之民，將何以守河、薄洛之水；變服騎射，以備燕、三胡、秦、韓之邊。

《通志》卷八十七《周異姓世家第二·趙世家》頁一一三二上

公元前二七三年　趙惠文王二十六年

二十六年，取東胡歐代地。〔六〕

〔六〕【正義】今營州也。【索隱】東胡叛趙，驅略代地人衆以叛，故取之也。

《史記》卷四十三《趙世家第十三》頁一八二一

二十六年，取東胡歐代地。

《通志》卷八十七《周異姓世家第二·趙世家》頁一一三三下

公元前二四四年　秦始皇三年　趙孝成王二十二年

其後燕有賢將秦開，爲質於胡，胡甚信之。歸而襲破走東胡,東胡却千餘里。與荆軻刺秦王秦舞陽者,開之孫也。燕亦築長城,自造陽^{〔八〕}至襄平。^{〔九〕}置上谷、漁陽、右北平、遼西、遼東郡以拒胡。

　〔八〕【集解】韋昭曰:“地名,在上谷。”【正義】按:上谷郡今嬀州。

　〔九〕【索隱】韋昭云:“今遼東所理也。”

《史記》卷一百十《匈奴列傳第五十》頁二八八五至二八八六、二八八七

　其後燕有賢將秦開,爲質於胡,胡甚信之。歸而襲破東胡,〔東胡〕^{校〔1〕}却千餘里。^{〔四〕}與荆軻刺秦王秦舞陽者,開之孫也。燕亦築長城,自造陽至襄平,^{〔五〕}置上谷、漁陽、右北平、遼西、遼東郡以距胡。

　〔四〕師古曰:“却,退也,音丘略反。”

　〔五〕師古曰:“造陽,地名,在上谷界。襄平即遼東所治也。”

【校勘記】

　〔1〕三七四八頁二行　〔東胡〕却千餘里。景祐、殿本都重“東胡”二字。

《漢書》卷九十四上《匈奴傳第六十四上》頁三七四八、三七九一

　其後燕將秦開襲破東胡,却千餘里。燕亦築長城,自造陽至襄平,造陽,在今嬀川郡之北。襄平即遼東所理,今安東府。置上谷、今上谷、范陽、文安、河間、嬀川等郡。漁陽、今漁陽、密雲郡。

右北平、今北平郡。遼西、遼東郡以距胡。今安東府地。

《通典》卷第一百九十四《邊防十·北狄一·序略》頁
五二九九

其後燕將襲破東胡，却千餘里，燕亦築長城，自造陽至襄
平，造陽在今嬀川郡之北。襄平即遼東所理，今安東都護府。自造陽東
行至襄平，凡千四百餘里。因置上谷、漁陽、右北平、遼東等四郡。

《太平寰宇記》卷之一百八十九《四夷十八·北狄一·北
狄總序》頁三六一九至三六二〇

其後燕有賢將秦開襲破東胡，却地千里。燕遂築長城，
自造陽至襄平，以距胡。

《冊府元龜》卷九五六《外臣部·總序》頁一一二三八上

其後燕將秦開爲質於胡，《姓譜》：秦本顓頊後，子嬰既滅，支
庶爲秦氏，余按《左傳》魯有秦菫父，秦姓其來尚矣。燕，因肩翻。將，
即亮翻。質，音致。父，音甫。菫，几隱翻。胡甚信之；歸而襲破東
胡，東胡却千餘里。燕亦築長城，自造陽至襄平，韋昭曰：造陽，
地名，在上谷。余按《漢書》所謂“上谷之斗造陽”是也。杜佑曰：《晉太
康地志》：自北地郡北行九百里，得五原塞；又北出九百里得造陽，即麟
州銀城縣。《史記》：燕築長城，自造陽至襄平。韋昭曰：造陽地在上谷。
未詳孰是。《史記正義》曰：上谷，今嬀州。王隱《地道志》曰：郡在谷之
頭，故以上谷名焉。班《志》，襄平縣，遼東郡治所。燕，因肩翻。嬀，居
爲翻。置上谷、漁陽、右北平、遼東郡以拒胡。漁陽，唐薊州，檀
州。北平，唐平州。遼東，其地在大遼水之東，唐嘗置遼州，又嘗爲安東

都護府治所。及戰國之末而匈奴始大。

　　　《資治通鑑》卷六《秦紀一·始皇帝三年》頁二〇九

　　其後燕將秦開爲質於胡,胡甚信之。歸而襲破東胡,東
胡却千餘里。與荆軻刺秦王舞陽者,開之孫也。燕亦築長城,自造
陽之襄平。造陽在上谷界。襄平即遼東所治也。置上谷、漁陽、右
北平、遼西、遼東郡以距胡。

　　《通志》卷一百九十九《四夷傳六·北國上·序略》頁
三一七九中

　　其後燕將秦開襲破東胡,却千餘里。

　　《文獻通考》卷三百四十《四裔十七·北》頁二六六五中

　　古營州地,夏、商時冀州地,周爲幽州地,春秋時亦爲山
戎地,戰國時屬燕。服虔曰:“古東胡地也,在匈奴東,故曰東胡。其
後燕將秦開襲破之。”

　　　　《讀史方輿紀要》卷十八《北直九》頁八二六

　　(李牧)滅襜襤,[四]破東胡,降林胡,單于奔走。其後十
餘歲,匈奴不敢近趙邊城。

　　〔四〕【集解】襜,都甘反。①襤,路談反。徐廣曰:“一作

――――――――
①此處中華書局點校本《史記》無校勘記,中華書局點校修訂本《史
　記》二九五八頁校勘記〔九〕作:襜都甘反 耿本此上有“駰案”二
　字,與下文“駰又案”相應。

'臨'。"駰又案：如淳曰"胡名也，在代北"。①【索隱】上音都甘反，下音路郟反。如淳云"胡名也"。

《史記》卷八十一《廉頗藺相如列傳第二十一附李牧》頁二四五〇

（李牧）滅襜襤，〔一〇〕胡也。襜，處廉反。襤，魯甘反。破東胡、降林胡，單于奔走。十餘歲匈奴不敢近趙邊城。

【校勘記】

〔一〇〕襜襤　原訛"襜襤"，據《史記·廉頗藺相如傳》二四五〇頁及北宋本、王吳本改。下同。

《通典》卷第一百九十四《邊防十·北狄一·匈奴上》頁五三〇三、五三二三

（李牧）滅襜襤，胡也。襜，都甘切。襤，路談切。破東胡，降林胡，單于奔走。十餘歲，匈奴不敢近趙邊城。

《太平寰宇記》卷之一百八十九《四夷十八·北狄一·匈奴上》頁三六二一

（李牧）滅襜都甘切。襤，路談切。徐廣曰："一作'臨'。"崔駰又案：如淳曰："胡名也，在代地"。破東胡，降林胡，單于奔走。其後十餘歲，匈奴不敢近趙邊城。

《冊府元龜》卷三四八《將帥部·立功一》頁四一一七下

---

①此處中華書局點校本《史記》無校勘記，中華書局點校修訂本《史記》二九五八頁校勘記〔一〇〕作：代北　景祐本、紹興本、耿本、黃本、彭本、柯本、凌本作"代地"。

滅襜襤,音耽藍,胡名,在代北。破東胡,降林胡,單于奔走。

《册府元龜》卷三六一《將帥部‧機略一》頁四二八四上至四二八四下

（李牧）滅襜襤,胡名,在代北。破東胡,降林胡,單于奔走。其後十餘歲,匈奴不敢近趙邊城。

《册府元龜》卷三九二《將帥部‧威名一》頁四六四八下

（李牧）滅襜襤,如淳曰:襜襤,胡名,在代地。班《書》作"澹林"。襜,都甘翻,襤,路談翻;《類篇》:盧甘翻。破東胡,東胡,其後爲鮮卑、烏丸。服虔曰:在匈奴東,故曰東胡。降林胡。如淳以澹林爲東胡,以此觀之,似是兩種。降,户江翻。單于奔走,十餘歲不敢近趙邊。近,其靳翻。

《資治通鑑》卷六《秦紀一‧始皇帝三年》頁二〇七

（李牧）滅襜襤,破東胡,降林胡,單于奔走。其後十餘歲,匈奴不敢近趙邊城。

《通志》卷九十四《列傳七‧李牧》頁一二六四中

（李牧）滅襜襤,胡也。襜,處廉反。襤,魯甘反。破東胡、降林胡,單于奔走。十餘歲匈奴不敢近趙邊城。

《文獻通考》卷三百四十《四裔十七‧匈奴》頁二六六六上

公元前二一四年　　秦始皇三十三年

當是之時，東胡强而月氏盛。〔一〕

〔一〕【正義】氏音支。《括地志》云："涼、甘、肅、延、沙①
等州地，本月氏國。"

《史記》卷一百十《匈奴列傳第五十》頁二八八七、二八
八八

　　當是時，東胡强而月氏盛。〔一〕

〔一〕師古曰："氏音支。"

《漢書》卷九十四上《匈奴傳第六十四上》頁三七四八、
三七四九

　　當是時，東胡强而月氏盛。

《太平御覽》卷八〇〇《四夷部二一·總叙北狄下》頁
三五五〇上

　　當是時，東胡强而月氏盛。

《太平寰宇記》卷之一百八十九《四夷十八·北狄一·北
狄總序》頁三六二〇

---

①此處中華書局點校本《史記》無校勘記，中華書局點校修訂本《史
記》三五〇八頁校勘記〔二一〕作：延沙　張文虎《札記》卷五："柯
本'延'作'瓜'。"按："延"字疑誤。本書卷一二三《大宛列傳》
"破月氏王"《正義》："涼、甘、肅、瓜、沙等州，本月氏國之地。"

是時,東胡强而月氏盛,《括地志》:凉、肅、甘、沙、庭州,本月氏地。乃使冒頓質於月氏。質,音致。

《資治通鑑》卷十一《漢紀三‧高帝六年》頁三七一至三七二

是時,東胡强而月氏盛。氏音支。

《通志》卷一百九十九《四夷傳六‧北國上‧匈奴》頁三一八〇中

公元前二〇六年　西漢高帝元年 ①

冒頓既立,[一]是時東胡强盛,聞冒頓殺父自立,乃使使謂冒頓,欲得頭曼時有千里馬。冒頓問群臣,群臣皆曰:"千里馬,匈奴寶馬也,勿與。"冒頓曰:"奈何與人鄰國而愛一馬乎?"遂與之千里馬。居頃之,東胡以爲冒頓畏之,乃使使謂冒頓,欲得單于一閼氏。冒頓復問左右,左右皆怒曰:"東胡無道,乃求閼氏! 請擊之。"冒頓曰:"奈何與人鄰國愛一女

①冒頓攻滅東胡時間,《資治通鑑》繫於前201年,《後漢書》、《通典》、《太平寰宇記》等書均記作漢初。前206年,劉邦始稱漢王,該年即漢元年,故滅東胡時間不早於此,否則即與漢初矛盾。《史記‧匈奴列傳》載:"是時漢兵與項羽相距,中國罷於兵革,以故冒頓得自强,控弦之士三十餘萬。"由此可知,冒頓於中原楚漢戰争期間(前206—前202年)大肆擴張,滅東胡之時,僅是其擴張初期,早於"西擊走月氏,南并樓煩、白羊河南王"。至前201年,冒頓應已基本完成擴張,有"控弦之士三十餘萬",當年秋即"圍韓王信於馬邑",故前201年不當是滅東胡之年。似應將冒頓攻滅東胡時間定於其擴張初期,即前206年或稍後。

子乎？"遂取所愛閼氏予東胡。東胡王愈益驕，西侵。與匈奴閒，中有弃地，莫居，千餘里，各居其邊爲甌脱。[二]東胡使使謂冒頓曰："匈奴所與我界甌脱外弃地，匈奴非能至也，吾欲有之。"冒頓問群臣，群臣或曰："此弃地，予之亦可，勿予亦可。"於是冒頓大怒曰："地者，國之本也，奈何予之！"諸言予之者，皆斬之。冒頓上馬，令國中有後者斬，遂東襲擊東胡。東胡初輕冒頓，不爲備。及冒頓以兵至，擊，大破滅東胡王，而虜其民人及畜産。

〔一〕【集解】徐廣曰："秦二世元年壬辰歲立。"

〔二〕【集解】韋昭曰："界上屯守處。"【索隱】服虔云"作土室以伺漢人"。又《纂文》曰"甌脱，土穴也"。又云是地名，故下云"生得甌脱王"。韋昭云"界上屯守處也"。甌音一侯反。脱音徒活反。【正義】按：境上斥候之室爲甌脱也。

《史記》卷一百十《匈奴列傳第五十》頁二八八九、二八九〇

及漢興，冒頓始强，破東胡，禽月氏，[七]并其土地，地廣兵强，爲中國害。

〔七〕師古曰："氏讀曰支。"

《漢書》卷七十三《韋賢傳第四十三》頁三一二六、三一二八

冒頓既立，時東胡强，聞冒頓殺父自立，乃使使謂冒頓曰："欲得頭曼時號千里馬。"冒頓問群臣，群臣皆曰："此匈奴寶馬也，勿予。"冒頓曰："奈何與人鄰國愛一馬乎？"遂與

之。頃之，東胡以爲冒頓畏之，使使謂冒頓曰："欲得單于一閼氏。"冒頓復問左右，左右皆怒曰："東胡無道，乃求閼氏！請擊之。"冒頓曰："奈何與人鄰國愛一女子乎？"遂取所愛閼氏予東胡。東胡王愈驕，西侵。與匈奴中間有棄地莫居千餘里，各居其邊爲甌脱。〔一〕東胡使使謂冒頓曰："匈奴所與我界甌脱外棄地，匈奴不能至也，吾欲有之。"冒頓問群臣，或曰："此棄地，予之。"於是冒頓大怒，曰："地者，國之本也，奈何予人！"諸言與者，皆斬之。冒頓上馬，令國中有後者斬，遂東襲擊東胡。東胡初輕冒頓，不爲備。及冒頓以兵至，大破滅東胡王，虜其民衆畜產。

〔一〕服虔曰："甌脱，作土室以伺也。"師古曰："境上候望之處，若今之伏宿（處）〔舍〕也。校[1]甌音一侯反。脱音土活反。"

【校勘記】

[1]三七五〇頁一二行　若今之伏宿（處）〔舍〕也。景祐、殿本都作"舍"。

《漢書》卷九十四上《匈奴傳第六十四上》頁三七五〇、三七九一

烏丸、鮮卑即古所謂東胡也。其習俗、前事，撰漢記者已録而載之矣。故但舉漢末魏初以來，以備四夷之變云。〔一〕

〔一〕《魏書》曰：烏丸者，東胡也。漢初，匈奴冒頓滅其國，餘類保烏丸山，因以爲號焉……

《三國志》卷三十《魏書·烏丸鮮卑東夷傳第三十》頁八三二

　　烏桓者,東胡也。漢初,匈奴冒頓伐其國,餘類保烏桓山,因以爲號焉。其俗善騎射,隨水草放牧,居無常處,刻木爲信,無文字,而衆不敢違犯。其先爲[一]……匈奴中亂,烏桓始盛,鈔擊匈奴,匈奴爲之轉徙數千里,漠南遂空。

　　[一]《袁紀》下有佚文。《三國志‧烏丸傳》注引《魏書》曰:“自其先爲匈奴所破之後,人衆孤弱,爲匈奴臣服,常歲輸牛馬羊,過時不具,輒虜其妻子。至匈奴壹衍鞮單于時,烏丸轉强。”《范書》曰:“烏桓自爲冒頓所破,衆遂孤弱,常臣伏匈奴,歲輸牛馬羊皮,過時不具,輒没其妻子。”則《袁紀》下文當脱去爲匈奴所破,臣伏匈奴,歲輸牛馬羊等句。

　　《後漢紀校注》卷八《後漢光武皇帝紀卷第八》頁二一三至二一四

　　鮮卑亦東胡之餘也,别居鮮卑山,因號焉。其言語習俗與烏桓同。自爲冒頓所破,遠竄遼東,未有名通於漢,而與烏桓接。

　　《後漢紀校注》卷八《後漢光武皇帝紀卷第八》頁二二八

　　至于漢興,匈奴冒頓兵强,破東胡,走月氏,威震百蠻,臣服諸羌。

　　《後漢書》卷八十七《西羌傳第七十七》頁二八七六

　　烏桓者,本東胡也。校[1]漢初,匈奴冒頓滅其國,餘類保烏桓山,因以爲號焉。

　　【校勘記】

　　[1]二九七九頁三行　烏桓者本東胡也　按:《魏志》

“桓”皆作“丸”。

　　《後漢書》卷九十《烏桓鮮卑列傳第八十·烏桓》頁二九七九、二九九五

　　遂東襲滅東胡王，虜其民衆畜産。

　　《通典》卷第一百九十四《邊防十·北狄一·序略》頁五三〇三

　　烏桓者，本東胡也。漢初，匈奴冒頓滅其國，餘類保烏桓山，因以爲號。

　　《通典》卷第一百九十六《邊防十二·北狄三·烏桓》頁五三六五

　　契丹，本東胡種，其先爲匈奴所破，保鮮卑山。

　　《新唐書》卷二百一十九《列傳第一百四十四·北狄·契丹》頁六一六七

　　奚，蓋匈奴之別種，所居亦鮮卑之故地，即東胡之界也。

　　　　　　《唐會要》卷九十六《奚》頁一七一九

　　奚亦東胡種，爲匈奴所破，保烏丸山。漢曹操斬其帥蹋頓，蓋其後也。

　　《新唐書》卷二百一十九《列傳第一百四十四·北狄·奚》頁六一七三

　　崔鴻《十六國春秋·前趙録》曰：劉淵，字元海，新興匈奴人。先夏后氏之苗裔曰淳維，世居北狄，千有餘歲，至冒頓，襲破東胡，西走月氏，北服丁零，内侵燕、岱，控弦四十萬。

　　《太平御覽》卷一一九《偏霸部三·前趙劉淵》頁五七四上

　　《匈奴傳》曰：東胡強，聞冒頓殺父自立，乃使使謂冒頓，欲得單于閼氏。冒頓問左右，左右皆怒曰："東胡無道，乃求閼氏，請擊之。"冒頓曰："奈何與人鄰愛一女子乎？"遂取所愛閼氏與之，東胡愈驕。冒頓遂東集，襲擊東胡。東胡初輕冒頓，不爲備。及冒頓以兵至，大破，滅東胡王。

　　《太平御覽》卷三〇四《兵部三五·征伐中》頁一三九七上至一三九七下

　　東胡使求冒頓千里馬，冒頓問群臣，群臣曰："千里馬，匈奴寶也，勿與。"冒頓曰："與人鄰國，奈何惜一馬？"遂以與也。

　　《太平御覽》卷八九四《獸部六·馬二》頁三九六八上

　　至漢興，匈奴冒頓兵強，破東胡，走月氏，臣伏諸羌。

　　《太平寰宇記》卷之一百五十一《隴右道二·蘭州》頁二九二六

　　（冒頓）遂東襲滅東胡王，虜其人衆畜産。

　　《太平寰宇記》卷之一百八十九《四夷十八·北狄一·匈奴上》頁三六二二

烏桓。本東胡也。漢初，匈奴冒頓滅其國，餘類保烏桓山，因爲號。

《太平寰宇記》卷之一百九十二《四夷二十一・北狄四・烏桓》頁三六八二

及漢興，冒頓始强，破東胡，禽月氏，氏讀曰支。并其土地，地廣兵强，爲中國害。

《册府元龜》卷五七三《掌禮部・奏議一》頁六八八八上

烏桓者，本東胡也。桓亦作丸。漢初，匈奴冒頓滅其國，餘類保烏桓山，因以爲號焉。

《册府元龜》卷九五六《外臣部・種族》頁一一二五一上

鮮卑亦東胡之餘也，別保鮮卑山，因號焉。漢初亦爲冒頓所破，遠竄遼東塞外，與烏桓相接。

《册府元龜》卷九五六《外臣部・種族》頁一一二五一下

烏桓者，本東胡也。漢初，匈奴冒頓滅其國，餘類保烏桓山，因以爲號。

《册府元龜》卷九五八《外臣部・國邑二》頁一一二七七下

匈奴單于冒頓既立，時東胡强，乃使使謂冒頓曰：“欲得頭曼時號千里馬。”頭曼即冒頓父也，曼音莫安切。冒頓問群臣，皆曰：“此匈奴寶馬也，勿予。”讀曰與。冒頓曰：“奈何與人鄰

國愛一馬乎？"遂與之。頃之，東胡以爲冒頓畏之，使謂冒
頓曰："欲得單于一閼氏。閼氏，匈奴皇后號也。閼音於連切，氏音
支。"冒頓復問左右，左右皆曰："東胡無道，乃求閼氏！請擊
之。"冒頓曰："奈何與人鄰國愛一女子乎？"遂取所愛閼氏予
東胡。東胡王愈驕，西侵。與匈奴中間棄地莫居千餘里，各
居其邊爲甌脱。甌音一侯切，脱音土活切，境上候望之處，若今之伏
宿舍也。東胡使使謂冒頓曰："匈奴與我界甌脱外棄地，匈奴
不能至也，吾欲有之。"冒頓問群臣，或曰："此棄地，與之。"
於是冒頓斬之，冒頓上馬，令國中有後者斬。遂東襲擊東胡，
東胡初輕冒頓，不爲備，及冒頓以兵至，大破滅東胡王，虜其
民衆畜産而歸。

　　《册府元龜》卷九六二《外臣部·才智》頁一一三二一上
至一一三二一下

　　漢高祖初，匈奴冒頓單于立，東胡強，聞冒頓殺父自立，
乃使使謂冒頓曰："欲得頭曼時號千里馬。"冒頓問群臣，皆
曰："此匈奴寶馬也，勿予。"冒頓曰："奈何與人鄰國愛一馬
乎？"遂與之。頃之，東胡以爲冒頓畏之，使使謂冒頓曰："欲
得單于一閼氏。"冒頓復問左右，左右皆怒曰："東胡無道，乃
求閼氏！請擊之。"冒頓曰："奈何與人鄰國愛一女子乎？"遂
取所愛閼氏予東胡。東胡王愈驕，西侵。與匈奴中間有棄地
莫居千餘里，各居其邊爲甌脱，甌脱作土室以伺也，境上候望之處，
若今之伏宿舍也。東胡使使謂冒頓曰："匈奴所與我界甌脱外棄
地，匈奴不能至也，吾欲有之。"冒頓問群臣，或曰："此棄地，
予之。"於是冒頓大怒曰："地者國之本也，奈何予人？"諸言

與者斬之,於是冒頓上馬,令國中有後者斬,遂東襲擊東胡,東胡初輕冒頓,不爲備,及冒頓以大兵破滅東胡王。

《册府元龜》卷九九五《外臣部·交侵》頁一一六八〇上至一一六八〇下

匈奴冒頓單于襲滅東胡王,虜其民衆、畜産。

《册府元龜》卷一〇〇〇《外臣部·强盛》頁一一七二九下

東胡聞冒頓立,乃使使謂冒頓:"欲得頭曼時千里馬。"冒頓問群臣,群臣皆曰:"此匈奴寶馬也,勿與!"冒頓曰:"奈何與人鄰國而愛一馬乎!"遂與之。居頃之,東胡又使使謂冒頓:"欲得單于一閼氏。"冒頓復問左右,復,扶又翻。左右皆怒曰:"東胡無道,乃求閼氏!請擊之!"冒頓曰:"奈何與人鄰國愛一女子乎!"遂取所愛閼氏予東胡。予,讀曰與;下同。東胡王愈益驕。東胡與匈奴中間,有棄地莫居,千餘里,各居其邊,爲甌脱。服虔曰:甌脱,作土室以伺也;師古曰:境上候望之處,若今之伏宿處也。甌,一侯翻。脱,土活翻。東胡使使謂冒頓:"此棄地,欲有之。"冒頓問群臣,群臣或曰:"此棄地,予之亦可,勿與亦可!"於是冒頓大怒曰:"地者,國之本也,奈何予之!"諸言予之者,皆斬之。冒頓上馬,令:"國中有後出者斬!"遂襲擊東胡。東胡初輕冒頓,不爲備;冒頓遂滅東胡。

《資治通鑑》卷十一《漢紀三·高帝六年》頁三七二至三七三

　　初，冒頓破東胡，東胡餘衆散保烏桓及鮮卑山爲二族，遼東郡屬幽州，唐嘗置安東都護府於其地。東胡破見十一卷高祖六年。《後漢書》：烏桓之地在丁零西南、烏孫東北。武帝遣霍去病擊破匈奴左地，因徙烏桓於上谷、漁陽、右北平、遼東、遼西五郡塞外，爲漢偵察匈奴動静。其大人歲一朝見。於是始置護烏桓校尉，秩比二千石。鮮卑先遠竄於遼東塞外，與烏桓相接，未嘗通中國；至後漢稍徙遼西塞外，始爲中國患。世役屬匈奴。

　　　　《資治通鑑》卷二十三《漢紀十五·昭帝元鳳三年》頁七六九

　　及漢興，冒頓始强，破東胡，禽月氏，并其土地，地廣兵强，爲中國害。

　　　　《通志》卷一百一《列傳十四·韋賢》頁一四〇九下

　　至于漢興，匈奴冒頓兵强，破東胡，走月氏，威震百蠻，臣服諸羌。

　　　　《通志》卷一百九十五《四夷傳二·西戎上·羌無弋》頁三一二〇中

　　冒頓既立，時東胡强，聞冒頓殺父自立，乃使使謂冒頓曰：“欲得頭曼時號千里馬。”冒頓問群臣，皆曰：“此匈奴寶馬也，勿予。”冒頓曰：“奈何與人鄰國愛一馬乎？”遂與之。頃之，東胡以爲冒頓畏之，使使謂冒頓曰：“欲得單于一閼氏。”冒頓復問左右，左右皆怒曰：“東胡無道，乃求閼氏！請擊之。”冒頓曰：“奈何與人鄰國愛一女子乎？”遂取所愛閼氏予東胡。東胡王愈驕,西侵。東胡與匈奴中閒棄地,莫居,千餘里,各居其邊爲甌脱。甌脱者,境上候望之處作土室,若今之伏宿。甌,一侯反。脱,土活反。東胡使使謂冒頓曰:"匈奴所與我界甌脱外棄地,匈奴不能至也,吾欲有之。"冒頓問群臣,或曰:"此棄地,予之。"於是冒頓大怒曰:"地者,國之本也,奈何予人!"諸言予者皆斬之。冒頓上馬,令國中有後者斬,遂東襲擊東胡。東胡初輕冒頓,不爲備。及冒頓以兵至,大破東胡王,虜其民衆畜産。

《通志》卷一百九十九《四夷傳六·北國上·匈奴》頁三一八〇中至三一八〇下

烏桓者,本東胡也。漢初,匈奴冒頓滅其國,餘類保烏桓山,因以爲號焉。

《通志》卷二百《四夷傳七·北國下·烏桓》頁三一九九上

漢興,冒頓始强,破東胡,禽月氏,氏,讀曰支。并其土地,地廣兵强,爲中國害。

《文獻通考》卷九十二《宗廟二》頁八三五上

(冒頓)遂東襲滅東胡王,虜其民衆畜産。

《文獻通考》卷三百四十《四裔十七·匈奴》頁二六六六中

烏桓者,本東胡也。漢初,匈奴冒頓滅其國,餘類保烏桓山,因以爲號。

　　《文獻通考》卷三百四十二《四裔十九 · 烏桓》頁二六八一上

契丹,本東胡種,其先爲匈奴所破,保鮮卑山。

　　《文獻通考》卷三百四十五《四裔二十二 · 契丹上》頁二七〇一上

及漢興,冒頓始强,破東胡,禽月氏,并其土地,地廣兵强,爲中國害。

　　《西漢會要》卷十三《禮七》頁一二九

烏桓者,本東胡也。漢初,匈奴滅其國,餘類保烏桓山,因以爲號。

　　《東漢會要》卷四十《蕃夷下 · 烏桓》頁五九六

冒頓可汗以兵襲東胡,滅之。餘衆保鮮卑山,因號鮮卑。

　　《遼史》卷六十三《表第一 · 世表》頁九五〇

《括地志》:“漢初冒頓滅東胡,餘衆保烏丸山,因號烏丸,後爲鮮卑。”劉氏曰:“東胡之後分烏桓、鮮卑二族,鮮卑先遠竄遼東塞外,與烏桓接,未嘗通中國,至後漢稍徙遼西塞外,爲中國患。”據《後漢志》,則鮮卑爲東胡,烏桓之先本西夷也。

　　《讀史方輿紀要》卷十八《北直九》頁八二六至八二七

紫蒙川,在營州西北。《晉書·載記》:"秦、漢之間東胡邑于紫蒙
川……"

　　　　《讀史方輿紀要》卷十八《北直九》頁八四五

契丹,東部也。《晉書》:"契丹本東胡別種。其先爲匈奴所破,保
鮮卑山……"

　　　　《讀史方輿紀要》卷十八《北直九》頁八五八

烏丸,東胡也。漢初,匈奴冒頓滅其國,餘類保烏丸山,
因以爲號。《魏書》。

　　　　《三國會要》卷二十二《四夷·烏丸》頁三八七

至冒頓襲破東胡,西走月氏,北服丁零,内侵燕岱,控弦
之士四十萬。

　　　　《十六國春秋輯補》卷一《前趙録一·劉淵》頁一

公元前一九五年　西漢高帝十二年

四月,高祖崩,盧綰遂將其衆亡入匈奴,匈奴以爲東胡盧
王。綰爲蠻夷所侵奪,常思復歸。居歲餘,死胡中。
《史記》卷九十三《韓信盧綰列傳第三十三·盧綰》頁
二六三九

高祖崩,綰遂將其衆亡入匈奴,匈奴以爲東胡盧王。爲
蠻夷所侵奪,常思復歸。居歲餘,死胡中。
《漢書》卷三十四《韓彭英盧吳傳第四·盧綰》頁一八
九三

高祖崩，綰遂將其衆亡入匈奴，匈奴以爲東胡盧王。爲蠻夷所侵奪，常思復歸。居歲餘，死胡中。

《通志》卷九十五《列傳八·盧綰》頁一二八八上

公元前一六六年　西漢文帝前十四年

臣大父言，李牧爲趙將居邊，軍市之租皆自用饗士，〔五〕賞賜決於外，不從中擾也。委任而責成功，故李牧乃得盡其智能，遣選車千三百乘，〔六〕彀騎萬三千，〔七〕百金之士十萬，〔八〕是以北逐單于，破東胡，〔九〕滅澹林，〔一〇〕西抑強秦，南支韓、魏。當是之時，趙幾霸。〔一一〕

〔五〕【索隱】案：謂軍中立市，市有税。税即租也。

〔六〕【索隱】案：《六韜》書有選車之法。①

〔七〕【索隱】如淳云：“彀音構。彀騎，張弓之騎也。”

〔八〕【集解】服虔曰：“良士直百金也。”或曰直百金，言重。【索隱】晉灼云：“百金取其貴重也。”②服虔曰：“良士直百金也。”劉氏云：“其功可賞百金者。”事見《管子》及《小爾雅》。

---

①此處中華書局點校本《史記》無校勘記，中華書局點校修訂本《史記》三三二五頁校勘記〔二〇〕作：選車之法　耿本、黃本、彭本、柯本、凌本、殿本此下有“十”字。按：《六韜·犬韜·武車士》有選車士之法。“十”疑爲“士”字之誤，又倒在下。

②此處中華書局點校本《史記》無校勘記，中華書局點校修訂本《史記》三三二五頁校勘記〔二一〕作：喻其貴重　“喻”，原作“取”，據耿本、黃本、柯本、凌本改。按：《通鑑》卷一五《漢紀》七文帝前十四年“百金之士十萬”胡三省《注》引晉灼亦作“喻”。《漢書》卷五〇《馮唐傳》顏師古《注》：“百金，喻其貴重耳。”

〔九〕【索隱】案：崔浩云“烏丸之先也。國在匈奴之東，故云東胡也”。

〔一○〕【集解】徐廣曰：“澹，一作‘襜’。”【索隱】澹，丁甘反。一本作“檐檻”。

〔一一〕【索隱】幾音祈。

《史記》卷一百二《張釋之馮唐列傳第四十二‧馮唐》頁二七五八、二七五九至二七六○

　　臣大父言李牧之為趙將居邊，軍市之租皆自用饗士，賞賜決於外，不從中覆也。〔二〕委任而責成功，故李牧乃得盡其知能，選車千三百乘，彀騎萬三千匹，〔三〕百金之士十萬，〔四〕是以北逐單于，破東胡，滅澹林，〔五〕西抑強秦，南支韓、魏。當是時，趙幾伯。〔六〕

〔二〕師古曰：“覆謂覆白之也，音芳目反。”

〔三〕師古曰：“彀，張弩也，音遘。”

〔四〕服虔曰：“良士直百金也。”如淳曰：“黃金一斤直萬。言富家子弟可任使也。”師古曰：“百金喻其貴重耳。服說是也。”

〔五〕鄭氏曰：“澹音擔石之擔。”如淳曰：“胡也。《匈奴傳》曰‘晉北有澹林之胡，樓煩之戎也’。”師古曰：“澹音都甘反，又音談。”

〔六〕師古曰：“幾致於霸也。幾音鉅依反。伯讀曰霸。”

《漢書》卷五十《張馮汲鄭傳第二十‧馮唐》頁二三一四至二三一五

　　臣大父言，李牧之爲趙將居邊，軍市之租皆自用饗士，賞賜決於外，不從中御也。委任而責成功，故李牧乃得盡其智能，選車千三百乘，彀騎萬三千匹，百金之士十萬，是以北逐單于，破東胡，滅澹林，西抑强秦，南支韓、魏。當是之時，趙幾霸。

　　　　《通典》卷第一百四十八《兵一·論將》頁三七九六

　　臣大父言，李牧之爲趙將居邊，軍市之租皆自用饗士，賞賜決於外，不從中覆也。委任而責成功，故李牧乃得盡其智能，是以北逐單于，破東胡，滅澹林，澹，都甘反。西抑强秦，南支韓、魏。〔二五〕當是時，趙幾伯。

　　【校勘記】

　　〔二五〕南支韓魏　　"韓"原訛"漢"，據諸本改。

　　　　《通典》卷第一百九十四《邊防十·北狄一·匈奴上》頁五三〇八、五三二五

　　臣大父言李牧之爲趙將居邊，軍市之租皆自用饗士，賞賜決于外，不從中覆也。〔三一〕委任而責成功，故李牧乃得盡其智能，是以北逐單于，破東胡，滅澹林，澹，都甘切。西抑强秦，南支韓、魏。當是時，趙幾伯。

　　【校勘記】

　　〔三一〕不從中覆也　　底本"覆"下衍"行"字，萬本、《庫》本同，據宋版及《漢書》卷五〇《馮唐傳》删。

　　　　《太平寰宇記》卷之一百八十九《四夷十八·北狄一·匈奴上》頁三六二六、三六三二

臣大父言,李牧之爲將也,居邊,軍市之租皆自用饗士,賞賜決于外,不從中覆也。覆謂覆白之也。委任而責成功,故李牧乃得盡其智能,選車千三百乘,轂騎萬三千匹,轂張弩也。百金之士十萬,良士直百金也,百金喻其貴重也。是以北逐單于,破東胡,滅澹林,澹胡也,晉北有澹林之胡、樓煩之戎也。西抑彊秦,南支韓、魏。當是時,趙幾霸。幾致於霸也。

《册府元龜》卷一〇〇《帝王部·聽納》頁一一九一上至一一九一下

臣大父言:李牧爲趙將,居邊,軍市之租,《索隱》曰:軍中立市,市有稅;稅即租也。皆自用饗士;賞賜決於外,不從中覆也。師古曰:覆,謂覆白之也。一說,不從中覆校其所用之數,亦通。委任而責成功,故李牧乃得盡其智能;選車千三百乘,乘,繩證翻。轂騎萬三千,百金之士十萬,弓弩引滿爲轂;謂騎兵能射者。服虔曰:良士直百金。晉灼曰:百金,喻貴重也。轂,古候翻。騎,奇寄翻。是以北逐單于,破東胡,滅澹林,澹林,即襜襤。澹,丁甘翻。西抑彊秦,南支韓、魏;當是之時,趙幾霸。幾,居依翻。

《資治通鑑》卷十五《漢紀七·文帝前十四年》頁四九八至四九九

臣大父言,李牧之爲趙將居邊,軍市之租皆自用饗士,賞賜決於外,不從中覆也。委任而責成功,故李牧得盡其智能,選車千三百乘,轂騎萬三千匹,百金之士十萬,是以北逐單于,破東胡,滅澹林,西抑彊秦,南支韓、魏。當是時,趙幾霸。

《通志》卷九十七《列傳十·馮唐》頁一三二四中

公元前一四四年　西漢景帝中元六年 ①

　　亞谷（侯）【索隱】一作"惡父"，《漢表》在河內。以匈奴東胡
王降，故燕王盧綰子侯，千五百户。中五年四月丁巳，簡侯它
父（封）【索隱】簡侯他父。

　　　　《史記》卷十九《惠景間侯者年表第七》頁一〇二一

　　亞谷簡侯盧它之以匈奴東胡王降侯，千户。故燕王綰
子。中五年四月丁巳封，二年薨。

　　　　《漢書》卷十七《景武昭宣元成功臣表第五》頁六四一

　　孝景中六年，盧綰孫他之，〔一〕以東胡王降，〔二〕封爲亞谷
侯。〔三〕

　　〔一〕【正義】他，徒何反。

　　〔二〕【集解】如淳曰："爲東胡王來降也。《漢紀》東胡，
烏丸也。"

　　〔三〕【集解】徐廣曰："亞，一作'惡'。"【正義】《漢表》
在河內。

　　　　《史記》卷九十三《韓信盧綰列傳第三十三·盧綰》頁
二六三九

　　孝景帝時，綰孫它人以東胡王降，〔一〕封爲惡谷侯。傳至

────────

①盧他之封侯，《史記·韓信盧綰列傳》繫於中元六年。《史記·惠景
　間侯者年表》《漢書·景武昭宣元成功臣表第五》將此事繫於中元
　五年。

曾孫,有罪,國除。

〔一〕如淳曰:"爲東胡王而來降也。東胡,烏丸也。"

《漢書》卷三十四《韓彭英盧吳傳第四·盧綰》頁一八
九四

渾泥城,在舊縣南四十里。《水經注》云:"泥同口有渾
泥城。"漢景帝改爲亞谷城,封東胡降王盧它之爲亞谷侯,即
此也。

《太平寰宇記》卷之六十七《河北道十六·雄州》頁一三
六五

孝景帝時,綰孫它人以東胡王降,封爲惡谷侯。傳至曾
孫,有罪,國除。

《通志》卷九十五《列傳八·盧綰》頁一二八八中

亞谷簡侯盧它之,故燕王綰子,以匈奴東胡王降,侯
千户。

《文獻通考》卷二百六十七《封建八》頁二一一七下

公元九四年　東漢和帝永元六年

冬十一月,護烏桓校尉任尚率烏桓、鮮卑,大破逢侯,[一]
馮柱遣兵追擊,復〔破〕之。[校一]

〔一〕闞駰《十三州志》曰:"護烏丸,擁節,秩比二千石,
武帝置,以護内附烏丸,既而并於匈奴中郎將。中興初,班彪
上言宜復此官,以招附東胡,乃復更置焉。"

【校勘記】

［１］一七九頁一四行　復〔破〕之　據《刊誤》補。

《後漢書》卷四《孝和孝殤帝紀第四・孝和帝》頁一七九
至一八〇、二〇一

公元二六九年　西晉武帝泰始五年 ①

慕容廆字弈洛瓌,昌黎棘城鮮卑人也。其先有熊氏之苗
裔,世居北夷,邑于紫蒙之野,號曰東胡。其後與匈奴並盛,
控弦之士二十餘萬,風俗官號與匈奴略同。秦漢之際爲匈奴
所敗,分保鮮卑山,因以爲號。

《晉書》卷一百八《載記第八・慕容廆》頁二八〇三

崔鴻《十六國春秋》:慕容廆先代君遼左,號曰東胡,其
後雄昌,與匈奴爭盛。秦漢之際,爲匈奴所敗,分保鮮卑山,
因復以山爲號也。棘城之東,塞外又有鮮卑山,在遼西之西
北一百里,與此異山而同號。

《太平御覽》卷四五《地部一〇・鮮卑山》頁二一八上

崔鴻《十六國春秋・前燕録》曰:慕容廆,字奕洛環,昌
黎棘城人。昔高辛氏遊於海濱,留少子厭越以君北夷,世居
遼左,號曰東胡。秦漢之際爲匈奴所敗,分保鮮卑山,因復以
爲號。

《太平御覽》卷一二一《偏霸部五・前燕慕容廆》頁五八
三上

---

①慕容廆生於此年。

《十六國春秋》："慕容廆,代居遼左,號曰東胡。其後雄昌,與匈奴並盛。秦漢之際爲匈奴所敗,分保鮮卑山,因復以山爲號。"

《太平寰宇記》卷之七十一《河北道二十・營州》頁一四三三

前燕慕容廆字奕雛瓌,昌黎棘城鮮卑人也。其先有熊氏之苗裔,世居北夷,邑於紫蒙之野,號曰東胡。其後與匈奴並盛,控弦之士二十餘萬,風俗官號與匈奴略同。秦漢之際,爲匈奴所敗,分保鮮卑山,因以爲號。

《冊府元龜》卷二一九《僭僞部・姓系》頁二六二四上

慕容廆字奕洛瓌,昌黎棘城鮮卑人也。其先有熊氏之苗裔,世居北夷,邑于紫蒙之野,號曰東胡。其後與匈奴并盛,控弦之士二十餘萬,風俗官號與匈奴略同。秦漢之際爲匈奴所敗,分保鮮卑山,因以爲號。

《通志》卷一百八十八《載記三・前燕慕容廆》頁三〇一一上

慕容廆字弈落瓌,昌黎棘城鮮卑人也。昔高辛氏遊於海濱,留少子厭越以君—作"居"。北夷,邑於紫濛之野,世居遼左,號曰東胡。其後雄昌,與匈奴争盛,控弦之士二十餘萬,風俗官號與匈奴略同。秦、西漢之際爲西匈奴所敗,分保鮮卑山,因復以山爲號也。

《十六國春秋輯補》卷二十三《前燕録一・慕容廆》頁一七五

公元二八九年　西晉武帝太康十年

時東胡宇文鮮卑段部以廆威德日廣,懼有吞并之計,因爲寇掠,往來不絶。廆卑辭厚幣以撫之。

《晉書》卷一百八《載記第八·慕容廆》頁二八○四

時東胡宇文鮮卑段部以廆威德日廣,懼有吞併之計,因爲寇掠,往來不絶。廆卑辭厚幣以撫之。

《通志》卷一百八十八《載記三·前燕慕容廆》頁三○一一中

時東胡宇文鮮卑段部以廆威德日廣,懼有吞并之計,因爲寇掠,往來不絶。廆卑辭厚幣以撫之。

《十六國春秋輯補》卷二十三《前燕録一·慕容廆》頁一七六

時東胡宇文鮮卑段部以廆威德日廣,懼有并吞之計,因爲寇掠,往來不絶。

《册府元龜》卷二三○《僭僞部·懷附》頁二七四○上

公元三○四年　西晉惠帝永安元年　西晉惠帝建武元年　西晉惠帝永興元年　漢光文皇帝元熙元年

元海曰:"殿下武皇帝之子,有殊勳於王室,威恩光洽,四海欽風,孰不思爲殿下没命投軀者哉,何難發之有乎!王浚豎子,東嬴疏屬,豈能與殿下爭衡邪!殿下一發鄴宮,示弱於人，洛陽可復至乎？縱達洛陽，威權不復在殿下也。紙檄尺書，誰爲人奉之！且東胡之悍不踰五部，願殿下勉撫士衆，靖以鎮之，當爲殿下以二部摧東嬴，三部梟王浚，二竪之首可指日而懸矣。”

　　　　《晉書》卷一百一《載記第一·劉元海》頁二六四八

　　（劉）元海曰：“殿下武皇帝之子，有殊勳於王室，威恩允洽，四海欽風，孰不思爲殿下没命捐軀者，何難發之有乎！王浚竪子，東瀛疏屬，豈與殿下爭衡乎！殿下一發鄴宫，示弱於人，洛陽何復得至？縱達洛陽，威權不復在殿下也。紙檄尺書，誰人奉之！且東胡之悍不踰五部，願殿下勉撫士衆，靖以鎮之，當爲殿下以二部摧東瀛，二部梟王浚，二竪之首可指日而懸矣。”

　　　　《太平御覽》卷四三五《人事部七六·勇三》頁二〇〇三下

　　（劉）元海曰：“殿下武皇帝之子，有殊勳於王室，威恩光洽，四海欽風，孰不思爲殿下没命投軀者哉，何難發之有乎！王浚竪子，東瀛疏屬，豈能與殿下爭衡耶！殿下一發鄴宫，示弱於人，雒陽可復至乎？縱達雒陽，威權不復在殿下也。紙檄尺書，誰爲人奉之！且東胡之悍不踰五部，願殿下勉撫士衆，靖以鎮之，當爲殿下以二部摧東瀛，三部梟王浚，二竪之首可指日而懸矣。

　　　　《冊府元龜》卷二二一《僭僞部·勳伐一》頁二六四九下至二六五〇上

淵曰：“殿下武皇帝之子，有殊勳於王室，威恩光洽，四海欽風，孰不思爲殿下没命投軀者哉，何難發之有乎！王浚豎子，東瀛疏屬，豈能與殿下爭衡邪！殿下一發鄴宮，示弱於人，洛陽可復至乎？縱達洛陽，威權不復在殿下也。紙檄尺書，誰爲人奉之！且東胡之悍不踰五部，願殿下勉撫士衆，靖以鎮之，當爲殿下以二部摧東瀛，三部梟王浚，二竪之首可指日而懸矣。”

《通志》卷一百八十六《載記一・前趙劉淵》頁二九七五中

元海曰：“殿下武皇帝之子，有殊勳于王室，威恩光洽，四海欽風，孰不思爲殿下没命投軀者哉，何難發之有乎！王浚豎子，東瀛疏屬，豈能與殿下爭衡邪！殿下一發鄴宮，示弱於人，洛陽可復至乎？縱達洛陽，威權不復在殿下也，紙檄尺書，誰爲人奉之！且東胡之悍，不踰五部，願殿下勉撫士衆，靖以鎮之。當爲殿下以二部摧東瀛，三部梟王浚，二竪之首，可指日而懸矣！”

《十六國春秋輯補》卷一《前趙録一・劉淵》頁四

公元三六九年　東晉海西公太和四年　前燕幽帝建熙十年　前秦宣昭帝建元五年

其後桓温傾揚州資實，討鮮卑敗績，死亡太半，及征袁真，淮南殘破。後氐及東胡侵逼，兵役無已。

《宋書》卷二十四《志第十四・天文二》頁七一八

公元三七三年　東晉孝武帝寧康元年
前秦宣昭帝建元九年

　　其後天鼓鳴，有彗星出於尾箕，長十餘丈，名蚩尤旗，經太微，掃東井，自夏及秋冬不滅。太史令張孟言於堅曰："彗起尾箕，而掃東井，此燕滅秦之象。"因勸堅誅慕容暐及其子弟。堅不納，更以暐爲尚書，垂爲京兆尹，冲爲平陽太守。符融聞之，上疏於堅曰："臣聞東胡在燕，曆數彌久，逮于石亂，遂據華夏，跨有六州，南面稱帝。陛下爰命六師，大舉征討，勞卒頻年，勤而後獲，本非慕義懷德歸化。而今父子兄弟列官滿朝，執權履職，勢傾勞舊，陛下親而幸之。臣愚以爲猛獸不可養，狼子野心。往年星異，灾起於燕，願少留意，以思天戒。臣據可言之地，不容默已。《詩》曰："兄弟急難"，"朋友好合"。昔劉向以肺腑之親，尚能極言，況於臣乎！"

　　《晉書》卷一百十三《載記第十三·符堅上》頁二八九六

　　陽平公融上疏曰："東胡跨據六州，鮮卑，東胡之餘種也。南面稱帝，陛下勞師累年，然後得之，事見上卷海西公太和四年、五年。本非慕義而來。今陛下親而幸之，使其父兄子弟森然滿朝，木多爲森。森然，猶林然也。朝，直遥翻。執權履職，勢傾勳舊。臣愚以爲狼虎之心，終不可養，星變如此，願少留意！"

　　《資治通鑑》卷一百三《晉紀二十五·孝武帝寧康元年》頁三二六六至三二六七

　　其後天鼓鳴，有彗星出于尾箕，長十餘丈，名蚩尤旗，經太微，埽東井，自夏及秋冬不滅。太史令張孟言於堅曰："彗起尾箕，而埽東井，此燕滅秦之象。"因勸堅誅慕容暐及其子弟。堅不納，更以暐爲尚書，垂爲京兆尹，冲爲平陽太守。苻融聞之，上疏於堅曰："臣聞東胡在燕，歷數彌久，逮于石亂，遂據華夏，跨有六州，南面稱帝。陛下爰命六師，大舉征討，勞卒頻年，勤而後獲，本非慕義懷德歸化。而今父子兄弟列官滿朝，執權履職，勢傾勞舊，陛下親而幸之。臣愚以爲猛虎不可養，狼子野心。往年星異，灾起於燕，願少留意，以思天戒。臣據可言之地，不容嘿已。《詩》曰：'兄弟急難'，'朋友好合'。昔劉向以肺腑之親，尚能極言，況於臣乎！"

　　《通志》卷一百八十九《載記四·前秦苻堅》頁三〇二九上

　　苻融聞之，上疏於堅曰："臣聞東胡在燕，歷數彌久，逮於石亂，遂據華夏，跨有六州，南面稱帝。陛下爰命六師，大舉征討，勞卒頻年，勤而後獲，本非慕義懷德，歸化而來。今父子兄弟列官滿朝，執權履職，勢傾勞舊，陛下親而幸之。臣愚以爲猛獸不可養，狼子野心性。比年星異，灾起於燕，願少留意，以思天戒。臣據可言之地，不容嘿已。《詩》曰：'兄弟急難'，'朋友好合'。劉向以肺腑之親，尚能極言，況於臣乎。"

　　《十六國春秋輯補》卷三十四《前秦録四·苻堅》頁二六八

公元三七六年　東晉孝武帝太元元年
前秦宣昭帝建元十二年

既而苻堅寇涼州，冲遣宣城內史朱序、豫州刺史桓伊率衆向壽陽，淮南太守劉波汎舟淮泗，乘虛致討，以救涼州，乃表曰：

氐賊自并東胡，醜類實繁，而蜀漢寡弱，西涼無備，斯誠暴與疾顛，祇速其亡。然而天未剿絕，屢爲國患。臣聞勝於無形，功立事表，伐謀之道，兵之上略。況此賊陸梁，終必越逸。北狄陵縱，常在秋冬。今日月迅邁，高風行起，臣輒較量畿甸，守衛重複，又淮泗通流，長江如海，荊楚偏遠，密邇寇讎，方城、漢水無天險之實，而過備之重勢在西門。

臣雖凡庸，識乏武略，然猥荷重任，思在投袂。請率所統，徑進南郡，與征西將軍臣豁參同謀猷。賊若果驅犬羊，送死沔漢，庶仰憑正順，因致人利，一舉乘風，掃清氛穢，不復重勞王師，有事三秦，則先帝盛業永隆於聖世，宣武遺志無恨於在昔。如其慴憚皇威，闞闟計屈，則觀兵伺釁，更議進取，振旅旋旆，遲速唯宜。伏願陛下覽臣所陳，特垂聽許。

《晉書》卷七十四《列傳第四十四・桓冲》頁一九四九至一九五〇

公元三八四年　東晉孝武帝太元九年
後燕武成帝燕元元年

東胡王晏據館陶，爲鄴中聲援，鮮卑、烏桓及郡縣民據塢壁不從燕者尚衆；燕王垂遣太原王楷與鎮南將軍陳留王紹討之。楷謂紹曰："鮮卑、烏桓及冀州之民，本皆燕臣，今大業始爾，人心未洽，所以小異；唯宜綏之以德，不可震之以威。吾當止一處，爲軍聲之本，汝巡撫民夷，示以大義，彼必當聽從。"楷乃屯于辟陽。《地理風俗記》曰：廣川西南六十里有辟陽亭，故縣也，漢高帝封審食其爲侯國。魏收《地形志》，長樂郡信都縣有辟陽城。紹帥騎數百往説王晏，爲陳禍福，帥，讀曰率。説，輸芮翻。爲，于僞翻。晏隨紹詣楷降，於是鮮卑、烏桓及塢民降者數十萬口。降，户江翻。楷留其老弱，置守宰以撫之，發其丁壯十餘萬，與王晏詣鄴。垂大悦曰："汝兄弟才兼文武，足以繼先王矣！"言足以繼慕容恪也。

　　《資治通鑑》卷一百五《晉紀二十七·孝武帝太元九年》頁三三二六

　　東胡王晏據館陶，爲鄴中聲援，夷夏不從燕者尚衆，垂遣太原王楷與陳留王紹擊之，楷謂紹曰："今大業始爾，人心未洽。唯宜綏之以德，不可震之以威。"乃屯於辟陽。紹帥騎數百往説王晏，晏降。於是民夷降者數十萬口。楷留其老弱，置守宰以撫之，發其丁壯十餘萬，與晏詣鄴。垂大悦曰："卿兄弟才兼文武，足以繼武王矣。"

　　《十六國春秋輯補》卷四十三《後燕録二·慕容垂》頁三三七

公元三八六年　東晉孝武帝太元十一年　北魏道武帝登國元年　西秦宣烈王建義二年

　　秋，七月，秦平凉太守金熙、安定都尉没弈干與後秦左將軍姚方成戰于孫丘谷,孫丘谷當在安定。方成兵敗。後秦主萇以其弟征虜將軍緒爲司隸校尉,鎮長安;自將至安定將,即亮翻。擊熙等,大破之。金熙本東胡之種;秦謂鮮卑之種居遼碣者爲東胡。種,章勇翻。没弈干,鮮卑多蘭部帥也。帥,所類翻。

《資治通鑑》卷一百六《晉紀二十八·孝武帝太元十一年》頁三三六六

公元三八七年　東晉孝武帝太元十二年　北魏道武帝登國二年　西秦宣烈王建義三年

國仁率騎三萬襲鮮卑大人密貴、裕苟、提倫等三部於六泉。高平鮮卑没弈于、東胡金熙連兵來襲,相遇于渴渾川,大戰敗之,斬級三千,獲馬五千匹。没弈于及熙奔還,三部震懼,率衆迎降。

《晉書》卷一百二十五《載記第二十五·乞伏國仁》頁三一一五

苑川王國仁帥騎三萬襲鮮卑大人密貴、裕苟、提倫三部于六泉。密貴爲一部,裕苟爲一部,提倫爲一部。六泉在高平。帥,讀曰率。騎,奇寄翻。秋,七月,與没弈干、金熙戰于渴渾川,據《載記》,國仁襲三部,而没弈干、金熙連兵襲國仁,故遇戰于渴渾川,其地當在天水勇士縣東北。没弈干、金熙大敗,三部皆降。降,户江翻。

《資治通鑑》卷一百七《晉紀二十九·孝武帝太元十二年》頁三三七八至三三七九

國仁率騎三萬襲鮮卑大人密貴、裕苟、提倫等三部于六

泉。高平鮮卑没奕于、東胡金熙連兵來襲,相遇于渴渾川,大
戰敗之,斬級二千,獲馬五千匹。没奕于及熙奔還,三部震
懼,率衆迎降。

《通志》卷一百九十一《載記六・西秦乞伏國仁》頁
三〇七四中

國仁率騎三萬,襲鮮卑大人密貴、裕苟、提倫等三部於
六泉。高平鮮卑没奕干、東胡金熙連兵來襲,相遇於渴渾川,
大戰敗之,斬級三千,獲馬五千匹。没奕干及熙奔還,三部震
懼,率衆迎降。

《十六國春秋輯補》卷八十五《西秦録一・乞伏國仁》頁
五九三

公元六〇七年　隋煬帝大業三年

及大業三年,煬帝在榆林,突厥啓民及西域、東胡君長,
並來朝貢。

《隋書》卷八《志第三・禮儀三》頁一六七

隋大業三年,煬帝在榆林,突厥啓人及西域、東胡君長並
來朝貢。〔八四〕

【校勘記】

〔八四〕突厥啓人《隋書・禮儀志》三一六七頁作"突厥啓
民",《通典》諱改。

《通典》卷第七十六《禮三十六・沿革三十六・軍禮一》
頁二〇七三、二〇九一

是年冬，煬帝在榆林，突厥啓民及西域、東胡君長並來朝貢。

《冊府元龜》卷一一五《帝王部·蒐狩》頁一三七五下

隋大業三年，煬帝在榆林，突厥啓人及西域、東胡君長並來朝貢，帝欲示以兵甲之盛，乃命有司陳冬狩之禮。

《文獻通考》卷一百十《王禮五》頁九九七上

公元六三六年　唐太宗貞觀十年

十年三月，詔曰：“文德懷遠，列聖之弘規，興亡繼絕，至仁之通訓。吐谷渾發迹東胡，東胡竄居西域，負險自固，擅立君長……”

《冊府元龜》卷九六四《外臣部·封冊二》頁一一三三八上

公元七一七年　唐玄宗開元五年

往年趙翽在營府，總統乖方；近日張知運在單于，徵調失所。遂令東胡喪亂，北虜披猖，爰構征戍之勤，頗致瘡痍之酷。言念於此，可爲深戒。

《冊府元龜》卷一五七《帝王部·誡勵二》頁一九〇三上

公元一一八五年　宋孝宗淳熙十二年

淳熙十二年五月，以地震應詔上書曰：臣聞言有事於無事之時，不害其爲忠；言無事於有事之時，其爲姦也大矣。南北和好踰二十年，一旦絕使，敵情不測。而或者曰彼有五單于爭立之禍，又曰彼有匈奴困於東胡之禍，既而皆不驗。道塗相傳，繕汴京城池，開海州漕渠，又於河南、北簽民兵，增驛騎，製馬櫪，籍井泉，而吾之間諜不得以入，此何爲者耶？臣所謂言有事於無事之時者一也。

　　《宋史》卷四百三十三《列傳第一百九十二·儒林三·楊萬里》頁一二八六四

散見未繫年史料

東胡黄羆。

【彙校】孫詒讓云:《稽瑞》引"羆"作"熊"。《白帖》九十七"熊"下引作"東胡獻黄熊,"則唐本正如是。

【集注】孔晁云:東胡,東北西卑。(盧訂作"東北夷"。孫詒讓云:"西卑"當即"鮮卑",西鮮一聲之轉。)○王應麟云:《伊尹朝獻‧商書》:"正北東胡。"《山海經》:"大澤在雁門北,東胡在大澤東。"《匈奴傳》:"燕北有東胡。"服虔曰:"烏桓之先也,後爲鮮卑。"《爾雅》:"羆如熊,黄白文,似熊而長頭,高脚,猛憨多力,能拔樹木。關西呼曰猳羆。"《詩‧韓侯》:"其追其貊,奄受北國,獻其黄羆。"陸璣疏:"羆大於熊。"《淮南子》:"散宜生得玄豹黄羆,以獻於紂。"○陳逢衡云:《一統志》:"鮮卑,今爲敖漢奈曼、喀爾喀、蘇尼特諸旗地。"羆狀如麋,其川在尾上,見《北山經》。孫炎曰:"羆如熊而力大於熊,有赤黄二種,而古者以黄爲貴。"○何秋濤云:《後漢書‧郡國志》:"令支縣有孤竹城。"令支及孤竹,今盧龍縣遷安縣地。自此以東北皆山戎境。齊師至此而山戎遁走,故遂自孤竹而還。今永平府北邊外即承德府屬之東南境,知爲春秋時山戎地也。東胡與匈奴接壤,當在山戎西,今順天府北邊外，即承德府屬之西南境，知爲春秋時東胡地也。柳宗元謂羆之狀被髮人立而甚害人。是以人熊爲羆矣。蓋熊羆同類，俗人不識羆，故呼爲人熊耳。

　　　　《逸周書彙校集注》卷七《王會解第五十九》頁九三九

　　　正北空同、大夏、莎車、姑他、旦略、貌胡、戎翟、匈奴、樓煩、月氏、孅犂、其龍、東胡。

　　　……

　　【集注】孔晁云：十二（盧校作“十三”）者，北狄之別名也……東胡在燕北，見《山海經》。燕秦開襲破東胡。秦時東胡强，月氏盛。漢鮮卑，東胡之支也。烏桓本東胡。唐契丹奚本東胡種。

　　　《逸周書彙校集注》卷七《王會解第五十九》頁九八〇至九八一

　　　東胡〔一〕在大澤東。

　　〔一〕郝懿行云：“國名也。伊尹《四方令》云：‘正北東胡。’詳《後漢書·烏桓鮮卑傳》。《廣韻》引《前燕録》云：‘昔高辛氏游於海濱，留少子厭越以居北夷，邑于紫蒙之野，號曰東胡。’云云。其後爲慕容氏。”珂案：“東胡”已下四節當移《海外北經》“舜妻登比氏”之後，《海内東經》“國在流沙中者埻端、璽映”已下三節當移於此處。説詳上卷“匈奴”節注。

　　　夷人在東胡東。

　　　　　　　《山海經校注》第十一《海内西經》頁二九三

燕北有東胡、山戎。〔一三〕各分散居溪谷，自有君長，往往而聚者百有餘戎，然莫能相一。

〔一三〕【集解】《漢書音義》曰 :“烏丸，或云鮮卑。”【索隱】服虔云 :“東胡，烏丸之先，後爲鮮卑。在匈奴東，故曰東胡。”案 :《續漢書》曰“漢初，匈奴冒頓滅其國，餘類保烏桓山，以爲號。俗隨水草，居無常處。以父之名字爲姓。父子男女悉髡頭爲輕便也”。

《史記》卷一百十《匈奴列傳第五十》頁二八八三、二八八五

燕北有東胡、山戎。〔五〕各分散溪谷，自有君長，往往而聚者百有餘戎，然莫能相壹。

〔五〕服虔曰 :“烏桓之先也，後爲鮮卑。”

《漢書》卷九十四上《匈奴傳第六十四上》頁三七四七

燕北有東胡、山戎，烏桓之先也，後爲鮮卑。各分散溪谷，自有君長，往往而聚者百有餘戎，然不相統一。

《通典》卷第一百九十四《邊防十·北狄一·序略》頁五二九九

燕北有東胡、山戎。服虔曰 :“烏桓之先也，後爲鮮卑。”

《太平御覽》卷八〇〇《四夷部二一·總叙北狄下》頁三五五〇上

燕北有東胡、山戎。

《册府元龜》卷九五六《外臣部·總序》頁一一二三七下至一一二三八上

燕北有東胡、山戎。烏桓之先也，後爲鮮卑。各分散溪谷，自有君長，往而聚者百有餘戎，然莫能相一。

《册府元龜》卷九五六《外臣部·種族》頁一一二五一上

燕北有東胡、山戎；自漢北平、無終、白狼以北，皆大山重谷，諸戎居之，春秋謂之山戎。各分散居溪谷，自有君長，往往而聚者百有餘戎，然莫能相一。

《資治通鑑》卷六《秦紀一·始皇帝三年》頁二〇八

燕北有東胡、山戎。烏桓之先也，後爲鮮卑。各分散溪谷，自有君長，往往而聚者百有餘戎，然不相統一。

《文獻通考》卷三百四十《四裔十七·北》頁二六六五上

燕北有東胡、山戎。各立君長，不相統壹。

《通志》卷一百九十九《四夷傳六·北國上·北國序略》頁三一七九中

黄金飾具帶一，〔四〕黄金胥紕一，〔五〕繡十匹……

　〔四〕【集解】《漢書音義》曰："要中大帶。"【索隱】按：謂要中大帶。

　〔五〕【集解】徐廣曰："或作'犀毗'，而無'一'字。"【索隱】《漢書》見作"犀毗",或無下"一"字。此作"胥"者,犀聲相近①,或誤。張晏云"鮮卑郭落帶,瑞獸名也,東胡好服之"。按:《戰國策》云"趙武靈王賜周紹具帶黃金師比"。延篤云"胡革帶鉤也"。則此帶鉤亦名"師比",則"胥""犀"與"師"並相近,而説各異耳。班固與竇憲牋云"賜犀比金頭帶"是也。

　　《史記》卷一百十《匈奴列傳第五十》頁二八九七、二八九八

　　黃金飾具帶一,黃金犀毗一,〔三〕繡十匹……
　　〔三〕孟康曰:"要中大帶也。"張晏曰:"鮮卑郭洛帶,瑞獸名也,東胡好服之。"師古曰:"犀毗,胡帶之鉤也。亦曰鮮卑,亦謂師比,總一物也,語有輕重耳。"
　　《漢書》卷九十四上《匈奴傳第六十四上》頁三七五八

　　中救晉公,禽狄王,敗胡貉,破屠何,屠何,東胡之先也。而騎寇始服。北地以騎爲寇。
　　《册府元龜》卷二三九《列國君部·政令》頁二八三五上

　　【索隱述贊】韓襄遺孽,始從漢中。剖符南面,徙邑北通。積當歸國,龍雒有功。盧綰親愛,群臣莫同。舊燕是王,東胡計窮。
　　《史記》卷九十三《韓信盧綰列傳第三十三》頁二六四二

---

①此處中華書局點校本《史記》無校勘記,中華書局點校修訂本《史記》三五一〇頁校勘記〔四四〕作:胥犀聲相近　"胥"字原無,據耿本、黃本、彭本、柯本、凌本、殿本補。

　　上谷至遼東，地廣民希，數被胡寇，俗與趙、代相類，有魚鹽棗栗之饒。北隙烏丸、夫餘，〔一〕東賈真番之利。

　　〔一〕如淳曰：“有怨隙也。或曰，隙，際也。”師古曰：“訓際是也。烏丸，本東胡也，爲冒頓所滅，餘類保烏丸山，因以爲號。夫餘在長城之北，去玄菟千里。夫讀曰扶。”

　　《漢書》卷二十八下《地理志第八下》頁一六五七至一六五八

　　烏桓國本東胡也。

　　《册府元龜》卷九六一《外臣部·土風三》頁一一三一〇上

　　烏桓大人本東胡也。

　　《册府元龜》卷一〇〇〇《外臣部·强盛》頁一一七三一上

　　鮮卑者，亦東胡之支也，別依鮮卑山，故因號焉。其言語習俗與烏桓同。

　　《後漢書》卷九十《烏桓鮮卑列傳第八十·鮮卑》頁二九八五

　　鮮卑，亦東胡之支也，別依鮮卑山，因號焉。今在柳城郡界。

　　《通典》卷第一百九十六《邊防十二·北狄三·鮮卑》頁五三六八

鮮卑。亦東胡之支也，別依鮮卑山，故因號焉。今在柳城郡界。〔一〕

【校勘記】

〔一〕今在柳城郡界　底本“界”下衍“西”字，據萬本、中大本、《庫》本及《通典》卷一九六《州郡》一二刪。

《太平寰宇記》卷之一百九十三《四夷二十二·北狄五·鮮卑》頁三六九一、三七〇五

鮮卑者，東胡之支也。其言語習俗與烏桓同。
《册府元龜》卷九六一《外臣部·土風三》頁一一三一〇下

鮮卑者，東胡之支也。
《册府元龜》卷一〇〇〇《外臣部·强盛》頁一一七三〇下

鮮卑，東胡之支也。別依鮮卑山，故因爲號。
《册府元龜》卷九五八《外臣部·國邑二》頁一一二七八上

鮮卑，亦東胡之支也，別依鮮卑山，因號焉。今在柳城郡界。
《文獻通考》卷三百四十二《四裔十九·鮮卑》頁二六八一下

鮮卑，亦東胡之支也。其言語習俗與烏桓同。
《東漢會要》卷四十《蕃夷下·鮮卑》頁五九八

鮮卑，亦東胡之餘也。別保鮮卑山，因號焉。言語習俗，

與烏丸同。其地東接遼東,西當西域。《魏書》。

　　　　　《三國會要》卷二十二《四夷·鮮卑》頁三八八

　　慕容氏,亦東胡之後,別部鮮卑也。《晉史》云:"有熊氏之苗裔,因山爲號。"

　　　　　《通典》卷第一百九十六《邊防十二·北狄三·慕容氏》頁五三七二

　　慕容氏,亦東胡之後,別部鮮卑也。《晉史》云:"有熊氏之苗裔,因山爲號。"

　　　　　《文獻通考》卷三百四十二《四裔十九·慕容氏》頁二六八三中

　　拓跋氏亦東胡之後,別部鮮卑也。《後魏史》云:"出自黃帝子昌意之少子,受封北土,亦因鮮卑山以爲號。"《宋》《齊》二史又云"漢降將李陵之後"。

　　　　　《通典》卷第一百九十六《邊防十二·北狄三·拓跋氏》頁五三七三

　　托跋氏亦東胡之後,別部鮮卑。《後魏史》云:"出自黃帝子昌意之少子,受封北土,亦國鮮卑山以爲號。"《宋》《齊》二史又云:"漢降將李陵之後。"

　　　　　《文獻通考》卷三百四十二《四裔十九·托跋氏》頁二六八三下

托跋氏。亦東胡之後，別部鮮卑也。《後魏史》云："出自黃帝之子昌意，意之少子受封此土，國有大鮮卑山，因以爲號。"《宋》《齊》二史又云："漢降將李陵之後。"

《太平寰宇記》卷之一百九十三《四夷二十二・北狄五・托跋氏》頁三六九四

吐谷渾分緒僞燕，遠辭正嫡，率東胡之餘衆，掩西羌之舊宇，網疏政暇，地廣兵全，廓萬里之基，貽一匡之訓，弗忘忠義，良可嘉焉。

《晉書》卷九十七《列傳第六十七・四夷・史臣曰》頁二五五一

蠕蠕，東胡之苗裔也，姓郁久閭氏。

《魏書》卷一百三《列傳第九十一・蠕蠕》頁二四八七

《後魏書》曰：蠕蠕，東胡之苗裔也。

《太平御覽》卷九四四《蟲豸部一・蟲》頁四一九一下

論曰：周之獫狁，漢之匈奴，其作害中國，故久矣。魏、晉之世，種族瓜分，去來沙漠之陲，窺擾郭塞之際，猶皆東胡之緒餘，冒頓之枝葉。至如蠕蠕者，匈奴之裔，根本莫尋，逃形集醜，自小爲大，風馳鳥赴，倏來忽往，代京由之屢駭，戎車所以不寧。是故魏氏祖宗，揚威曜武，驅其畜產，收其部落，翦之窮髮之野，逐之無人之鄉。豈好肆兵極銳，凶器不戢？蓋亦急病除惡，事不得已。其狡狄強弱之由，獝虜服叛之迹，故備録云。

　　　《北史》卷九十八《列傳第八十六·論》頁三二七七

　　史臣曰：周之獫狁，漢之匈奴，其作害中國固亦久矣。魏晉之世，種族瓜分，去來沙漠之陲，窺擾郣塞之際，猶皆東胡之餘緒，冒頓之枝葉。至如蠕蠕者，匈奴之裔，根本莫尋，逃刑集醜，自小爲大，風馳鳥赴，倏來忽往，代京由之屢駭，戎車所以不寧。是故魏氏祖宗揚威曜武，驅其畜產，收其部落，翦之窮髮之野，逐之無人之鄉，豈好肆兵極鋭，凶器不戢，蓋亦急病除惡，事不得已而然也。

　　《魏書》卷一百三《列傳第九十一·史臣曰》頁二五一二至二五一三

　　及蠕蠕衰微，突厥始大，至於木杆，遂雄朔野。東極東胡舊境，〔五七〕西盡烏孫之地，彎弓數十萬，列處於代陰，〔五八〕南向以臨周、齊。

【校勘記】

〔五七〕東極東胡舊境　諸本脱“東胡”二字，據《隋書》補。

〔五八〕列處於代陰　諸本“列”訛作“別”，據《隋書》改。

　　《北史》卷九十九《列傳第八十七·論》頁三三〇四、三三一一

　　及蠕蠕衰微，突厥始大，至於木杆，遂雄朔野。東極東胡舊境，西盡烏孫之地，彎弓數十萬，列處於代陰，南向以臨

周、齊。

《隋書》卷八十四《列傳第四十九·北狄·史臣曰》頁一八八四

奚國，蓋匈奴之別種也，所居亦鮮卑故地，即東胡之界也，在京師東北四千餘里。

《舊唐書》卷一百九十九下《列傳第一百四十九下·北狄·奚》頁五三五四

室韋，契丹別種，東胡之北邊，蓋丁零苗裔也。

《新唐書》卷二百一十九《列傳第一百四十四·北狄·室韋》頁六一七六

宋祁曰："室韋，契丹別種，居東胡北邊，蓋丁零苗裔……"

《讀史方輿紀要》卷十八《北直九》頁八六一

揚雄《幽州箴》蕩蕩平川，惟冀之別。伊昔唐虞，實爲平陸。周末荒臻，迫于獫鬻。六國擅權，燕趙本都。東限穢貊，爰及東胡。强秦北排，蒙公城疆。大漢初定，介狄之荒。元戎屢征，如風之騰。義兵涉漠，擾我邊甿。既定且康，復古虞唐。盛不可圖，衰不可忘。隄潰蟻穴，器漏臧亡。牧臣司幽，敢告侍傍。

《初學記》卷第八《州郡部·河北道第五》頁一七九

晉袁宏《祭牙文》曰：天生五才，治道所司。廢一不可，静亂輔時。赫赫晉德,乃武乃文。中世不競,王度暫屯。戎狄猾夏,虔劉生民。蠢爾東胡,被髮左袵。思我皇澤,稽首海裔。受爵納貢,服膺累世。後嗣不恭,實叛實戾。侵我神畿,隔我嘉惠。哀彼黎民,嬰此彫殘。況荷大寵,任其艱難。慨然發憤,撫劍忘湌。敢建高牙,烈烈桓桓。

　　　《太平御覽》卷三三九《兵部七〇·牙》頁一五五七下

　　《續漢書》曰:鮮卑亦東胡之支也,禽獸異於中國者有野馬、原羊、角端牛。

　　　《太平御覽》卷三四七《兵部七八·弓》頁一五九七下

　　陳林《武庫賦》曰:鎧則東胡闕鞏,百鍊精剛。

　　《太平御覽》卷三五六《兵部八七·甲下》頁一六三六上

　　陳琳《武庫賦》:鎧則東胡闕鞏,百鍊精剛……

　　　　　　　《三國會要》卷十七《兵》頁三二二

　　烏桓東胡俗能作白酒,而不知作麴糵,常仰中國。

　　《太平御覽》卷八四四《飲食部二·酒中》頁三七七〇上

　　烏州,靜安軍,刺史。本烏丸之地,東胡之種也。

　　《遼史》卷三十七《志第七·地理志一·上京道》頁四四五

　　史略:契丹本東胡種……

　　　《讀史方輿紀要》卷八《歷代州域形勢八》頁三四三

又舊志：柳城東二百里有鮮卑山，又棘城東塞外亦有鮮卑山，東胡因以爲號。

《讀史方輿紀要》卷十八《北直九》頁八四二

廢烏州，在臨潢東南。《遼志》：本烏丸地，東胡別種也。

《讀史方輿紀要》卷十八《北直九》頁八五一

東胡之別種曰霫，唐時居鮮卑故地，保據于此。

《讀史方輿紀要》卷十八《北直九》頁八五六

《隋書》："契丹與庫莫奚皆東胡種，爲慕容氏所破，竄于松漠之間……"

《讀史方輿紀要》卷十八《北直九》頁八五八

《五代舊史》："（契丹）東胡種也……"

《讀史方輿紀要》卷十八《北直九》頁八五九

烏桓(丸)資料輯錄

凡　例

　　本輯録包含紀傳體、編年體、典制體史書以及大型類書、地理總志中有關烏桓（丸）之資料。其收録範圍包括：凡各類典籍中有“烏桓”“烏丸”字樣，及雖無“烏桓”“烏丸”而其内容爲記載烏桓（丸）事迹者，概予收録。兩漢三國時期烏桓（丸）重要首領諸如“蹋頓”“樓班”“蘇僕延”等人相關史料均予以收録。兩晉南北朝以後，烏桓姓氏複雜，研究爭議較大，其首領貴族相關史料擇要收録。

　　本輯録編排方法：以正史爲主，以本紀爲綱，重出者集中排列，歧異者注明。

　　所收録史料過長時，與烏桓（丸）關係較小之部分，酌情予以省略。

　　本輯録主體分爲三部分：

　　（一）烏桓（丸）專傳專條

　　（二）散見史料繫年録

　　（三）散見未繫年史料

　　“散見史料繫年録”每條史料均標注公元紀年，輔以兩漢、新莽、曹魏等政權年號，以資對照。同年資料，按月編排，記載同一事件之史料按成書年代排序並予以集中。年代可以判斷大致範圍但不能絕對確定者，一般繫於相當年代之末並作出注釋。不能或不宜繫年者，則編入"散見未繫年史料"。

所標年月，以正史爲主，正史無可考者，則據《資治通鑑》或其他史料，具有争議者則以注釋説明。

所收資料，酌分段落，所用史料爲影印版本者添加標點符號。影印本文字儘量遵循原書，如有明顯謬誤者，根據其他版本或正史靈活參正。對舊字形、俗字以及部分異體字，本系列輯録選用規範繁體字代替。明清刻本中的避諱字，一般恢復爲原字。

文内凡標注爲脚注之字句，均爲編者所添。圓括號中内容除史料原文自帶外，有些爲補充所發生事件之主語，如："時遼東烏桓叛，（种暠）復轉遼東太守。"也可能是對事件時間進行補充，如："（冬十二月）南匈奴、烏桓率衆詣張奂降。"

本編所收資料，將各史之正文及後人注釋均予以收録，如《通鑑》胡三省注即全部收録。注釋及編者之自注，俱使用小號字體。各點校本史料，多附有校勘記，考慮到其學術價值，本系列輯録均予以保留。

烏桓（丸）專傳專條

《三國志》卷三十《魏書·烏丸鮮卑東夷傳第三十·烏丸》

《書》載"蠻夷猾夏"，《詩》稱"玁狁孔熾"，久矣其爲中國患也。秦、漢以來，匈奴久爲邊害。孝武雖外事四夷，東平兩越、朝鮮，西討貳師、大宛，開邛筰、夜郎之道，然皆在荒服之外，不能爲中國輕重。而匈奴最逼於諸夏，胡騎南侵則三邊受敵，是以屢遣衛、霍之將，深入北伐，窮追單于，奪其饒衍之地。後遂保塞稱藩，世以衰弱。建安中，呼厨泉南單于入朝，遂留内侍，使右賢王撫其國，而匈奴折節，過於漢舊。然烏丸、鮮卑稍更强盛，亦因漢末之亂，中國多事，不遑外討，故得擅（漢）〔漠〕南之地，[1]寇暴城邑，殺略人民，北邊仍受其困。會袁紹兼河北，乃撫有三郡烏丸，寵其名王而收其精騎。其後尚、熙又逃于蹋頓。蹋頓又驍武，邊長老皆比之冒頓，恃其阻遠，敢受亡命，以雄百蠻。太祖潛師北伐，出其不意，一戰而定之，夷狄懾服，威振朔土。遂引烏丸之衆服從征討，而

---

[1]此處中華書局點校本《三國志》無校勘記，中華書局橫排簡體本《三國志》校勘記六四〇頁：故得擅漠南之地　漠，原作"漢"，據殿本《考證》改。下同。

邊民得用安息。後鮮卑大人軻比能復制御群狄，盡收匈奴故地，自雲中、五原以東抵遼水，皆爲鮮卑庭。數犯塞寇邊，幽、并苦之。田豫有馬城之圍，畢軌有陘北之敗。青龍中，帝乃聽王雄，遣劍客刺之。然後種落離散，互相侵伐，强者遠遁，弱者請服。由是邊陲差安，（漢）〔漠〕南少事，雖時頗鈔盜，不能復相扇動矣。烏丸、鮮卑即古所謂東胡也。其習俗、前事，撰漢記者已録而載之矣。故但舉漢末魏初以來，以備四夷之變云。〔一〕

　　〔一〕《魏書》曰：烏丸者，東胡也。漢初，匈奴冒頓滅其國，餘類保烏丸山，因以爲號焉。俗善騎射，隨水草放牧，居無常處，以穹廬爲宅，皆東向。日弋獵禽獸，食肉飲酪，以毛毳爲衣。貴少賤老，其性悍驁，怒則殺父兄，而終不害其母，以母有族類，父兄以己爲種，無復報者故也。常推募勇健能理決鬥訟相侵犯者爲大人，邑落各有小帥，不世繼也。數百千落自爲一部，大人有所召呼，刻木爲信，邑落傳行，無文字，而部衆莫敢違犯。氏姓無常，以大人健者名字爲姓。大人已下，各自畜牧治産，不相徭役。其嫁娶皆先私通，略將女去，或半歲百日，然後遣媒人送馬牛羊以爲聘娶之禮。婿隨妻歸，見妻家無尊卑，旦起皆拜，而不自拜其父母。爲妻家僕役二年，妻家乃厚遣送女，居處財物，一出妻家。故其俗從婦人計，至戰鬥時，乃自決之。父子男女，相對蹲踞，悉髠頭以爲輕便。婦人至嫁時乃養髮，分爲髻，著句決，飾以金碧，猶中國有冠步搖也。父兄死，妻後母執嫂；若無執嫂者，則己子以親之次妻伯叔焉，死則歸其故夫。俗識鳥獸孕乳，時以四節，耕種常用布穀鳴爲候。地宜青穄東墻，東墻似蓬草，實如

葵子，至十月熟，能作白酒，而不知作麴糵。米常仰中國。大
人能作弓矢鞍勒，鍛金鐵爲兵器，能刺韋作文繡，織縷氈毼。
有病，知以艾灸，或燒石自熨，燒地臥上，或隨痛病處，以刀
決脉出血，及祝天地山川之神，無鍼藥。貴兵死，斂尸有棺，
始死則哭，葬則歌舞相送。肥養犬，以采繩嬰牽，并取亡者所
乘馬、衣物、生時服飾，皆燒以送之。特屬累犬，使護死者神
靈歸乎赤山。赤山在遼東西北數千里，如中國人以死之魂神
歸泰山也。至葬日，夜聚親舊員坐，牽犬馬歷位，或歌哭者，
擲肉與之。使二人口頌咒文，使死者魂神徑至，歷險阻，勿令
橫鬼遮護，達其赤山，然後殺犬馬衣物燒之。敬鬼神，祠天地
日月星辰山川，及先大人有健名者，亦同祠以牛羊，祠畢皆燒
之。飲食必先祭。其約法，違大人言死，盜不止死。其相殘
殺，令部落自相報，相報不止，詣大人平之，有罪者出其牛羊
以贖死命，乃止。自殺其父兄無罪。其亡叛爲大人所捕者，
諸邑落不肯受，皆逐使至雍狂地。地無山，有沙漠、流水、草
木，多蝮蛇，在丁令之西南，烏孫之東北，以窮困之。自其先
爲匈奴所破之後，人衆孤弱，爲匈奴臣服，常歲輸牛馬羊，過
時不具，輒虜其妻子。至匈奴壹衍鞮單于時，烏丸轉强，發掘
匈奴單于冢，將以報冒頓所破之耻。壹衍鞮單于大怒，發二
萬騎以擊烏丸。大將軍霍光聞之，遣度遼將軍范明友將三萬
騎出遼東追擊匈奴。比明友兵至，匈奴已引去。烏丸新被匈
奴兵，乘其衰弊，遂進擊烏丸，斬首六千餘級，獲三王首還。
後數復犯塞，明友輒征破之。至王莽末，並與匈奴爲寇。光
武定天下，遣伏波將軍馬援將三千騎，從五原關出塞征之，
無利，而殺馬千餘匹。烏丸遂盛，鈔擊匈奴，匈奴轉徙千里，

漢南地空。建武二十五年，烏丸大人郝旦等九千餘人率衆詣
闕，封其渠帥爲侯王者八十餘人，使居塞内，布列遼東屬國、
遼西、右北平、漁陽、廣陽、上谷、代郡、雁門、太原、朔方諸郡
界，招來種人，給其衣食，置校尉以領護之，遂爲漢偵備，擊
匈奴、鮮卑。至永平中，漁陽烏丸大人欽志賁帥種人叛，鮮卑
還爲寇害，遼東太守祭肜募殺志賁，遂破其衆。至安帝時，漁
陽、右北平、雁門烏丸率衆王無何等復與鮮卑、匈奴合，鈔略
代郡、上谷、涿郡、五原，乃以大司農何熙行車騎將軍，左右羽
林五營士，發緣邊七郡黎陽營兵合二萬人擊之。匈奴降，鮮
卑、烏丸各還塞外。是後，烏丸稍復親附，拜其大人戎末廆爲
都尉。至順帝時，戎末廆率將王侯咄歸、去延等從烏丸校尉
耿曄出塞擊鮮卑有功，還皆拜爲率衆王，賜束帛。

　漢末，遼西烏丸大人丘力居，衆五千餘落，上谷烏丸大人
難樓，衆九千餘落，各稱王，而遼東屬國烏丸大人蘇僕延，衆
千餘落，自稱峭王，右北平烏丸大人烏延，衆八百餘落，自稱
汗魯王，皆有計策勇健。中山太守張純叛入丘力居衆中，自
號彌天安定王，爲三郡烏丸元帥，寇略青、徐、幽、冀四州，殺
略吏民。靈帝末，以劉虞爲幽州牧，募胡斬純首，北州乃定。
後丘力居死，子樓班年小，從子蹋頓有武略，代立，總攝三王
部，衆皆從其教令。袁紹與公孫瓚連戰不決，蹋頓遣使詣紹
求和親，助紹擊瓚，破之。紹矯制賜蹋頓、（難）峭王、[1] 汗魯王

---

①此處中華書局點校本《三國志》無校勘記，中華書局橫排簡體本
《三國志》校勘記六四〇頁作：峭王　峭上原衍"難"字，據沈家本校
本删。

印綬,皆以爲單于。〔一〕

〔一〕《英雄記》曰:紹遣使即拜烏丸三王爲單于,皆安車、華蓋、羽旄、黃屋、左纛。版文曰:"使持節大將軍督幽、青、并領冀州牧阮鄉侯紹,①承制詔遼東屬國率衆王頌下、烏丸遼西率衆王蹋頓、右北平率衆王汗盧維:乃祖慕義遷善,款塞內附,北捍玁狁,東拒濊貊,世守北陲,爲百姓保障,雖時侵犯王略,命將徂征厥罪,率不旋時,悔愆變改,方之外夷,最又聰惠者也。始有千夫長、百夫長以相統領,用能悉乃心,克有勳力於國家,稍受王侯之命。自我王室多故,公孫瓚作難,殘夷厥土之君,以侮天慢主,是以四海之內,並執干戈以衛社稷。三王奮氣裔土,忿姦憂國,控弦與漢兵爲表裏,誠甚忠孝,朝所嘉焉。然而虎兕長蛇,相隨塞路,王官爵命,否而無聞。夫有勳不賞,俾勤者怠。今遣行謁者楊林,齎單于璽綬車服,以對爾勞。其各綏靜部落,教以謹慎,無使作凶作慝。世復爾祀位,長爲百蠻長。厥有咎有不臧者,泯於爾祿,而喪於乃庸,可不勉乎! 烏桓單于都護部衆,左右單于受其節度,他如故事。"

後樓班大,峭王率其部衆奉樓班爲單于,蹋頓爲王。然蹋頓多畫計策。廣陽閻柔,少沒烏丸、鮮卑中,爲其種所歸信。柔乃因鮮卑衆,殺烏丸校尉邢舉代之,紹因寵慰以安北邊。後袁尚敗奔蹋頓,憑其勢,復圖冀州。會太祖平河北,柔

①此處中華書局點校本《三國志》無校勘記,中華書局橫排簡體本《三國志》校勘記六四〇頁作:并領冀州牧郱鄉侯紹　郱,原作"阮",據本書卷六《袁紹傳》改。

帥鮮卑、烏丸歸附，遂因以柔爲校尉，猶持漢使節，治廣甯如舊。建安十一年，太祖自征蹋頓於柳城，潛軍詭道，未至百餘里，虜乃覺。尚與蹋頓將衆逆戰於凡城，兵馬甚盛。太祖登高望虜陳，（柳）〔抑〕軍未進，①觀其小動，乃擊破其衆，臨陳斬蹋頓首，死者被野。速附丸、樓班、烏延等走遼東，遼東悉斬，傳送其首。其餘遺迸皆降。及幽州、并州柔所統烏丸萬餘落，悉徙其族居中國，帥從其侯王大人種衆與征伐。由是三郡烏丸爲天下名騎。〔一〕

〔一〕《魏略》曰：景初元年秋，遣幽州刺史毌丘儉率衆軍討遼東。右北平烏丸單于寇婁敦、遼西烏丸都督率衆王護留葉，昔隨袁尚奔遼西，聞儉軍至，率衆五千餘人降。寇婁敦遣弟（阿羅獎）〔阿羅槃〕等詣闕朝貢，②封其渠帥三十餘爲王，賜輿馬繒采各有差。

……

評曰：《史》、《漢》著朝鮮、兩越，東京撰録西羌。魏世匈奴遂衰，更有烏丸、鮮卑，爰及東夷，使譯時通，記述隨事，豈常也哉！

　　　　　　　　　　　　　頁八三一至八三五、八五八

---

①此處中華書局點校本《三國志》無校勘記，中華書局橫排簡體本《三國志》校勘記六四〇頁作：抑軍未進　抑，原作“柳”，據殿本《考證》改。

②此處中華書局點校本《三國志》無校勘記，中華書局橫排簡體字本《三國志》校勘記六四〇頁作：寇婁敦遣弟阿羅槃等詣闕朝貢　槃，原作“獎”，據本書卷二八《毌丘儉傳》改。

《後漢書》卷九十《烏桓鮮卑列傳第八十·烏桓》

烏桓者,本東胡也。[校[1]]漢初,匈奴冒頓滅其國,餘類保烏桓山,因以爲號焉。俗善騎射,弋獵禽獸爲事。隨水草放牧,居無常處。以穹廬爲舍,東開向日。食肉飲酪,以毛毳爲衣。[一]貴少而賤老,其性悍塞。[二][校[2]]怒則殺父兄,而終不害其母,以母有族類,父兄無相仇報故也。有勇健能理決鬥訟者,推爲大人,無世業相繼。邑落各有小帥,數百千落自爲一部。大人有所召呼,則刻木爲信,雖無文字,而部衆不敢違犯。氏姓無常,以大人健者名字爲姓。大人以下,各自畜牧營産,不相徭役。其嫁娶則先略女通情,[三]或半歲百日,然後送牛馬羊畜,以爲娉幣。婿隨妻還家,妻家無尊卑,旦旦拜之,而不拜其父母。爲妻家僕役,一二年間,妻家乃厚遣送女,居處財物一皆爲辦。其俗妻後母,報寡嫂,死則歸其故夫。計謀從用婦人,唯鬥戰之事乃自決之。父子男女相對踞蹲。以髡頭爲輕便。婦人至嫁時乃養髮,分爲髻,著句決,飾以金碧,猶中國有簂步搖。[四][校[3]]婦人能刺韋作文繡,織氀毼。[五]男子能作弓矢鞍勒,[六]鍛金鐵爲兵器。其土地宜穄及東墻。東墻似蓬草,實如穄子,[校[4]]至十月而熟。見鳥獸孕乳,以別四節。

〔一〕鄭玄注《周禮》曰:"毛之縟細者爲毳也。"

〔二〕《説文》曰:"悍,勇也。"塞謂不通。

〔三〕杜預注《左傳》曰:"不以道取爲略。"

〔四〕簂音(吉)〔古〕誨反。[校[5]]字或爲"幗",婦人首飾也。《續漢·輿服志》曰:"公卿列侯夫人紺繒幗。"《釋名》

云“皇后首飾，上有垂珠，步則摇之”也。

〔五〕《廣雅》曰：“氀氁，罽也。”氀音力于反。氁音胡達反。

〔六〕勒，馬銜也。

【校勘記】

〔１〕二九七九頁三行　烏桓者本東胡也　按：《魏志》“桓”皆作“丸”。

〔２〕二九七九頁五行　其性悍塞　按：《集解》引惠棟説，謂《魏書》“悍塞”作“悍驁”。

〔３〕二九七九頁一二行　簂步摇　按：《三國志》注引《魏書》作“冠步摇”。

〔４〕二九八〇頁一行　實如稗子　按：《三國志》注引《魏書》“稗”作“葵”。

〔５〕二九八〇頁六行　簂音（吉）〔古〕誨反　按：張森楷《校勘記》謂吉簂不同母，不得用爲反切。據《廣韻》古對切，《集韻》古獲切，疑此“吉”字亦“古”字之誤。今據改。

俗貴兵死，斂尸以棺，有哭泣之哀，至葬則歌舞相送。肥養一犬，以彩繩纓牽，并取死者所乘馬衣物，皆燒而送之，言以屬累犬，〔一〕使護死者神靈歸赤山。赤山在遼東西北數千里，如中國人死者魂神歸岱山也。〔二〕敬鬼神，祠天地日月星辰山川及先大人有健名者。祠用牛羊，畢皆燒之。其約法：違大人言者，罪至死；若相賊殺者，令部落自相報，不止，詣大人告之，聽出馬牛羊以贖死；其自殺父兄則無罪；若亡畔爲大人所捕者，邑落不得受之，皆徙逐於雍狂之地，沙漠之中。其土多蝮蛇，在丁令西南，烏孫東北焉。〔三〕

〔一〕屬累猶付託也。屬音之欲反。累音力瑞反。

〔二〕《博物志》：“泰山，天帝孫也，主召人魂。東方萬物始，故知人生命。”

〔三〕《前書音義》曰：“丁令，匈奴別種也。令音零。”

烏桓自爲冒頓所破，衆遂孤弱，常臣伏匈奴，歲輸牛馬羊皮，過時不具，輒没其妻子。及武帝遣驃騎將軍霍去病擊破匈奴左地，因徙烏桓於上谷、漁陽、右北平、遼西、遼東五郡塞外，爲漢偵察匈奴動静。〔一〕其大人歲一朝見，於是始置護烏桓校尉，秩二千石，擁節監領之，使不得與匈奴交通。

〔一〕偵，覘也，音丑政反。

昭帝時，烏桓漸强，乃發匈奴單于冢墓，以報冒頓之怨。匈奴大怒，乃東擊破烏桓。大將軍霍光聞之，因遣度遼將軍范明友將二萬騎出遼東邀匈奴，而虜已引去。明友乘烏桓新敗，遂進擊之，斬首六千餘級，獲其三王首而還。由是烏桓復寇幽州，明友輒破之。宣帝時，乃稍保塞降附。

及王莽篡位，欲擊匈奴，興十二部軍，使東域將嚴尤領烏桓、丁令兵屯代郡，皆質其妻子於郡縣。烏桓不便水土，懼久屯不休，數求謁去。莽不肯遣，遂自亡畔，^{校[1]}還爲抄盗，而諸郡盡殺其質，由是結怨於莽。匈奴因誘其豪帥以爲吏，餘者皆羈縻屬之。

【校勘記】

[1]二九八一頁一四行　遂自亡畔　“自”原作“皆”，逕據汲本、殿本改。按：《通志》亦作“自”。

光武初，烏桓與匈奴連兵爲寇，代郡以東尤被其害。居止近塞，朝發穹廬，暮至城郭，五郡民庶，家受其辜，至於郡縣損壞，百姓流亡。其在上谷塞外白山者，最爲强富。

　　建武二十一年，遣伏波將軍馬援將三千騎出五阮關掩擊之。〔一〕烏桓逆知，悉相率逃走，追斬百級而還。烏桓復尾擊援後，援遂晨夜奔歸，比入塞，馬死者千餘匹。

　　〔一〕關在代郡。

　　二十二年，匈奴國亂，烏桓乘弱擊破之，匈奴轉北徙數千里，漢南地空，帝乃以幣帛賂烏桓。二十五年，遼西烏桓大人郝旦等九百二十二人率衆向化，詣闕朝貢，獻奴婢牛馬及弓虎豹貂皮。

　　是時四夷朝賀，絡驛而至，天子乃命大會勞饗，賜以珍寶。烏桓或願留宿衛，於是封其渠帥爲侯王君長者八十一人，^校[1]皆居塞内，布於緣邊諸郡，令招來種人，給其衣食，遂爲漢偵候，助擊匈奴、鮮卑。時司徒掾班彪上言：“烏桓天性輕黠，好爲寇賊，若久放縱而無總領者，必復侵掠居人，但委主降掾史，〔一〕恐非所能制。臣愚以爲宜復置烏桓校尉，誠有益於附集，省國家之邊慮。”帝從之。於是始復置校尉於上谷寗城，〔二〕開營府，并領鮮卑，賞賜質子，歲時互市焉。

　　〔一〕蓋當時權置也。下兵馬掾亦同也。

　　〔二〕寗城，縣名。《前書》寗縣作“寧”，《史記》寗城亦作“寧”，寧寗兩字通也。

【校勘記】

　　[1]二九八二頁七行　　郝旦等九百二十二人率衆向化詣闕朝貢至於是封其渠帥爲侯王君長者八十一人　　按：《魏志·烏丸傳》注引《魏書》，云“烏丸大人郝旦等九千餘人，率衆詣闕，封其渠帥爲侯王者八十餘人”，與此異。“郝旦”作

“郝旦”，旦且形近，未知孰是。

及明、章、和三世，皆保塞無事。安帝永初三年夏，漁陽烏桓與右北平胡千餘寇代郡、上谷。秋，雁門烏桓率衆王無何（允），^{校[1]}與鮮卑大人丘倫等，及南匈奴骨都侯，合七千騎寇五原，與太守戰於九原高渠谷，^{〔一〕}漢兵大敗，殺郡長吏。乃遣車騎將軍何熙、度遼將軍梁慬等擊，大破之。無何乞降，鮮卑走還塞外。是後烏桓稍復親附，拜其大人戎朱廆爲親漢都尉。^{〔二〕校[2]}

〔一〕九原，縣名，屬五原郡。

〔二〕廆音胡罪反。

【校勘記】

［1］二九八三頁三行　雁門烏桓率衆王無何（允）　據《刊誤》刪。按：《校補》謂《通志》亦無“允”字。

［2］二九八三頁五行　拜其大人戎朱廆爲親漢都尉《集解》引惠棟説，謂《續漢書》及《魏書》“朱”作“末”。按：《校補》謂《通志》亦作“末”。

順帝陽嘉四年冬，烏桓寇雲中，遮截道上商賈車牛千餘兩，度遼將軍耿曄率二千餘人追擊，不利，又戰於沙南，斬首五百級。^{〔一〕}烏桓遂圍曄於蘭池城，於是發積射士二千人，度遼營千人，配上郡屯，以討烏桓，烏桓乃退。永和五年，烏桓大人阿堅、羌渠等與南匈奴左部句龍吾斯反畔，中郎將張耽擊破斬之，餘衆悉降。桓帝永壽中，朔方烏桓與休著屠各並畔，^{校[1]}中郎將張奐擊平之。延熹九年夏，烏桓復與鮮卑及南匈奴（鮮卑）寇緣邊九郡，^{校[2]}俱反，張奐討之，皆出塞去。

〔一〕沙南，縣，屬雲中郡，有蘭池城。

【校勘記】

［1］二九八三頁一二行　朔方烏桓與休著屠各並畔

按："休著屠各"《靈帝紀》作"休屠各",《南匈奴》傳作"休著各",此作"休著屠各"者,錢大昕謂乃讀《范史》者音著爲屠,後遂攙入正文耳。參閲《南匈奴傳·校勘記》。

［2］二九八三頁一三行　延熹九年夏烏桓復與鮮卑及南匈奴（鮮卑）寇緣邊九郡　按:《校補》引錢大昭説,謂下"鮮卑"二字疑衍。本紀是年六月南匈奴及烏桓、鮮卑寇緣邊九郡。今删。

靈帝初,烏桓大人上谷有難樓者,衆九千餘落,遼西有丘力居者,衆五千餘落,皆自稱王;又遼東蘇僕延,衆千餘落,自稱峭王;〔一〕右北平烏延,衆八百餘落,自稱汗魯王:並勇健而多計策。中平四年,前中山太守張純畔,入丘力居衆中,自號彌天安定王,遂爲諸郡烏桓元帥,寇掠青、徐、幽、冀四州。五年,以劉虞爲幽州牧,虞購募斬純首,北州乃定。

〔一〕峭音七笑反。

獻帝初平中,丘力居死,子樓班年少,從子蹋頓有武略,代立,〔一〕總攝三郡,衆皆從其號令。建安初,冀州牧袁紹與前將軍公孫瓚相持不决,蹋頓遣使詣紹求和親,遂遣兵助擊瓚,破之。紹矯制賜蹋頓、難樓、蘇僕延、烏延等,皆以單于印綬。後難樓、蘇僕延率其部衆奉樓班爲單于,蹋頓爲王,然蹋頓猶秉計策。廣陽人閻柔,少没烏桓、鮮卑中,爲其種人所歸信,柔乃因鮮卑衆,殺烏桓校尉邢舉而代之。袁紹因寵慰柔,以安北邊。及紹子尚敗,奔蹋頓。時幽、冀吏人奔烏桓者十萬餘户,尚欲憑其兵力,復圖中國。會曹操平河北,閻柔率鮮卑、烏桓歸附，操即以柔爲校尉。建安十二年，^{校[1]}曹操自征烏桓，大破蹋頓於柳城，斬之，首虜二十餘萬人。袁尚與樓班、烏延等皆走遼東，遼東太守公孫康並斬送之。其餘衆萬餘落，悉徙居中國云。

〔一〕蹋音大蠟反

【校勘記】

［1］二九八四頁一二行　建安十二年曹操自征烏桓　《集解》引惠棟説，謂《魏書》作“十一年”。今按《魏志·武紀》在建安十二年夏，《魏志·烏丸傳》作“十一年”，誤。

　　……

論曰：四夷之暴，其埶互强矣。匈奴熾於隆漢，西羌猛於中興。而靈獻之閒，二虜迭盛，石槐驍猛，盡有單于之地，蹋頓凶桀，公據遼西之土。其陵跨中國，結患生人者，靡世而寧焉。然制御上略，歷世無聞；周、漢之策，僅得中下。將天之冥數，以至於是乎？

贊曰：二虜首施，鯁我北垂。道暢則馴，時薄先離。

頁二九七九至二九八四、二九九四至二九九六

《通典》卷第一百九十六《邊防十二·北狄三·烏桓》

烏桓者，本東胡也。漢初，匈奴冒頓滅其國，餘類保烏桓山，因以爲號。俗與匈奴多同，其異者，怒則殺父兄，而終不害其母，以母有族類，父兄無相讎報故也。以己爲種，無復報者故也。其有勇健能理決鬥訟者，推爲大人，無代業相繼。邑落各有小帥，數百千落自爲一部。大人有所召呼，則刻木爲信。氏姓無常，以大人健者名字爲姓。其嫁娶先私通，掠將女或

半歲百日，然後遣媒人送馬牛羊，〔一〕以爲聘幣。婿隨妻至
家，無尊卑，朝朝拜之，〔二〕而不拜其父母。爲妻家僕役一二
年間，妻家乃更厚遣送女，居處財物，一皆爲辦。計謀從用婦
人，唯鬥戰之事乃自決之。父子男女，相對踞蹲，〔三〕髡頭爲
輕便。婦人至嫁時乃養髮，〔四〕分爲髻，著句決，飾以金碧，猶
中國有簂步摇也。簂字或爲幗，婦人首飾。《釋名》云："皇后首飾上
有垂珠，步則摇也。"簂，古陌反。婦人能刺韋作文繡，織氀毼。氀
毼，罽也。氀，力於反。毼，胡達反。男子能作弓矢鞍勒，勒，馬銜也。
鍛金鐵爲兵器。其土地宜穄及東墻，東墻似蓬草，實如穄子，
至十月而熟，能作白酒，而不知作麴，麴米常仰中國。有病，
以艾灸，或燒石自熨，燒地臥上，〔五〕或隨病痛處，以刀決脉
出血，及祝天地山川之神，無鍼藥。俗貴兵死，有哭泣之哀，
至葬則歌舞相送。肥養一犬，以彩繩嬰牽，〔六〕并取死者所乘
馬、衣物，皆燒而送之，言以屬累犬，屬累猶付託也。屬，之欲反。
累，力瑞反。使護死者神靈歸赤山。赤山在遼東西北數千里，
如中國人死者魂神歸岱山也。《博物志》曰："泰山，天帝孫也，主
召人魂。東方萬物始，故知人生命也。"敬鬼神，祠天地日月星辰
山川及先大人有健名者，祠用牛羊，畢皆燒之。飲食必先祭。
若相賊殺者，令部落自相報，不止，詣大人告之，〔七〕聽出牛馬
羊以贖死命，乃止。

【校勘記】

〔一〕遣媒人送馬牛羊　"人"原脱，據《三國志·烏丸
傳》裴注引《魏書》八三一頁補。按：明抄本、明刻本、朝鮮本、
王吴本有"人"脱"送"。

〔二〕朝朝拜之　"朝朝"《後漢書·烏桓傳》二九七九頁

作“旦旦”，杜氏避睿宗諱改。

〔三〕相對踞蹲　“踞”原作“倨”，據《後漢書·烏桓傳》二九七九頁改。按：《三國志·烏丸傳》裴注引《魏書》八三二頁、《太平寰宇記》卷一九二均作“蹲踞”。

〔四〕婦人至嫁時乃養髮　“嫁”原訛“家”，據《後漢書·烏桓傳》二九七九頁、《三國志·烏丸傳》裴注引《魏書》八三二頁、《太平寰宇記》卷一九二改。

〔五〕或燒石自熨燒地臥上　明刻本、朝鮮本、王吳本無“燒石自熨”四字，明抄本、殿本及《三國志·烏丸傳》裴注引《魏書》八三二頁、《太平寰宇記》卷一九二有。

〔六〕以彩繩嬰牽　“嬰”原訛“纓”，據《三國志·烏丸傳》裴注引《魏書》八三三頁改。按：嬰，繞也。

〔七〕詣大人告之　《後漢書·烏桓傳》二九八〇頁同。《三國志·烏丸傳》裴注引《魏書》八三二頁“告”作“平”。

烏桓自爲冒頓所破，衆遂孤弱，常臣服匈奴。漢武帝遣霍去病擊破匈奴左地，因徙烏桓於上谷、漁陽、右北平、遼西、遼東五郡塞外，〔八〕今嫣川、范陽以東至安東，是漢五郡也。爲漢伺察匈奴動靜。其大人歲一朝見，於是始置護烏桓校尉監領之，使不得與匈奴交通。後漸强盛。

【校勘記】

〔八〕因徙烏桓於上谷漁陽右北平遼西遼東五郡塞外　“遼西”原脫，據《後漢書·烏桓傳》二九八一頁、《太平寰宇記》卷一九二補。

至後漢建武中，抄擊匈奴，匈奴轉北徙數千里，〔九〕漠南地空，帝乃以幣帛賂遺之。二十五年，大人郝旦等九百餘人詣闕朝貢，於是封其渠帥爲侯王君長者八十一人，皆居塞内，布於緣邊諸郡。時司徒掾班彪上言："烏桓天性輕黠，好爲寇賊，若久放縱而無總領者，必復侵掠居人。臣愚以爲宜復烏桓校尉，誠有益於附集，省國家之邊慮。"〔一〇〕帝從之。於是始復置校尉於上谷寧城。在今媯川郡懷戎縣西北，俗名西吐勃城。〔一一〕至桓帝末，或降或叛。

【校勘記】

〔九〕匈奴轉北徙數千里　"匈奴"和"數"原脱，據《後漢書·烏桓傳》二九八二頁、《太平寰宇記》卷一九二補。按：明抄本、明刻本、朝鮮本"匈奴"未脱。

〔一〇〕省國家之邊慮　"家"原脱，據《後漢書·烏桓傳》二九八二頁、《太平寰宇記》卷一九二補。

〔一一〕西吐勃城　"吐"原作"土"，據朝鮮本、王吳本及《太平寰宇記》卷一九二改。

靈帝初，烏桓漸盛。上谷有難樓者，衆九千餘落，遼西今柳城郡有丘力居者，衆五千餘落，皆自稱王；又遼東蘇僕延，衆千餘落，自稱峭七笑反王；右北平今北平郡烏延，衆八百餘落，自稱汗魯王：並勇健而多計策。中平四年，〔一二〕前中山太守張純中山今博陵郡叛，入丘力居衆中，自稱彌天安定王，遂爲諸郡烏桓元帥，寇掠幽、冀、青、今北海、濟南、平原、樂安郡地。徐今彭城、琅邪郡地。〔一三〕四州。五年，劉虞爲幽州牧，虞購募斬純首，北州乃定。

【校勘記】

〔一二〕中平四年　"中"原訛"熹"，明抄本、明刻本、朝鮮本、王吳本訛"嘉"，今據《後漢書·烏桓傳》二九八四頁、《太平寰宇記》卷一九二改。

〔一三〕今彭城琅邪郡地　原在"四州"下，據《太平寰宇記》卷一九二移上。

自匈奴衰弱，而烏桓轉盛。獻帝初平中，丘力居死，從子蹋頓有武略，代立，總攝三王部，衆皆從其號令，邊長老皆比之冒頓，以雄北方。建安初，冀州牧袁紹與前將軍公孫瓚相持不決，蹋頓遣使詣紹求和親，遂遣兵助紹擊瓚，破之。紹矯制賜蹋頓、難樓、蘇僕延、烏延等，皆授以單于印綬。建安十二年，曹公自征烏桓，大破蹋頓於柳城，獲首虜二十餘萬人，其餘衆萬餘落，悉徙居中國爲齊人。西晉王浚爲幽州牧，有烏桓單于審登，前燕慕容儁時，有烏桓單于薛雲，後燕慕容盛時，有烏桓渠帥莫賀咄科勃，並其別種，然而微弱不足云矣。

頁五三六五至五三六七、五三八四至五三八五

《册府元龜》卷九六一《外臣部·土風三·烏桓國》

烏桓國，本東胡也。俗善騎射，弋獵禽獸爲事。隨水草放牧，居無常處。以穹廬爲舍，東開向日。食肉飲酪，以毛毳爲衣。毛之縟細者爲毳。貴少而賤老，其性悍塞，悍，負也。塞謂不開。怒則殺父兄，而終不害其母，以母有族類，父兄無相仇報故也。有勇健能理決鬥訟者，推爲大人，無世業相繼。邑落各有小帥，數百千落自爲一部。大人有所召呼，則刻木爲信，雖無文字，而部衆不敢違犯。氏姓無常，以大人健者名字爲姓。大人以下，各自畜牧營產，不相徭役。其嫁娶則先略女通情，不以道娶爲略。或半歲百日，然後送牛馬羊畜，以爲聘幣。婿隨妻還，妻家無尊卑，旦旦拜之，而不拜其父母。爲妻

家僕役，一二年間，妻家乃厚遣送女，居處財物一皆爲辦。其
俗妻後母，報寡嫂，死則歸其故夫。計謀從用婦人，唯鬥戰之
事乃自決之。父子男女相對踞蹲。以髡頭爲輕便。婦人至
嫁時乃養髮，分爲髻，著句决，飾以金碧，猶中國有簂步摇。
簂音吉海切，或爲幗，婦人首飾也。皇后首飾有垂珠，步則摇之。婦人
能刺韋作文繡，織氀毼。氀，音力于切。毼，音曷闕也。男女能作
弓矢鞍勒，鍛金鐵爲兵器。其土地宜稷及東穊。東穊似蓬
草，實如穄子，至十月而熟。見禽獸孕乳，以別四節。

　　俗貴兵死，斂尸以棺，有哭泣之哀，至葬則敬舞相送。肥
養一犬，以彩繩牽，并取死者所乘馬衣服，皆燒而送之，言以
屬累音蜀，類猶付託也。犬，使護死者神靈歸赤山。赤山在遼東
西北數千里，如中國人死者魂神歸岱山也。敬鬼神，祠天地
日月星辰山川及先大人有健名者。祠用牛羊，畢皆燒之。其
約法：違大人言者，罪至死；若相賊殺者，令部落自相報，不
止，詣大人告之，聽出馬牛羊以贖死；其自殺父兄則無罪；若
亡畔爲大人所捕者，邑落不得受之，皆徙逐於雍狂之地，地無
山，有沙漠、流水、草木，多蝮蛇。

　　　　　　　　　　　　頁一一三一〇上至一一三一〇下

《太平寰宇記》卷之一百九十二《四夷二十一·北狄　四·烏桓》

　　烏桓。本東胡也。漢初，匈奴冒頓滅其國，餘類保烏桓
山，因爲號。其有勇健能理决鬥訟者，推爲大人，無世業相
繼。邑落各有小帥，數百千落自爲一部。大人有所召呼，則
刻木爲信，氏姓無常，以大人健者名字爲姓。

烏桓自爲冒頓所破，衆遂孤弱，常臣服匈奴。武帝遣霍
去病擊破匈奴左地，[四三]因徙烏桓于上谷、漁陽、右北平、遼
西、遼東五郡塞外，今媯川、范陽以東至安東，是漢五郡也。[四四]
爲漢偵察匈奴動静。偵，覘也，音丑政切。[四五]其大人歲一朝
見，于是始置護烏桓校尉監領之，使不得與匈奴交通。後漸
强盛。

【校勘記】

〔四三〕武帝遣霍去病擊破匈奴左地　"破"，底本脱，萬
本、《庫》本同，據傅校及《後漢書》卷九〇《烏桓列傳》補。

〔四四〕是漢五郡也　"也"，底本脱，據萬本、《庫》本及
《通典》卷一九六《邊防》一二補。

〔四五〕音丑政切　萬本、《庫》本皆無此四字。

至後漢建武中，鈔擊匈奴，匈奴轉北徙數千里，漠南地
空，帝乃以幣帛賂遺之。二十五年，大人郝旦等九百餘人詣
闕朝貢，于是封其渠帥爲侯王君長者八十一人，皆居塞内，布
于緣邊諸郡。時司徒掾班彪上言："烏桓天性輕點，好爲寇
賊，若久放縱而無總領者，[四六]必復侵掠居人，臣愚以爲宜復
置烏桓校尉，誠有益于附集，省國家之邊慮。"帝從之。于是
始復置校尉于上谷甯城。在今媯川郡懷戎縣西北，俗名西吐勃城。
至桓帝末，或降或叛。

【校勘記】

〔四六〕若久放縱而無總領者　"久"，底本作"少"，《庫》
本同，據萬本及《後漢書·烏桓列傳》改。

靈帝時，烏桓有難樓者，衆九千餘落，有丘力居者，衆
五千餘落，[四七]皆自稱王；又遼東蘇僕延，衆千餘落，自稱峭

王；峭,七笑反。右北平今北平郡。烏延,衆八百餘落,自稱汗魯
王：並勇健而多計策。中平四年,前中山太守張純中山郡,今博
陵郡。叛,入丘力居衆中,自號彌天安定王,遂爲諸郡烏桓元
帥,寇掠青、今北海、濟南、平原、樂安郡。徐、今彭城、琅邪郡。幽、
冀四州。五年,劉虞爲幽州牧,虞購募斬純首,北州乃定。

【校勘記】

〔四七〕烏桓有難樓者衆九千餘落有丘力居者衆五千餘
落 “有丘力居者衆五千餘落”,底本脱,萬本、《庫》本同,
據傅校及《後漢書・烏桓列傳》補。又據《後漢書・烏桓列
傳》,“有難樓”上有“上谷”二字,“有丘力居”上有“遼西”
二字。

自匈奴衰弱,而烏桓强盛。獻帝初平中,丘力居死,從子
蹋頓有武略,代立,總攝三王部,〔四八〕衆皆從其號令,邊長老
皆比之冒頓,以雄北方。建安初,冀州牧袁紹與前將軍公孫
瓚相持不決,蹋頓遣使詣紹求和親,遂遣兵助紹擊瓚,〔四九〕破
之。紹矯制賜蹋頓、難樓、蘇僕延、烏延等,〔五〇〕皆授以單于
印綬。〔五一〕建安十二年,曹操自征烏桓,大破蹋頓于柳城,今
郡也。斬之,首虜二十餘萬人,其餘衆萬餘落悉徙居中國爲齊
人。西晉王浚爲幽州牧,有烏桓單于審登,前燕慕容儁時,有烏桓單于
薛雲,後燕慕容盛時,有烏桓渠帥莫賀咄科勃,〔五二〕並其別種,然而微弱
不足云矣。

【校勘記】

〔四八〕總攝三王部 “王部”,底本作“郡”,《庫》本同,
據萬本及《三國志》卷三〇《魏書・烏丸鮮卑東夷傳》改。

〔四九〕遂遣兵助紹擊瓚 “紹”,底本脱,《庫》本同,據

萬本及《三國志・魏書・烏丸鮮卑東夷傳》補。

〔五〇〕紹矯制賜蹋頓難樓蘇僕延烏延等　底本“蘇僕延”下有“烏桓”二字，《庫》本同，據萬本及《三國志・魏書・烏丸鮮卑東夷傳》《通典・邊防》一一刪。

〔五一〕皆授以單于印綬　“授以”，底本作“與”，據萬本、傅校及《通典・邊防》一一改。《庫》本有“以”而脫“授”字。

〔五二〕莫賀咄科勃　“咄”，底本作“出”，《庫》本同，據萬本及《通典・邊防》一一改。又“勃”，《通典》作“教”。

四至：始保烏桓山，武帝破匈奴，〔五三〕徙置今嬀州以東至安東府界以處之。至建武之後，或處漢南塞內附，〔五四〕則散居緣邊諸郡焉。

【校勘記】

〔五三〕武帝破匈奴　“匈奴”，底本作“之”，萬本、《庫》本同，傅校作“匈奴”。按本書卷上文云：“武帝遣霍去病擊破匈奴左地，因徙烏桓于上谷、漁陽、右北平、遼西、遼東五郡塞外。”傅校是，據改。

〔五四〕或處漢南塞內附　按《後漢書・烏桓列傳》載：建武二十二年，“匈奴國亂，烏桓乘弱擊破之，匈奴轉北徙數千里，漠南地空，帝乃以幣帛賂烏桓”。又載“烏桓或願留宿衛，於是封其渠帥爲侯王君長者八十一人，皆居塞內，布於緣邊諸郡。”此“漢”疑爲“漠”字之訛。

土俗物産：俗與匈奴同，其異者，怒則殺其父兄，而不敢害其母，以母有族類，父兄無相仇報也。以己爲種，無復報者故也。其嫁娶先私通，掠將女或半歲百日，然後遣媒人送馬牛羊，以爲聘幣。其婿隨妻至家，無尊卑，朝朝拜之，而不拜其父母。爲妻家僕役一二年閒，妻家乃更厚加遣送女，居處財物，一皆爲辦。計謀從用婦人，唯戰鬥之事乃自決之。父子男女，相對蹲踞。髡頭爲輕便。婦人至嫁時乃養髮，分爲髻，著句決，飾以金碧，猶中國有簂步搖也。簂或爲幗，婦人首飾。《釋名》云："皇后首飾上有垂珠，步則搖也。" 簂，古陌切。婦人能刺韋作文繡，織氀毼。氀毼，罽也。氀，音力于切。毼，音胡達切。男子能作弓矢鞍勒，勒，馬銜也。鍛金鐵爲兵器。其土地宜穄及東墻。東墻似蓬草，實如稷音祭。〔五五〕子，至十月而熟。能作白酒，而不知作麴，米常仰中國。有病，知以艾灸，或燒石自熨，燒地臥上，或隨病痛處，以刀抉脉出血，及祝天地山川之神，無鍼藥。俗貴兵死，斂尸以棺，有哭泣之哀，至葬則歌舞相送。肥養一犬，以彩繩嬰牽，〔五六〕并取死者所乘馬、衣服，皆燒而送之，言以屬累犬，屬累猶付寄也。〔五七〕屬，之欲切。累，力瑞切。使護死者神靈歸赤山。赤山在遼東西北數千里，如中國人死者魂歸泰山也。《博物志》云："泰山，天帝孫也，主召人魂。東方萬物始，故知人生命也。" 敬鬼神，祀天地日月星辰山川及先大人有健名者，祠用牛羊，畢皆燒之。飲食必先祭。若相賊殺者，令部落自相報，不止，詣大人告之，聽出馬羊牛以贖死命，乃止。大人有所召呼，則刻木爲信。

【校勘記】

〔五五〕音祭　萬本、《庫》本皆無此二字。

〔五六〕以彩繩嬰牽　"嬰"，底本作"纓"，萬本同，據《三國志·魏書·烏丸鮮卑東夷傳》改。

〔五七〕屬累猶付寄也　"寄"，傅校作"託"，同《通典·邊防》一一。

頁三六八二至三六八四、三六八九至三六九〇

《通志》卷二百《四夷傳七·北國下·烏桓》

烏桓者，本東胡也。漢初，匈奴冒頓滅其國，餘類保烏桓山，因以爲號焉。俗善騎射，弋獵禽獸爲事。隨水草放牧，居無常處。以穹廬爲舍，東開向日。食肉飲酪，以毛毳爲衣。貴少而賤老，其性悍塞。怒則殺父兄，而終不害其母，以母有族類，父兄無相仇報故也。有勇健能理決鬥訟者，推爲大人，無世業相繼。邑落各有小帥，數百千落自爲一部。大人有所召呼，則刻木爲信，雖無文字，而部衆不敢違犯。氏姓無常，以大人健者名字爲姓。大人以下，各自畜牧營産，不相徭役。其嫁娶則先略女通情，或半歲百日，然後送牛馬羊畜，以爲聘幣。婿隨妻還家，妻家無尊卑，旦旦拜之，而不拜其父母。爲妻家僕役，一二年間，妻家厚遣送女，居處財物一皆爲辦。其俗妻後母，報寡嫂，死則歸其故夫。計謀從用婦人，唯鬥戰之事乃自決之。父子男女相對踞蹲。以髡頭爲輕便。婦人至嫁時乃養髮，分爲髻，著句決，飾以金碧，猶中國有簂步搖。簂音吉悔反。字或作“幗”，婦人首飾也。《續漢輿服志》曰：“公卿列侯夫人紺繒幗。”《釋名》云：“皇后首飾，上有垂珠，步則搖之也。”婦人能刺韋作文繡，織氀毼。氀毼，罽也。氀音力于反。毼音胡達反。男子能作弓矢鞍勒，勒，馬銜也。鍛金鐵爲兵器。其土地宜穄及東墻。東墻似蓬草，實如穄子，至十月而熟。見鳥獸乳孕，以別四節。

俗貴兵死，斂尸以棺，有哭泣之哀，至葬則歌舞相送。肥

養一犬，以彩繩纓牽，并取死者所乘馬衣物，皆燒而送之。言以屬累犬，屬累乃付託也。屬音之欲反。累音力瑞反。使護死者神靈歸赤山。赤山在遼東西北數千里，如中國人死者魂神歸岱山也。《博物志》曰："太山，天帝孫也，主召人魂。東方萬物始生，故知人生命。" 敬鬼神，祠天地日月星辰山川及先大人有健名者。祠用牛羊，畢皆燒之。其約法：違大人言者，罪至死；若相賊殺者，令部落自相報，不止，詣大人告之，聽出馬牛羊以贖死；其自殺父兄則無罪；若亡畔爲大人所捕者，邑落不得受之，皆徙逐於雍狂之地，沙漠之中。其上多蝮蛇，在丁令西南，烏孫東北焉。丁令，匈奴別種也。令音零。

　　烏桓自爲冒頓所破，衆遂孤弱，常臣伏匈奴，歲輸牛馬羊皮，過時不具，輒没其妻子。及漢武帝遣驃騎將軍霍去病擊破匈奴左地，因徙烏桓於上谷、漁陽、右北平、遼東五郡塞外，爲漢偵察匈奴動静。其大人歲一朝見，於是始置護烏桓校尉，秩二千石，擁節監領之，使不得與匈奴交通。

　　昭帝時，烏桓漸强，乃發匈奴單于冢墓，以報冒頓之怨。匈奴大怒，乃東擊破烏桓，大將軍霍光聞之，因遣度遼將軍范明友將二萬騎出遼東邀匈奴，而虜已引去。明友乘烏桓新敗，遂進擊之，斬首六千餘級，獲其三王首而還。由是烏桓復寇幽州，明友輒破之。宣帝時，乃稍保塞降附。

　　及王莽篡位，欲擊匈奴，興十二部軍，使東城將嚴尤領烏桓、丁令兵屯代郡，皆質其妻子於郡縣。烏桓不便水土，懼久屯不休，數求謁去。莽不肯遣，遂自亡畔，還爲抄盜，而諸郡盡殺其質，由是結怨於莽。匈奴因誘其豪帥以爲吏，餘者皆羈縻屬之。

光武初，烏桓與匈奴連兵爲寇，代郡以東尤被其害。居止近塞，朝發穹廬，暮至城郭，五郡民庶，家受其辜，至於郡縣損壞，百姓流亡。其在上谷塞外白山者，最爲強富。

建武二十一年，遣伏波將軍馬援將三千騎出五阮關掩擊之。關在代郡。烏桓逆知，悉相率逃之，追斬百級而還。烏桓復尾擊援後，援遂晨夜奔歸，比入塞馬死者千餘匹。

二十二年，匈奴國亂，烏桓乘弱擊破之，匈奴轉北徙數千里，漠南地空，帝乃以幣帛賂烏桓。二十五年，遼西烏桓大人郝旦等九百二十二人率衆向化，詣闕朝貢，獻奴婢牛馬及弓虎豹貂皮。

是時四夷朝賀，絡驛而至，天子乃命大會勞饗，賜以珍寶。烏桓或願留宿衛，於是封其渠帥爲侯王君長者八十一人，皆居塞內，布於緣邊諸郡，令招來種人，給其衣食，遂爲漢偵候，助擊匈奴、鮮卑。時司徒班彪上言：“烏桓天性輕黠，好爲寇賊，若久放縱而無總領者，必復侵掠居民，但委主降掾吏，蓋當時權置也。下兵馬掾亦同。恐非所能制。臣愚以爲宜復置烏桓校尉，誠有益於附集，省國家之邊慮。”帝從之。於是始復置校尉於上谷寧城，寧城，縣名。開營府，并領鮮卑，賞賜質子，歲時互市焉。

及明、章、和三世，皆保塞無事。安帝永初三年夏，漁陽烏桓與右北平胡千餘寇代郡、上谷。秋，雁門烏桓率衆王無何，與鮮卑大人邱倫等，及南匈奴骨都侯，合七千騎寇五原，與太守戰於九原高渠谷，九原縣屬五原郡。漢兵大敗，殺郡長吏。方遣車騎將軍何熙、度遼將軍梁慬等擊，大破之。無何乞降，鮮卑走還塞外。是後烏桓稍復親附，拜其大人戎末廆爲漢都尉。虜音胡罪反。

順帝陽嘉四年冬，烏桓寇雲中，遮截道上商賈車牛千餘兩，度遼將軍耿曄率二千餘人追擊，不利，又戰於沙南，斬首五百級。沙南縣屬雲中郡，有蘭池城。烏桓遂圍曄於蘭池城，於是發積射士二千人，度遼營千人，配上郡屯，以討烏桓，烏桓乃退。永和五年，烏桓大人阿堅、羌渠等與南匈奴左部句龍吾斯反畔，中郎將張耽擊破斬之，餘衆悉降。桓帝永壽中，朔方烏桓與休屠屠各并畔，中郎將張奐擊平之。延熹九年夏，烏桓復與鮮卑及南匈奴鮮卑寇緣邊九部，俱反，張奐討之，皆出塞去。

靈帝初，烏桓大人上谷有難樓者，衆九千餘落，遼西有邱力居者，衆五千餘落，皆自稱王；又遼東蘇僕延，衆千餘落，自稱峭王；峭音七笑反。右北平烏延，衆八百餘落，自稱汗魯王；并勇健而多計策。中平四年，前中山太守張純畔，入邱力居衆中，自號彌天安定王，遂爲諸郡烏桓元帥，寇掠青、徐、幽、冀四州。五年，以劉虞爲幽州牧，虞購募斬純首，北州乃定。

獻帝初平中，邱力居死，子樓班年少，從子蹋頓有武略，代王，蹋音大蠟反。總攝三郡，衆皆從其號令。建安初，冀州牧袁紹與前將軍公孫瓚相持不決，蹋頓遣使詣紹求和親，遂遣兵助擊瓚，破之。紹矯制賜蹋頓、難樓、蘇僕延、烏桓延烏等，皆以單于印綬。後難樓、蘇僕延率其部衆奉樓班爲單于，蹋頓爲王，然蹋頓猶秉計策。廣陽人閻柔，少没烏桓、鮮卑中，爲其種人所歸信，柔乃因鮮卑，殺烏桓校尉邢舉而代之。袁紹因寵慰柔，以安北邊。及紹子尚敗，奔蹋頓。時幽、冀吏民奔烏桓者十萬餘户，尚欲憑其兵力，復圖中國。會曹操平河北，閻柔率鮮卑、烏桓歸附，操即以柔爲校尉。建安十二年，曹操自征烏桓，大破蹋頓於柳城，斬之，首虜二十餘萬人。袁尚與樓班、烏延等皆走遼東，遼東太守公孫康并斬送之。其餘衆萬餘落，悉徙中國云。西晉王浚爲幽州牧，有烏桓單于審登；前燕慕容儁時，有烏桓單于薛雲；後燕慕容盛時，有烏桓渠帥莫賀咄、科勃，并其別種，然皆微弱不足云矣。

頁三一九九上至三二〇〇上

《文獻通考》卷三百四十二《四裔十九·烏桓》

烏桓者，本東胡也。漢初，匈奴冒頓滅其國，餘類保烏桓山，因以爲號。俗與匈奴多同，其異者怒則殺父兄，而終不害其母，以母有族類，父兄無相仇報故也。以己爲種，無復報者故也。其有勇健能理決鬥訟者，推爲大人，無代業相繼。邑落各有小帥，數百千落自爲一部，大人有所召呼，則刻木爲信。氏姓無常，以大人健者名字爲姓。其嫁娶先私通，掠將女或半歲或百日，然後遣送馬牛羊，以爲聘幣。婿隨妻至家，無尊卑，朝朝拜之，而不拜其父母。爲妻家僕役一二年間，妻家乃更厚遣送女，居處財物，一皆分辦。計謀從用婦人，唯鬥戰之事乃自決之。父子男女，相對踞蹲，髡頭爲輕便。婦人至嫁時，乃養髮，分爲髻，著句決，飾以金碧，猶中國有簂步搖也。簂字或爲幗，婦人首飾。《釋名》云："皇后首飾上有垂珠，步則搖也。"簂，古陌反。婦人能刺韋作文繡，織氀毼，氀毼，罽也。氀，力於反。毼，胡達反。男子能作弓矢鞍勒，勒，馬銜也。鍛金鐵爲兵器。其土地宜穄及東墻，東墻似蓬草，實如稷子，至十月而熟，能作白酒，而不知作麴。麴米常仰中國。有病以艾灸或燒石自熨，燒地臥上，或隨痛病處，以刀决脉出血，及祝天地山川之神，無鍼藥。俗貴兵死，有哭故之哀，至葬則歌舞相送。肥養一犬，以彩繩纓牽，并取死者所乘馬、衣物皆燒而送之，言以屬累犬，屬累，猶付託也。屬，之欲反。累，力瑞反。使護死者神靈歸赤山。赤山在遼東西北數千里，如中國人死者魂神歸岱山也。《博物志》曰："泰山，天帝孫也，主召人魂。東方萬物始，故知人生命也。" 敬鬼神，祠天地日月星辰山川，及先大人有健名者，祠用牛羊，畢皆燒之。飲食必先祭。若相賊殺者，令部落自相報，不止，詣大人告之，聽出牛馬羊以贖死命，乃止。烏桓自爲冒頓所破，衆遂孤弱，常臣服匈奴。漢武帝遣霍去病擊破匈奴左地，因徙烏桓於上谷、漁陽、右北平、遼東五郡塞外，今媯川、范陽以東至安東，是漢五郡也。爲漢伺察匈奴動静。其大人歲一朝見，於是始置護烏桓校尉監領之，使不得與匈奴交通。後漸强盛，乃發匈奴單于冢，以報冒頓之怨。匈奴怒，東擊烏桓。漢遣度遼將軍范明友等邀擊匈奴，而虜已引去。明友乘烏桓新敗，進擊之，斬首六千餘級，誅其三王。由是烏桓寇幽州，明友輒破之。宣帝時，乃稍保塞降附。王莽篡位，發烏桓兵擊匈奴，屯代郡。烏桓畔之，匈奴因誘其豪帥羈縻之。光武初，烏桓與匈奴連兵爲寇，代郡以東尤被其害。居止近塞，朝發穹廬，暮至城郭，五郡民庶，皆受其害，百姓流亡。二十二年，匈奴國亂，烏桓乘其弱擊破之，匈奴轉北徙數千里，漠南地空，帝乃以幣帛賂烏桓。二十五年，遼西烏桓大人郝旦等率衆向化，詣闕朝貢，獻奴婢及牛馬等。或願留宿衛，於是封其渠帥爲侯王君長者八十一人，皆居塞內，布於緣邊諸郡，令招來種人，給其衣食，爲漢偵候，助擊匈奴、鮮卑。時司徒掾班彪上言：“烏桓天性輕黠，好爲寇賊，若久放縱而無總領者，必復侵掠居人，但委乞降掾史，蓋當時權置也，下兵馬掾亦同也。恐非所能制。臣愚以爲宜復置烏桓校尉，誠有益於附集，省國家之邊慮。”帝從之。於是始復置校尉於上谷甯城，甯城，縣名。《前書》縣作“甯”，《史記》甯城亦作“甯”，兩字通也。開營府，并領鮮卑，賞賜質子，歲時互市焉。及明、章、和三世，皆保塞無事。安帝永初三年夏，漁陽烏桓與右北平胡千餘寇代郡、上谷。秋，雁門烏桓率衆王無何允與鮮卑大人邱倫等，及南匈奴骨都侯，合七千騎寇五原，與太守戰於九原高渠谷，九原，縣名，屬五原郡。漢兵大敗，殺郡長吏。乃遣車騎將軍何熙，度遼將軍梁慬等擊，大破之。無何乞降，鮮卑走還塞外。是後烏桓稍復親附，拜其大人戎朱廆爲親漢都尉。順帝至桓帝末，屢叛屢降。靈帝初，烏桓漸盛，上谷有難樓者，衆九千餘落，遼西今柳城郡。有邱力居者，衆五千餘落，皆自稱王；又遼東蘇僕延，衆千餘落，自稱峭七笑反。王，右北平今北平郡。烏延，衆八百餘落，自稱汗魯王；並勇健而多計策。中平四年，前中山太守張純中山，今博陵郡。叛，入邱力居衆中，自稱彌天安定王，遂爲諸郡烏桓元帥，寇掠青、今北海、濟南、平原、樂安郡地。徐、今彭城琅琊郡地。幽、冀四州。五年，劉虞爲幽州牧，虞購募斬純首，北州乃定。自匈奴衰弱，而烏桓轉盛。獻帝初平中，邱力居死，從子蹋頓有武略，代立，總攝三王部，衆皆從其號令。邊長老皆比之冒頓，以雄北方。建安初，冀州牧袁紹與前將軍公孫瓚相持不決，蹋頓遣使詣紹求和親，遂遣兵助紹擊瓚，破之。紹矯制賜蹋頓、難樓、蘇僕延、烏延等，皆授以單于印綬。建安十二年，曹公自征烏桓，大破蹋頓於柳城，獲首虜二十餘萬人。其餘衆萬餘落，悉徙居中國爲齊人。西晉王浚爲幽州牧，有烏桓單于審登。前燕慕容儁時，有烏桓單于薛雲。後燕慕容盛時，有烏桓渠帥莫賀咄科勃。並其種，然而微弱不足云矣。

頁二六八一上至二六八一下

《東漢會要》卷四十《蕃夷下·烏桓》

烏桓者，本東胡也。漢初，匈奴滅其國，餘類保烏桓山，因以爲號。

光武初，烏桓與匈奴連兵爲寇。建武二十一年，遣伏波將軍馬援將三千騎出五阮關掩擊之。二十二年，匈奴國亂，烏桓乘弱擊破之，匈奴北徙數千里。二十五年，遼西烏桓大人郝旦等九百二十二人率衆向化，詣闕朝獻。封其渠帥爲侯者八十一人，皆居塞內。司徒掾班彪上言：“烏桓天性輕黠，好爲寇賊。宜復置烏桓校尉。”帝從之。於是始復置校尉于上谷甯城，開營府，并領鮮卑，賞賜質子，歲時互市焉。

明、章、和三世，皆保塞無事。安帝永初三年夏，漁陽烏桓與右北平胡千餘寇代郡、上谷。秋，雁門烏桓率衆王無何，與鮮卑大人丘倫等，及南匈奴骨都侯，合七千騎寇五原。遣車騎將軍何熙、度遼將軍梁慬等擊，大破之。無何乞降，鮮卑走還塞外。是後烏桓稍復親附。

順帝陽嘉四年冬，烏桓寇雲中。度遼將軍耿曄追擊，不利。于是發積射士二千人，度遼營千人，配上郡屯，以討烏桓，烏桓乃退。永和五年，烏桓大人阿堅、羌渠等與南匈奴左部句龍吾斯反畔，中郎將張耽擊破之。

桓帝永壽中，朔方烏桓與休著屠各並畔，中郎將張奐擊平之。延熹九年夏，烏桓與鮮卑及南匈奴寇緣邊，張奐討之，皆出塞去。

靈帝初，烏桓大人上谷有難樓者，衆九千餘落，遼西有丘力居者，衆五千餘落，皆自稱王；又遼東蘇僕延，衆千餘落，自稱峭王；右北平烏延，衆八百餘落，自稱汗魯王：並勇健而多計策。中平四年，前中山太守張純畔，入丘力居衆中，自號彌天安定王，遂爲諸郡烏桓元帥，寇掠青、徐、幽、冀四州。五年，以劉虞爲幽州牧，虞斬純首，北州乃定。

獻帝初平中，丘力居死，從子蹋頓代立。建安初，袁紹與公孫瓚相持不決，蹋頓遣兵助擊瓚，破之。紹矯制賜蹋頓等單于印綬。建安十二年，曹操自征烏桓，大破蹋頓于柳城，斬之。其餘衆悉徙居中國云。本《傳》。

頁五九六至五九七

《三國會要》卷二十二《四夷·烏丸》

建安中，呼厨泉南單于入朝，遂留內侍，使右賢王撫其國，而匈奴折節過於漢舊；然烏丸、鮮卑稍更强盛。會袁紹兼河北，撫有三郡烏丸，其後尚、熙逃於蹋頓，太祖潛師北伐，一戰定之，遂引烏丸之衆服從征討……

烏丸，東胡也。漢初，匈奴冒頓滅其國，餘類保烏丸山，因以爲號。《魏書》。漢末，遼西烏丸大人邱力居衆五千餘落，上谷烏丸大人難樓衆九千餘落，各稱王。遼東屬國烏丸大人蘇僕延衆千餘落，自稱峭王；右北平烏丸大人烏延衆八百餘落，自稱汗魯王。太祖平河北，閻柔帥鮮卑、烏丸歸附，因以柔爲校尉。建安十一年，斬蹋頓，餘皆降，悉徙其族居中國。由是三郡烏丸爲天下名騎。明帝時又有率衆隨毌邱儉内附者。

頁三八七至三八八

《讀史方輿紀要》卷十八《北直九》烏桓相關内容

　　烏桓，《後漢書》："烏桓故地在丁零西南，烏孫東北。武帝遣霍去病擊破匈奴左地，因徙烏桓于上谷、漁陽、右北平、遼西、遼東五郡塞外，爲漢偵察匈奴動静，始置護烏桓校尉監領之。後漢初漸爲邊患，遼東太守祭肜討破之，尋皆降附。靈帝初分爲四部，各稱王。建安中遼西烏桓蹋頓有武略，總攝上谷、遼東、右北平三部大人，助袁紹滅公孫瓚。紹承制皆賜以單于印綬，而蹋頓常爲雄長。建安十二年，曹操擊烏桓，斬蹋頓，諸部皆降。"又代郡、上郡境内亦皆有烏桓錯居其間。二十年代郡烏桓三單于反，曹彰擊平之，自是衰弱，服于鮮卑。

頁八六一至八六二

散見史料繫年録

公元前二〇六年　西漢高帝元年 ①

　　烏桓者,東胡也。漢初,匈奴冒頓伐其國,餘類保烏桓山,因以爲號焉。其俗善騎射,隨水草放牧,居無常處,刻木爲信,無文字,而衆不敢違犯。其先爲[一]……匈奴中亂,烏桓始盛,鈔擊匈奴,匈奴爲之轉徙數千里,漠南遂空。

　　[一]《袁紀》下有佚文。《三國志·烏丸傳》注引《魏書》曰:"自其先爲匈奴所破之後,人衆孤弱,爲匈奴臣服,常歲輸牛馬羊,過時不具,輒虜其妻子。至匈奴壹衍鞮單于時,烏丸轉强。"《范書》曰:"烏桓自爲冒頓所破,衆遂孤弱,常臣

①冒頓攻滅東胡時間,《資治通鑑》繫於公元前201年,《後漢書》、《通典》、《太平寰宇記》等均記作漢初。公元前206年,劉邦始稱漢王,該年即漢元年,故冒頓滅東胡時間當不早於此,否則即與漢初矛盾。《史記·匈奴列傳》載:"是時漢兵與項羽相距,中國罷於兵革,以故冒頓得自强,控弦之士三十餘萬。"由此可知,冒頓於中原楚漢戰爭期間(前206—前202年)大肆擴張,滅東胡之時,僅是其擴張初期,早於"西擊走月氏,南并樓煩、白羊河南王"。至公元前201年,冒頓應已基本完成擴張,有"控弦之士三十餘萬",當年秋即"圍韓王信於馬邑",故公元前201年不當是滅東胡之年。似應將冒頓攻滅東胡時間定於其擴張初期,即公元前206年或稍後。

伏匈奴，歲輸牛馬羊皮，過時不具，輒没其妻子。"則《袁紀》下文當脱去爲匈奴所破，臣伏匈奴，歲輸牛馬羊等句。

　　　　《後漢紀校注》卷八《後漢光武皇帝紀卷第八》頁二一三至二一四

　　烏桓者，本東胡也。桓亦作丸。漢初，匈奴冒頓滅其國，餘類保烏桓山，因以爲號焉。氏姓無常，以大人健者名字爲姓。

　　　　《册府元龜》卷九五六《外臣部・種族》頁一一二五一上

　　烏桓者，本東胡也。漢初，匈奴冒頓滅其國，餘類保烏桓山，因以爲號。

　　　　《册府元龜》卷九五八《外臣部・國邑二》頁一一二七七下

　　《括地志》："漢初冒頓滅東胡，餘衆保烏丸山，因號烏丸，後爲鮮卑。"劉氏曰："東胡之後分烏桓、鮮卑二族，鮮卑先遠竄遼東塞外，與烏桓接，未嘗通中國，至後漢稍徙遼西塞外，爲中國患。"據《後漢志》，則鮮卑爲東胡，烏桓之先本西夷也。

　　　　《讀史方輿紀要》卷十八《北直九》頁八二六至八二七

　　鮮卑亦東胡之餘也，別保鮮卑山，因號焉。其言語習俗與烏丸同。

　　　　《三國志》卷三十《魏書・烏丸鮮卑東夷傳第三十・鮮卑》裴松之注引王沈《魏書》頁八三六

　　鮮卑自爲冒頓所破，遠竄遼東塞外，不與餘國爭衡，未有名通於漢，而（由）自與烏丸相接。①

　　《三國志》卷三十《魏書·烏丸鮮卑東夷傳第三十·鮮卑》裴松之注引王沈《魏書》頁八三六

　　鮮卑亦東胡之餘也，別居鮮卑山，因號焉。其言語習俗與烏桓同。自爲冒頓所破，遠竄遼東，未有名通於漢，而與烏桓接。

　　《後漢紀校注》卷八《後漢光武皇帝紀卷第八》頁二二八

　　鮮卑者，亦東胡之支也，別依鮮卑山，故因號焉。其言語習俗與烏桓同。

　　《後漢書》卷九十《烏桓鮮卑列傳第八十·鮮卑》頁二九八五

　　漢初，亦爲冒頓所破，遠竄遼東塞外，與烏桓相接，未常通中國焉。

　　《後漢書》卷九十《烏桓鮮卑列傳第八十·鮮卑》頁二九八五

　　鮮卑，亦東胡之支也，別依鮮卑山，因號焉。今在柳城郡

_____

① 此處中華書局點校本《三國志》無校勘記，中華書局橫排簡體字本《三國志》校勘記六四〇頁作：而自與烏丸相接　而下原衍“由”字，據殿本《考證》刪。

界。其言語習俗與烏桓同，唯婚姻先髡頭，以季春月大會饒樂水上，今在柳城郡界。然後配合。

《通典》卷第一百九十六《邊防十二‧北狄三‧鮮卑》頁五三六八

漢初亦爲冒頓所破，遠竄遼東塞外，與烏桓相接，未嘗通中國。

《通典》卷第一百九十六《邊防十二‧北狄三‧鮮卑》頁五三六八

土俗物産：其言語習俗與烏桓同，唯婚姻先髡頭，以季春月大會饒樂水上，在今柳城郡界。[七]然後配合。

【校勘記】

〔七〕在今柳城郡界　"郡"，底本作"邑"，萬本、《庫》本同，據《通典‧邊防》一二改。按《後漢書‧鮮卑列傳》李賢注：饒樂水，"在今營州北。"《新唐書》卷三九《地理志》三，營州郡名柳城。

《太平寰宇記》卷之一百九十三《四夷二十二‧北狄五‧鮮卑》頁三六九四、三七〇六

漢初，亦爲冒頓所破，遠竄遼東塞外，與烏桓相接，未嘗通中國。

《太平寰宇記》卷之一百九十三《四夷二十二‧北狄五‧鮮卑》頁三六九一

鮮卑者，東胡之支也。其言語習俗與烏桓同。

《册府元龜》卷九六一《外臣部·土風三》頁一一三一〇下

鮮卑，亦東胡之餘也，別保鮮卑山，因號焉。漢初亦爲冒頓所破，遠竄遼東塞外，與烏桓相接。

《册府元龜》卷九五六《外臣部·種族》頁一一二五一下

鮮卑者，亦東胡之支也，別依鮮卑山，故因號焉。其言語習俗與烏桓同，唯婚姻先髡頭，以季春月大會於饒樂水上，水在今營州北。飲宴畢，然後配合。

《通志》卷二百《四夷傳七·北國下·鮮卑》頁三二〇〇中

漢初亦爲冒頓所破，遠竄遼東塞外，與烏桓相接，未嘗通中國。

《通志》卷二百《四夷傳七·北國下·鮮卑》頁三二〇〇中

鮮卑，亦東胡之支也，別依鮮卑山，因號焉。今在柳城郡界。其言語習俗與烏桓同，唯婚姻先髡頭，以季春月大會饒樂水上，今在柳城郡界。然後配合。

《文獻通考》卷三百四十二《四裔十九·鮮卑》頁二六八一下

漢初亦爲冒頓所破，遠竄遼東塞外，與烏桓接，未嘗通中國。

《文獻通考》卷三百四十二《四裔十九·鮮卑》頁二六八二上

鮮卑，亦東胡之支也。其言語習俗與烏桓同。

　　《東漢會要》卷四十《蕃夷下・鮮卑》頁五九八

　　鮮卑，東部也。別依鮮卑山，因以爲號。漢初爲冒頓所破，遠竄遼東塞外，與烏桓相接，不通中國。

　　《讀史方輿紀要》卷十八《北直九》頁八六二

　　鮮卑，亦東胡之餘也。別保鮮卑山，因號焉。言語習俗，與烏丸同。其地東接遼東，西當西域。《魏書》。

　　《三國會要》卷二十二《四夷・鮮卑》頁三八八

　　奚亦東胡種，爲匈奴所破，保烏丸山。漢曹操斬其帥蹋頓，蓋其後也。

　　《新唐書》卷二百一十九《列傳第一百四十四・北狄・奚》頁六一七三

　　奚，亦東部種也。或曰即烏桓蹋頓之後。

　　《讀史方輿紀要》卷十八《北直九》頁八六〇

　　《五代舊史》：“奚之先爲匈奴所破，保烏丸山，後爲五姓奚，各有辱紇主爲之統領。”

　　《讀史方輿紀要》卷十八《北直九》頁八六〇

公元前一一九年　西漢武帝元狩四年

闞駰《十三州志》曰：“護烏丸，擁節，秩比二千石，武帝置,以護内附烏丸,既而并於匈奴中郎將……"

《後漢書》卷四《孝和孝殤帝紀第四·孝和帝》注引闞駰《十三州志》頁一七九至一八〇

護烏桓校尉漢武帝時,烏桓屬漢,始於幽州部置之,擁節監領。

《通典》卷第三十四《職官十六·諸校尉》頁九四二

《續漢書》曰:護烏桓校尉一人,主烏桓校尉,比二千石。

應劭《漢官儀》曰:護烏桓校尉,孝武帝時,烏桓屬漢,始於幽州置之,擁節、監領,秩比二千石。

《太平御覽》卷二四二《職官部四〇·護烏桓校尉》頁一一四六下

護烏桓校尉漢武帝時,烏桓屬漢,始於幽州部置之,擁節監領。

《通志》卷五十七《職官略七·諸校尉附》頁六九七上

護烏桓校尉漢武帝時,烏桓屬漢,始於幽州部置之,擁節監領。

《文獻通考》卷六十四《職官十八·諸校尉》頁五七九上

初,烏桓漢武帝時霍去病擊匈奴左地,因徙於上谷、漁陽之間,爲漢偵察匈奴動静,始置護烏桓校尉監統之。

《通典》卷第一百九十四《邊防十·北狄一·序略》頁五三〇一

武帝遣驃騎大將軍霍去病擊破匈奴左地,因徙烏桓于上谷、漁陽、右北平、遼東五郡塞外，爲漢偵察匈奴動静。

　　《册府元龜》卷九五八《外臣部・國邑二》頁一一二七
七下

　　元狩四年，（漢武帝）遣驃騎將軍霍去病擊破匈奴左地，
因徙烏桓上谷、漁陽、右北平、遼東五郡塞外，爲漢偵察匈奴
動静，其大人歲一朝見。於是始置護烏桓校尉，秩二千石，擁
節監領之，使不得與匈奴交通。

　　《册府元龜》卷九八八《外臣部・備禦一》頁一一六〇
四下

　　初，烏桓漢武帝時霍去病擊匈奴左地，因徙於上谷、漁陽
之間，爲漢偵察匈奴動静，始置護烏桓校尉監統之。

　　《文獻通考》卷三百四十《四裔十七・北》頁二六六五下

　　烏桓都烏桓山，漢武帝徙於上谷、漁陽、右北平、遼東五
郡塞外。

　　《通志》卷四十一《都邑略一・右西域》頁五五九下

　　烏桓在漢武帝世，霍去病擊匈奴左地，因徙於上谷、漁陽
之閒，爲漢偵察匈奴動静，始置護烏桓校尉監統之。

　　《通志》卷一百九十九《四夷傳六・北國上・北國序略》
頁三一七九下

公元前八〇年　　西漢昭帝元鳳元年

後流星下燕萬載宮極，東去，[一]法曰“國恐，有誅”。其後左將軍桀、票騎將軍安與長公主、燕刺王謀亂，咸伏其辜。兵誅烏桓。

〔一〕李奇曰：“極，屋梁也，三輔間名爲極。”或曰，極，棟也，三輔間名棟爲極。尋棟東去也。（廷）〔延〕[校1]篤謂之堂前闌楯也。”

【校勘記】

［1］一三〇七頁六行　（廷）〔延〕篤謂之堂前闌楯也。景祐、殿本都作“延”。朱一新説作“延”是。

《漢書》卷二十六《天文志第六》頁一三〇七、一三一四

後流星下燕萬載宮極，東去，李奇曰：“極，屋梁也，三輔閒名爲極。”或曰：“棟，極也，三輔閒名棟爲極。尋棟東去也。”延篤謂之堂前闌楯也。法曰：“國恐，有誅。”其後左將軍桀、驃騎將軍安與長公主、燕刺王謀作亂，咸伏其辜。兵誅烏桓。

《文獻通考》卷二百八十七《象緯十》頁二二七三中

公元前七八年　　西漢昭帝元鳳三年

十二月庚寅，中郎將范明友爲度遼將軍，擊烏丸。

《史記》卷二十二《漢興以來將相名臣年表第十》頁一一四五至一一四六

冬，遼東烏桓反，以中郎將范明友爲度遼將軍，[一]將北

邊七郡郡二千騎擊之。

〔一〕應劭曰：“當度遼水往擊之，故以度遼爲官號。”

　　　　　　　　　　《漢書》卷七《昭帝紀第七》頁二二九

　　是時漢邊郡烽火候望精明，匈奴爲邊寇者少利，希復犯塞。漢復得匈奴降者，言烏桓嘗發先單于冢，匈奴怨之，方發二萬騎擊烏桓。大將軍霍光欲發兵（要）〔邀〕擊之，^{〔二〕校[1]}以問護軍都尉趙充國。充國以爲“烏桓間數犯塞，^{〔三〕}今匈奴擊之，於漢便。又匈奴希寇盗，北邊幸無事。蠻夷自相攻擊，而發兵要之，招寇生事，非計也。”光更問中郎將范明友，明友言可擊。於是拜明友爲度遼將軍，將二萬騎出遼東。匈奴聞漢兵至，引去。初，光誠明友：“兵不空出，即後匈奴，遂擊烏桓。”^{〔四〕}烏桓時新中匈奴兵，^{〔五〕}明友既後匈奴，因乘烏桓敝，擊之，斬首六千餘級，獲三王首，還，封爲平陵侯。

〔二〕師古曰：“邀迎而擊之。邀音工堯反。”

〔三〕師古曰：“間即中間也，猶言比日也。”

〔四〕師古曰：“後匈奴者，言兵遲後，邀匈奴不及。”

〔五〕師古曰：“爲匈奴所中傷。”

【校勘記】

　　[1]三七八四頁八行　大將軍霍光欲發兵（要）〔邀〕擊之，錢大昭説“要”依注當作“邀”。按景祐、殿本都作“邀”。

　　《漢書》卷九十四上《匈奴傳第六十四上》頁三七八四至三七八五、三七九三

　　趙充國爲護軍都尉，漢得匈奴降者，言烏桓嘗發先單于

冢,匈奴惡之,發二萬騎擊烏桓。大將軍霍光欲兵邀擊之,以
問充國,充國以爲烏桓間數犯塞,今匈奴擊之,於漢便。又匈
奴希寇盜,北邊幸無事,蠻夷自相攻擊而發兵邀之,招寇生
事,非計也。

　　《册府元龜》卷四〇二《將帥部・識略一》頁四七八一上

　　昭帝時,匈奴犯塞,後漢兵破烏桓,匈奴震恐,遂不能
出兵。

　　《册府元龜》卷九五六《外臣部・總序》頁一一二三八下

　　三年,匈奴東擊破烏桓,大將軍霍光聞之,因遣使度遼將
軍范明友,將二萬騎出遼東邀匈奴,而虜已引去。明友乘烏
桓新敗,遂進擊之,斬首六千餘人,獲其三王首而還。

　　《册府元龜》卷九八二《外臣部・征討一》頁一一五四
〇上

　　昭帝時,烏桓漸强,乃發匈奴先單于冢墓,以報冒頓之
怨。於是壺衍胸鞮單于大怒,發二萬騎東擊破烏桓。

　　《册府元龜》卷九九五《外臣部・交侵》頁一一六八一上

　　冬,遼東烏桓反。初,冒頓破東胡,東胡餘衆散保烏桓及
鮮卑山爲二族,遼東郡屬幽州,唐嘗置安東都護府於其地。東胡破見
十一卷高祖六年。《後漢書》:烏桓之地在丁零西南、烏孫東北。武帝遣
霍去病擊破匈奴左地,因徙烏桓於上谷、漁陽、右北平、遼東、遼西五郡塞
外,爲漢偵察匈奴動靜。其大人歲一朝見。於是始置護烏桓校尉,秩比

二千石。鮮卑先遠竄於遼東塞外，與烏桓相接，未嘗通中國；至後漢稍徙遼西塞外，始爲中國患。世役屬匈奴。武帝擊破匈奴左地，因徙烏桓於上谷、漁陽、右北平、遼東塞外，上谷、漁陽、北平皆屬幽州。上谷，唐媯州。漁陽，唐檀、薊州。北平，唐平州之地。爲漢偵察匈奴動静。爲，于僞翻。偵，丑鄭翻，又丑貞翻：候也。置護烏桓校尉監領之，監，古銜翻。使不得與匈奴交通。至是，部衆漸强，遂反。

先是，匈奴三千餘騎入五原，五原郡屬并州。先，悉薦翻。殺略數千人；後數萬騎南旁塞獵，旁，步浪翻。行攻塞外亭障，略取吏民去。是時漢邊郡烽火候望精明，匈奴爲邊寇者少利，希復犯塞。少，詩照翻。復，扶又翻；下同。漢復得匈奴降者，言烏桓嘗發先單于冢，匈奴怨之，方發二萬騎擊烏桓。霍光欲發兵邀擊之，師古曰：邀迎而擊之。以問護軍都尉趙充國，護軍都尉，秦官；武帝以屬大司馬，此時蓋屬大將軍也。充國以爲："烏桓間數犯塞，師古曰：間，即中間也，猶言比日也。數，所角翻。今匈奴擊之，於漢便。又匈奴希寇盜，北邊幸無事，蠻夷自相攻擊而發兵要之，要，與邀同。招寇生事，非計也！"光更問中郎將范明友，明友言可擊，於是拜明友爲度遼將軍，度遼將軍，蓋使之度遼水以伐烏桓。至後漢，遂以爲將軍之號以護匈奴。將二萬騎出遼東。匈奴聞漢兵至，引去。初，光誡明友："兵不空出；即後匈奴，遂擊烏桓。"師古曰：後匈奴者，言兵遲後，邀匈奴不及。後，户遘翻。烏桓時新中匈奴兵，師古曰：爲匈奴所中傷。中，竹仲翻。明友既後匈奴，因乘烏桓敝，擊之，斬首六千餘級，獲三王首。匈奴由是恐，不能復出兵。

《資治通鑑》卷二十三《漢紀十五・昭帝元鳳三年》頁七六九至七七〇

冬,遼東烏桓反,以中郎將范明友爲度遼將軍,將北邊七郡郡二千騎擊之。

《通志》卷五下《前漢紀五下·孝昭皇帝》頁八八下

是時漢邊郡烽火候望精明,匈奴爲邊寇者少利,希復犯塞。漢復得匈奴降者,言烏桓嘗發先單于冢,匈奴怨之,方發二萬騎擊烏桓。大將軍霍光欲發兵邀擊之,以問護軍都尉趙充國。充國以爲"烏桓數犯塞,今匈奴擊之,於漢便。又匈奴希寇盜,北邊幸無事。蠻夷自相攻擊,而發兵要之,招寇生事,非計也"。光更問中郎將范明友,明友言可擊。於是拜明友爲度遼將軍,將二萬騎出遼東。匈奴聞漢兵至,引去。初,光誡明友:"兵不空出,即後匈奴,遂擊烏桓。"烏桓時新中匈奴兵,明友既後匈奴,因乘烏桓敝,擊之,斬首六千餘級,獲三王首,還,封爲平陵侯。

《通志》卷一百九十九《四夷傳六·北國上·匈奴》頁三一八六上

度遼將軍。《昭紀》,元鳳三年,以中郎將范明友爲度遼將軍。應劭曰:"當度遼水往擊烏桓,故以爲號。"

《西漢會要》卷三十二《職官二》頁三六一

後復得匈奴降者,言烏桓嘗發先單于冢,匈奴怨之,方發二萬騎擊烏桓。大將軍霍光欲發兵邀擊之,以問護軍都尉趙充國。充國以爲:"蠻夷自相攻擊,而發兵要之,招寇生事,非計也。"光更問中郎將范明友,明友言可擊。于是拜明友爲度遼將軍，將二萬騎出遼東。匈奴聞漢兵至，引去。明友因乘烏桓敝，擊之，斬首六千餘級，獲三王首，還。

　　　　《西漢會要》卷六十八《蕃夷上·匈奴》頁七九六

公元前七七年　　西漢昭帝元鳳四年

平陵【索隱】表在武當。范明友，家在隴西。以家世習外國事，使護西羌。事昭帝，拜爲度遼將軍，擊烏桓功侯，二千户。

　　　　《史記》卷二十《建元以來侯者年表第八》頁一〇六三

　　夏四月，詔曰："度遼將軍明友前以羌騎校尉將羌王侯君長以下擊益州反虜，後復率擊武都反氐，今破烏桓，斬虜獲生，有功。〔一〕其封明友爲平陵侯。

〔一〕師古曰："既斬反虜，又獲生口也。俘取曰獲。"

　　　　《漢書》卷七《昭帝紀第七》頁二三〇

　　平陵侯范明友以校尉擊反氐，後以將軍擊烏桓，獲王，虜首六千二百，侯，與大將軍光定策，益封，凡二千九百二十户，四年七月乙巳封，十一年，地節四年，坐謀反誅。

　　　　《漢書》卷十七《景武昭宣元成功臣表第五》頁六六八至六六九

　　四年，詔曰："度遼將軍范明友前以羌騎校尉將羌王侯君長以下擊益州反虜，後復率擊武都反氐，今破烏桓，斬虜獲生，有功。其封明友爲平陵侯。"

　　　　《册府元龜》卷一二七《帝王部·明賞一》頁一五二四上

范明友,昭帝元鳳三年以中郎將爲度遼將軍。將二萬騎出遼東擊烏桓,斬首六千餘級,獲三王首。還封爲平陵侯。

《冊府元龜》卷三四八《將帥部·立功一》頁四一二四下

夏四月詔:度遼將軍明友前擊益州反虜,後擊武都反氐,及今破烏桓皆有功。封爲平陵侯。

《通志》卷五下《前漢紀五下·孝昭皇帝》頁八八下

公元前七五年　西漢昭帝元鳳六年

二月,度遼將軍范明友擊烏桓還。

《漢書》卷二十六《天文志第六》頁一三〇七

二月,度遼將軍范明友擊烏桓還。

《文獻通考》卷二百九十《象緯十三》頁二三〇〇上

九月庚寅,衛尉平陵侯范明友爲度遼將軍,擊烏丸。

《史記》卷二十二《漢興以來將相名臣年表第十》頁一一四六

烏桓復犯塞,遣度遼將軍范明友擊之。

《漢書》卷七《昭帝紀第七》頁二三二

烏桓復犯塞,遣度遼將軍范明友擊之。

《冊府元龜》卷九八二《外臣部·征討一》頁一一五四〇上

烏桓復犯塞，復，扶又翻。遣度遼將軍范明友擊之。

　　　《資治通鑑》卷二十三《漢紀十五・昭帝元鳳六年》頁
七七四

　　烏桓復犯塞，遣度遼將軍范明友擊之。
　　　　　《通志》卷五下《前漢紀五下・孝昭皇帝》頁八八下

　　初，安世長子千秋與霍光子禹俱爲中郎將，將兵隨度遼
將軍范明友擊烏桓。
　　　《漢書》卷五十九《張湯傳第二十九・張安世》頁二六
五六

　　張安世長子千秋與霍光子禹俱爲中郎將，將兵隨渡遼將
軍范明友擊烏桓。
　　　《太平御覽》卷二四一《職官部三九・中郎將》頁一一
四〇上

　　張安世長子千秋爲中郎將，將兵隨度遼將軍范明友擊
烏桓。
　　　　《太平御覽》卷二七八《兵部九・邊將》頁一二九四下

　　（張）安世長子千秋爲中郎將，將兵隨渡遼將軍范明友擊
烏桓。
　　　《太平御覽》卷四三二《人事部七三・强記》頁一九
二下

張千秋與霍光子禹俱爲中郎將,將兵隨渡遼將軍范明友擊烏桓。

《冊府元龜》卷七九六《總録部·先見二》頁九四五四上

霍光爲大將軍,而子禹與張安世子千秋俱爲中郎將,皆將兵隨度遼將軍范明友擊烏桓。

《冊府元龜》卷九四〇《總録部·不嗣》頁一一〇六六下

初,安世長子千秋與霍光子禹俱爲中郎將,將兵隨度遼將軍范明友擊烏桓。

《通志》卷九十八下《列傳十一下·張安世》頁一三五六下

公元前七一一年　西漢宣帝本始三年

其冬,單于自將萬騎擊烏孫,頗得老弱,欲還。會天大雨雪,[一]一日深丈餘,人民畜産凍死,還者不能什一。於是丁令乘弱攻其北,[二]烏桓入其東,烏孫擊其西。凡三國所殺數萬級,馬數萬匹,牛羊甚衆。

〔一〕師古曰:“雨音于具反。”

〔二〕師古曰:“令音零。”

《漢書》卷九十四上《匈奴傳第六十四上》頁三七八七

其冬,單于自將數萬餘騎擊烏孫,頗得老弱,欲還。會天大雨雪,一日深丈餘,人户畜産凍死,還者不能什一。於是丁令乘弱攻其北,烏桓入其東,烏孫擊其西,凡三國所殺數萬級，馬數萬匹，牛羊甚衆。

《册府元龜》卷九九五《外臣部·交侵》頁一一六八一下

　　冬，匈奴單于自將數萬騎擊烏孫，頗得老弱。欲還，會天大雨雪，雨，于具翻。一日深丈餘，深，式鳩翻。人民、畜産凍死，還者不能什一。於是丁令乘弱攻其北，令，音零。烏桓入其東，烏孫擊其西，凡三國所殺數萬級，馬數萬匹，牛羊甚衆；又重以餓死，重，直用翻。人民死者什三，畜産什五。

《資治通鑑》卷二十四《漢紀十六·宣帝本始三年》頁八〇一

　　其冬，單于自將數萬騎擊烏孫，頗得老弱，欲還。會天大雨雪，一日深丈餘，人畜凍死，回者不能什一。於是丁令乘弱攻其北，烏桓入其東，烏孫擊其西，凡三國所殺數萬計，馬數萬匹，牛羊甚衆。

《文獻通考》卷三百四十《四裔十七·匈奴》頁二六七一上

　　其冬，單于自將數萬騎擊烏孫，頗得老弱，欲還。會天大雨雪，一日深丈餘，人馬畜産凍死，還者不能什一。於是丁令乘弱攻其北，令，音零。烏桓入其東，烏孫擊其西。凡三國所殺數萬級，馬數萬匹，牛羊甚衆。

《通志》卷一百九十九《四夷傳六·北國上·匈奴》頁三一八六下

其冬,單于自將數萬騎擊烏孫,頗得老弱,欲還。會天大雨雪,一日深丈餘,人民畜產凍死,還者不能什一。于是丁令乘弱攻其北,烏桓入其東,烏孫擊其西。凡三國所殺數萬級,馬數萬匹,牛羊甚衆。

　　《西漢會要》卷六十八《蕃夷上·匈奴》頁七九八

公元前六三年　　西漢宣帝元康三年

間者匈奴困於西方,聞烏桓來保塞,恐兵復從東方起,數使使尉黎、危須諸國,設以子女貂裘,欲沮解之。[九]

〔九〕師古曰:“設謂(聞)〔開〕許之也。校[1]沮,壞也。欲壞其計,令解散之。沮音才汝反。”

【校勘記】

[1]二九七四頁九行　設謂(聞)〔開〕許之也。景祐、殿本都作“開”。王先謙説作“開”是。

　　《漢書》卷六十九《趙充國辛慶忌傳第三十九·趙充國》頁二九七三、二九七四、二九九九

間者匈奴困於西方,聞烏桓來保塞,恐兵復從東方起,使使尉黎、危須諸國,設以子女貂裘,欲沮解之。

　　《冊府元龜》卷四二八《將帥部·料敵》頁五○九○下

間者匈奴困於西方,聞烏桓來保塞,恐兵復從東方起,數使使尉黎、危須諸國,設以子女貂裘,欲沮解之。

　　《通志》卷一百《列傳十三·趙充國》頁一三八八中

公元前六一年　西漢宣帝神爵元年

且匈奴不可不備，烏桓不可不憂。今久轉運煩費，傾我不虞之用以澹一隅，[一一]臣愚以爲不便。

〔一一〕師古曰：“澹，古贍字。贍，給也。”

《漢書》卷六十九《趙充國辛慶忌傳第三十九·趙充國》頁二九九〇、二九九一

且匈奴不可不備，烏桓不可不憂。今久轉運煩費，傾我不虞之用以澹一隅，澹，古贍字。贍，給也。臣愚以爲不便。

《册府元龜》卷五〇三《邦計部·屯田》頁六〇二九下

且匈奴不可不備，烏桓不可不憂。今久轉運煩費，傾我不虞之用以澹一隅，臣愚以爲不便。

《通志》卷一百《列傳十三·趙充國》頁一三九〇下

且匈奴不可不備，烏桓不可不憂。今久轉運煩費，傾我不虞之用以澹一隅，臣愚以爲不便。

《西漢會要》卷五十九《兵四》頁六七八

公元前五八年　西漢宣帝神爵四年

烏桓擊匈奴東邊姑夕王，頗得人民，單于怒。

《漢書》卷九十四上《匈奴傳第六十四上》頁三七九〇

烏桓擊匈奴東邊姑夕王，頗得人民，單于怒。

《通典》卷第一百九十五《邊防十一·北狄二·匈奴下》頁五三三三

烏桓擊匈奴東邊姑夕王，頗得人眾，單于怒。

《太平寰宇記》卷之一百九十一《四夷二十·北狄三·匈奴下》頁三六五一

會烏桓擊匈奴東邊姑夕王，頗得人民，單于怒。

《資治通鑑》卷二十七《漢紀十九·宣帝神爵四年》頁八六七

烏桓擊匈奴東邊姑夕王，頗得人民，單于怒。

《通志》卷一百九十九《四夷傳六·北國上·匈奴》頁三一八七中

烏桓擊匈奴東邊姑夕王，頗得人民，單于怒。

《西漢會要》卷六十八《蕃夷上·匈奴》頁七九八

公元前五六年　西漢宣帝五鳳二年

信成侯王定以匈奴烏桓屠耆單于子左大將軍率眾降，侯，千六百户，後坐弟謀反，削百五户。師古曰："耆音莫白反。"

《漢書》卷十七《景武昭宣元成功臣表第五》頁六七二至六七三

公元前三年　西漢哀帝建平四年

往時嘗屠大宛之城，蹈烏桓之壘，探姑繒之壁，[一四]籍
蕩姐之場，[一五]艾朝鮮之旟，拔兩越之旗，[一六]近不過旬月之
役，遠不離二時之勞，[一七]固已犁其庭，掃其間，[一八]郡縣而
置之，雲徹席卷，後無餘菑。[一九]

〔一四〕師古曰：“姑繒，謂西南夷種也，在益州，見《昭
紀》也。”

〔一五〕劉德曰：“羌屬也。”師古曰：“籍猶蹈也。姐音
紫。”

〔一六〕師古曰：“艾讀曰刈。刈，絶也。”

〔一七〕師古曰：“離，歷也。三月爲一時。”

〔一八〕師古曰：“犁，耕也。”

〔一九〕師古曰：“菑，古災字也。”

《漢書》卷九十四下《匈奴傳第六十四下》頁三八一四至
三八一五、三八一六

往時常屠大宛之城，蹈烏桓之壘，探姑繒之壁，姑繒，西南
夷種也，在蜀徼外。籍蕩姐之場，羌屬也。籍猶蹈也。姐音紫。艾朝
鮮之旟，拔兩越之旗，艾，絶也。近不過旬月之役，遠不離二時之
勞，離，歷也。三月爲一時。固以犁其庭，埽其間，犁，耕也。郡縣
而置之，雲徹席卷，後無餘災。

《通典》卷第一百九十五《邊防十一·北狄二·匈奴下》
頁五三四〇

往時嘗屠大宛之城，蹈烏桓之壘，探姑繒之壁，姑繒，西南夷種，^{〔三一〕}在蜀徼外也。籍蕩姐之場，羌屬也。籍，蹈也。姐，音紫。艾朝鮮之旃，拔兩越之旗，艾，絕也。近不過旬月之役，遠不離二時之勞，離，歷也。三月爲一時。固以犁其庭，掃其閒，犁，耕也。郡縣而置之，雲徹席卷，後無餘灾。

【校勘記】

〔三一〕西南夷種　　"南"，底本脱，萬本、《庫》本同，據《漢書・匈奴傳》下顏師古注補。

《太平寰宇記》卷之一百九十一《四夷二十・北狄三・匈奴下》頁三六五八、三六六九

往時嘗屠大宛之城，蹈烏桓之壘，探姑繒之壁，姑繒謂西南夷種也，在益州。籍蕩姐之場，羌屬。籍猶蹈也。姐音紫。艾朝鮮之旃，拔兩越之旗，近不過旬月之役，遠不離二時之勞，離，歷也。三月爲一時。固已犁其庭，掃其穴，犁，耕也。郡縣而置之，雲徹席卷，後無餘菑。菑，古灾字也。

《册府元龜》卷九八九《外臣部・備禦二》頁一一六一二下

往時嘗屠大宛之城，事見二十一卷武帝太初三年。宛，於元翻。蹈烏桓之壘，事見二十三卷昭帝元鳳三年。探姑繒之壁，事見二十三卷昭帝始元四年。探，吐南翻。藉蕩姐之場，劉德曰：蕩姐，羌屬。師古曰：藉，猶蹈也。姐，音紫。余據元帝永光三年，隴西羌彡姐反，豈是邪？艾朝鮮之旃，事見二十一卷武帝元封三年。師古曰：艾，讀曰刈。刈，絕也。朝，音潮。拔兩越之旗，見二十卷武帝元鼎六年。近

不過旬月之役，遠不離二時之勞，師古曰：離，歷也。三月爲一時。固已犁其庭，師古曰：犁，耕也。掃其閭，郡縣而置之，雲徹席卷，後無餘災。如雲之徹，如席之卷，天清地净，無纖毫之塵翳也。

《資治通鑑》卷三十四《漢紀二十六·哀帝建平四年》頁一一○四至一一○五

往時常屠大宛之城，蹈烏桓之壘，探姑繒之壁，姑繒，西南夷種也，在蜀徼外。籍蕩姐之場，羌屬也。籍，蹈也。姐音紫。艾朝鮮之旃，拔兩越之旗，近不過旬月之役，遠不離二時之勞，固已犁其庭，掃其閭，郡縣而置之，雲徹席卷，後無餘災。

《文獻通考》卷三百四十一《四裔十八·匈奴》頁二六七四下

往時嘗屠大宛之城，蹈烏桓之壘，探姑繒之壁，藉蕩姐之場，羌屬也。姐音紫。艾朝鮮之旃，拔兩越之旗，近不過旬月之役，遠不離二時之勞，固已犁其庭，掃其閭，郡縣而置之，雲徹席卷，後無餘菑。古災字。

《通志》卷一百九十九《四夷傳六·北國上·匈奴》頁三一九○下

公元二年　西漢平帝元始二年

（王莽）乃造設四條：[九]中國人亡入匈奴者，烏孫亡降匈奴者，西域諸國佩中國印綬降匈奴者，烏桓降匈奴者，皆不得受。

〔九〕師古曰：“更新爲此制也。”

《漢書》卷九十四下《匈奴傳第六十四下》頁三八一九

　　（王莽）乃造設四條：更新爲此制也。中國人亡入匈奴者，烏孫亡降匈奴者，西域諸國佩中國印綬降匈奴者，烏桓降匈奴者，皆不得受。

　　《冊府元龜》卷九八一《外臣部·盟誓》頁一一五二五上

　　（王莽）乃造設四條，師古曰：更新爲此制也。中國人亡入匈奴者，烏孫亡降匈奴者，西域諸國佩中國印綬降匈奴者，烏桓降匈奴者，皆不得受。

　　《資治通鑑》卷三十五《漢紀二十七·平帝元始二年》頁一一三七

　　（王莽）乃造設四條：中國人亡入匈奴者，烏孫亡降匈奴者，西域諸國佩中國印綬降匈奴者，烏桓降匈奴者，皆不得受。

　　《文獻通考》卷三百四十一《四裔十八·匈奴》頁二六七五上

　　（王莽）乃造設四條：中國人亡入匈奴者，烏孫亡降匈奴者，西域諸國佩中國印綬降匈奴者，烏桓降匈奴者，皆不得受。

　　《通志》卷一百九十九《四夷傳六·匈奴》頁三一九一中

　　（王莽）乃造設四條：中國人亡入匈奴者，烏孫亡降匈奴者，西域諸國佩中國印綬降匈奴者，烏桓降匈奴者，皆不得受。

　　《西漢會要》卷六十八《蕃夷上·匈奴》頁八〇四

公元一〇年　新朝始建國二年

　　漢既班四條，後護烏桓使者告烏桓民，毋得復與匈奴皮布稅。匈奴以故事遺使者責烏桓稅，〔一〕匈奴人民婦女欲賈販者皆隨往焉。烏桓距曰："奉天子詔條，(之)〔不〕當予匈奴稅。"^{校[1]}匈奴使怒，收烏桓酋豪，縛到懸之。酋豪昆弟怒，共(入)〔殺〕匈奴使及其官屬，^{校[2]}收略婦女馬牛。單于聞之，遣使發左賢王兵入烏桓責殺使者，因攻擊之。烏桓分散，或走上山，或東保塞。匈奴頗殺人民，毆婦女弱小且千人去，〔二〕置左地，告烏桓曰："持馬畜皮布來贖之。"烏桓見略者親屬二千餘人持財畜往贖，匈奴受，留不遣。〔三〕

　　〔一〕師古曰："故時常稅，是以求之。"

　　〔二〕師古曰："毆與驅同。"

　　〔三〕師古曰："受其皮布而留人不遣。"

【校勘記】

　　[1]三八二〇頁五行　(之)〔不〕當予匈奴稅。錢大昭說"之"當作"不"。按景祐、殿、局本都作"不"。

　　[2]三八二〇頁六行　共(入)〔殺〕匈奴使及其官屬，錢大昭說"入"當作"殺"。按景祐、殿、局本都作"殺"。

　　《漢書》卷九十四下《匈奴傳第六十四下》頁三八二〇、三八三五

　　漢既班四條，後護烏桓使者告烏桓民，毋得復與匈奴皮布稅。匈奴以故事遺使者責烏桓稅，故時常稅，是以求之。匈奴人民婦女欲賈販者皆隨往焉。烏桓距曰："奉天子詔條，不當

予匈奴稅。”匈奴使怒，收烏桓酋豪，縛倒懸之。酋豪昆弟怒，共殺匈奴使及其官屬，收略婦女馬牛。單于聞之，遣使發左賢王兵入烏桓責殺使者，因攻擊之。烏桓分散，或走上山，或東保塞。匈奴頗殺人民，毆婦女弱小且千人去，毆與驅同。置左地，告烏桓曰：“持馬畜皮布來贖之。”烏桓見略者親屬二千餘人持財畜往贖，匈奴受，留不遣。

　　《冊府元龜》卷九九五《外臣部·交侵》頁一一六八一上至一一六八一下

　　初，莽既班四條於匈奴，四條見三十五卷平帝元始二年。後護烏桓使者告烏桓民，毋得復與匈奴皮布稅。匈奴遣使者責稅，護烏桓使者，即護烏桓校尉。范曄曰：烏桓自爲冒頓所破，常臣伏匈奴，歲輸牛馬羊皮；過時不具，輒没其妻子。武帝遣霍去病擊破匈奴左地，因徙烏桓於上谷、漁陽、右北平、遼西、遼東五郡塞外；後置護烏桓校尉，秩二千石，擁節監領之。師古曰：故時常稅，是以求之。收烏桓酋豪，縛，倒懸之。酋豪兄弟怒，共殺匈奴使。酋，慈由翻。單于聞之，發左賢王兵入烏桓，攻擊之，頗殺人民，毆婦女弱小且千人去，置左地，毆，讀曰驅。告烏桓曰：“持馬畜皮布來贖之！”烏桓持財畜往贖，匈奴受，留不遣。師古曰：受其財畜而留人不遣。

　　《資治通鑑》卷三十七《漢紀二十九·王莽始建國二年》頁一一八二至一一八三

　　漢既班四條，後護烏桓使者告烏桓民，毋得復與匈奴皮布稅。匈奴以故事遣使者責烏桓稅，匈奴人民婦女欲賈販者皆隨往焉。烏桓距曰："奉天子詔條，不當予匈奴稅。"匈奴使怒，收烏桓酋豪，縛到懸之。酋豪昆弟怒，共殺匈奴使及其官屬，收略婦女馬牛。單于聞之，遣使發左賢王兵入烏桓責殺使者，因攻擊之。烏桓分散，或走上山，或東保塞。匈奴頗殺人民，毆婦女弱小且千人去，置左地，告烏桓曰："持馬畜皮布來贖之。"烏桓見略者親屬二千餘人持財畜往贖，匈奴受，留不遣。

《通志》卷一百九十九《四夷傳六・北國上・匈奴》頁三一九一中

將率還到左犁汙王咸所居地，見烏桓民多，以問咸。咸具言狀，〔一〕將率曰："前封四條，不得受烏桓降者，亟還之。"〔二〕咸曰："請密與單于相聞，得語，歸之。"單于使咸報曰："當從塞內還之邪，從塞外還之邪？"將率不敢顓決，以聞。詔報，從塞外還之。

〔一〕師古曰："謂前驅略得婦女弱小，贖之不還者。"

〔二〕師古曰："亟，急也，音居力反。"

《漢書》卷九十四下《匈奴傳第六十四下》頁三八二二

將帥還【章：十二行本"還"下有"到"字；乙十一行本同；孔本同；張校同。】左犁汙王咸所居地，見烏桓民多，以問咸；咸具言狀。具言前所以略烏桓民之狀。將帥曰："前封四條，不得受烏桓降者。亟還之！"降，戶江翻。咸曰："請密與單于相聞，得語，歸之。"謂得單于遣歸之語，然後歸之也。單于使咸報曰："當從塞內還之邪，從塞外還之邪？"將帥不敢顓決，以聞。詔報："從塞外還之。”

《資治通鑑》卷三十七《漢紀二十九・王莽始建國二年》
頁一一八四

將率還到左犂汙王咸所居地,見烏桓民多,以問咸。咸
具言狀,將率曰:“前封四條,不得受烏桓降者,亟還之。”咸
曰:“請密與單于相聞,得語,歸之。”單于使咸報曰:“當從塞
內還之邪,從塞外還之邪?”將率不敢顓決,以聞。詔報,從
塞外還之。

《通志》卷一百九十九《四夷傳六・北國上・匈奴》頁
三一九一下

單于始用夏侯藩求地有距漢語,後以求稅烏桓不得,因
寇略其人民,釁由是生,重以印文改易,〔一〕故怨恨。乃遣右
大且渠蒲呼盧訾等十餘人將兵眾萬騎,以護送烏桓爲名,〔二〕
勒兵朔方塞下。朔方太守以聞。

〔一〕師古曰:“重音直用反。”

〔二〕師古曰:“陽言云護送烏桓人眾,實來爲寇。”

《漢書》卷九十四下《匈奴傳第六十四下》頁三八二二

單于始求稅烏桓,莽不許,因寇掠其人民,重以印文改
易,釁由是生,故怨恨。

《通典》卷第一百九十五《邊防十一・北狄二・匈奴下》
頁五三四二

　　單于始求稅烏桓，莽不許，因寇掠其人衆，重之以印文改易，釁由是生，故怨恨。

　　《太平寰宇記》卷之一百九十一《四夷二十·北狄三·匈奴下》頁三六五九

　　匈奴求稅烏桓，不得，重以印文改易，故怨恨，寇擊諸國。
　　《冊府元龜》卷九九七《外臣部·怨懟》頁一一七〇五上

　　單于始用夏侯藩求地，有拒漢語，見三十二卷成帝綏和元年。後以求稅烏桓不得，因寇掠其人民，釁由是生，重以印文改易，故怨恨；重，直用翻。乃遣右大且渠蒲呼盧訾等十餘人且，子余翻。訾，子斯翻。將兵衆萬騎，以護送烏桓爲名，勒兵朔方塞下，師古曰：陽云護送烏桓人，實來爲寇。朔方太守以聞。

　　《資治通鑑》卷三十七《漢紀二十九·王莽始建國二年》頁一一八四至一一八五

　　單于始用夏侯藩求地有距漢語，後以求稅烏桓不得，因寇略其人民，釁由此生，重以印文改易，故怨恨。乃遣右大且渠蒲呼盧訾等十餘人將兵衆萬騎，以護送烏桓爲名，勒兵朔方塞下。朔方太守以聞。

　　《通志》卷一百九十九《四夷傳六·北國上·匈奴》頁三一九一下

　　單于始求稅烏桓，莽不許，漢既頒四條，匈奴以故事責烏桓稅，烏桓曰：“奉天子詔條，不當予。”匈奴怒，發兵攻烏桓，虜其人。因寇掠其人民，重以印文改易，釁由是生，故怨恨。

《文獻通考》卷三百四十一《四裔十八·匈奴》頁二六七五上

（韓）玄、（任）商留南將軍所，（陳）良、（終）帶徑至單于庭，人衆別置零吾水上田居。單于號良、帶曰烏桓都將軍，留居單于所，數呼與飲食。

《漢書》卷九十四下《匈奴傳第六十四下》頁三八二三

（韓）玄、（任）商留南將軍所，（陳）良、（終）帶徑至單于庭，人衆別置零吾水上田居。單于號良、帶曰烏桓二將軍，留居單于所，數呼與飲食。

《通志》卷一百九十九《四夷傳六·北國上·匈奴》頁三一九二上

公元一四年　　新朝天鳳元年

單于貪莽賂遺，故外不失漢故事，然內利寇掠。又使還，知子登前死，怨恨，寇虜從左地入，不絕。[五]使者問單于，輒曰："烏桓與匈奴無狀黠民共爲寇入塞，譬如中國有盜賊耳！咸初立持國，威信尚淺，盡力禁止，不敢有二心。"

[五]師古曰："入爲寇而虜掠。"

《漢書》卷九十四下《匈奴傳第六十四下》頁三八二七至三八二八

單于咸立，貪王莽賂遺，故外不失漢故事，然內利寇掠。

又使還,知子登前死,王莽建國四年,斬咸子登於長安市。怨恨,虜寇從左地入,不絕。入爲寇而虜掠。使者問單于,輒曰:"烏桓與匈奴無狀黠民共爲寇入塞,譬如中國有盜賊爾! 咸初立持國,威信尚淺,盡力禁止,不敢有二心。"

　　　　《册府元龜》卷九九八《外臣部·姦詐》頁一一七〇九下

　　單于貪莽賂遺,遺,于季翻。故外不失漢故事,然内利寇掠;又使還,知子登前死,怨恨,使,疏吏翻。還,從宣翻;又如字。寇虜從左地入不絕。師古曰:入爲寇而虜掠。

　　使者問單于,輒曰:"烏桓與匈奴無狀黠民共爲寇入塞,譬如中國有盜賊耳! 黠,下八翻。咸初立持國,威信尚淺,盡力禁止,不敢有二心!"

　　　　《資治通鑑》卷三十七《漢紀二十九·王莽天鳳元年》頁一二〇四

　　單于貪莽賂遺,故外不失漢故事,然内利寇掠。又使還,知子登前死,怨恨,寇虜從左地入,不絕。使者問單于,輒曰:"烏桓與匈奴無狀黠民共入,爲寇入塞譬如中國有盜賊耳! 咸初立持國,威信尚淺,盡力禁止,不敢有二心。"

　　　　《通志》卷一百九十九《四夷傳六·北國上·匈奴》頁三一九二下

公元一八年　新朝天鳳五年

　　自呼韓邪後,諸子以次立,至比季父孝單于興時,以比爲右薁鞬日逐王,部領南邊及烏桓。〔四〕

〔四〕薁音於六反。鞬音九言反。下並同。

《後漢書》卷八十九《南匈奴列傳第七十九》頁二九三九、二九四〇

　南匈奴醢落尸逐鞬單于者，烏珠留之子，名比。初季父呼都而尸單于時，以爲右薁鞬日逐王，部領南邊及烏桓兵。薁音於六反。鞬音九言反。

《通典》卷第一百九十五《邊防十一·北狄二·南匈奴》頁五三四七

　南匈奴醢落尸逐鞬單于比。烏珠留之子，名比。初季父呼都而尸單于時，以爲右薁鞬日逐王，部領南邊及烏桓。薁，於六切。鞬，九言切。

《太平寰宇記》卷之一百九十二《四夷二十一·北狄四·南匈奴》頁三六七二

　自呼韓邪後，諸子以次立，至比季父單于興時，以比爲右薁鞬日逐王，部領南邊及烏桓。薁音於六切。鞬音几言切。

《册府元龜》卷九五六《外臣部·種族》頁一一二五一上

　自呼韓邪後，諸子以次立，至比季父單于興時，比爲右薁鞬日逐王，部領南邊及烏桓。

《册府元龜》卷九六七《外臣部·繼襲二》頁一一三六九下

自呼韓邪後，諸子以次立，至比季父孝單于輿時，以比爲右薁鞬日逐王，部領南邊及烏桓。

《文獻通考》卷三百四十一《四裔十八·匈奴》頁二六七五下

時單于兄烏珠留單于子比爲右薁鞬日逐王，部領南邊及烏桓。

《通志》卷一百九十九《四夷傳六·北國上·匈奴》頁三一九三中

公元二四年　漢更始帝二年

時更始徵代郡太守趙永，而況勸永不應召，令詣于光武。[1]光武遣永復郡。永北還，而代令張曄據城反畔，乃招迎匈奴、烏桓以爲援助。光武以弇弟舒爲復胡將軍，使擊曄，破之。永乃得復郡。

【校勘記】

［1］七〇五頁九行　令詣于光武　按：殿本《考證》謂“于”字似衍文。

《後漢書》卷十九《耿弇列傳第九·耿弇》頁七〇五、七二六

時更始徵代郡太守趙永，而況勸永不應召，令詣于光武。光武遣永復郡。永北還，而代令張曄據城反畔，乃招迎匈奴、烏桓以爲援助。光武以弇弟舒爲復胡將軍，使擊曄，破之。永乃得復郡。

《通志》卷一百六《列傳十九·耿弇》頁一五〇九中

公元二五年　東漢光武帝建武元年

賊散入遼西、遼東，或爲烏桓、貊人所鈔擊，略盡。

《後漢書》卷十九《耿弇列傳第九·耿弇》頁七〇六

賊散入遼西、遼東，或爲烏桓、貊人所鈔擊，略盡。

《冊府元龜》卷三四一《將帥部·佐命二》頁四〇四七下

賊散入遼西、遼東，爲烏桓、貊人所鈔擊略盡。貊，莫白翻。鈔，楚交翻。

《資治通鑑》卷四十《漢紀三十二·光武帝建武元年》頁一二七八

賊散入遼西、遼東，或爲烏桓、貊人所鈔擊，略盡。

《通志》卷一百六《列傳十九·耿弇》頁一五〇九下

光武初，匈奴強盛，率鮮卑與烏桓寇抄北邊，殺略吏人，無有寧歲。

《後漢書》卷九十《烏桓鮮卑列傳第八十·鮮卑》頁二九八五

光武初，匈奴強盛，率鮮卑與烏桓寇抄北邊，殺略吏民，無有寧歲。

《通志》卷二百《四夷傳七·北國上·鮮卑》頁三二〇〇中

光武初，匈奴率鮮卑與烏桓寇鈔北邊，無有寧歲。

《東漢會要》卷四十《蕃夷下·鮮卑》頁五九八

公元二七年　東漢光武帝建武三年

劉永將周建別招聚收集得十餘萬人，救廣樂。漢將輕騎迎與之戰，不利，墮馬傷膝，還營，建等遂連兵入城。諸將謂漢曰：“大敵在前而公傷臥，衆心懼矣。”漢乃勃然裹創而起，椎牛饗士，令軍中曰：“賊衆雖多，皆劫掠群盜，‘勝不相讓，敗不相救’，〔一〕非有仗節死義者也。今日封侯之秋，諸君勉之！”於是軍士激怒，人倍其氣。旦日，建、茂出兵圍漢。漢選四部精兵黃頭吳河等，〔二〕及烏桓突騎三千餘人，齊鼓而進。〔三〕建軍大潰，反還奔城。

〔一〕此上兩句在《左傳》，鄭（大夫）公子突之詞也。^{校[1]}

〔二〕《前書》鄧通爲黃頭郎。《音義》曰：“土勝水，故刺船郎著黃帽，號黃頭也。”

〔三〕《續漢書》曰：“漢躬被甲拔戟，令諸部將曰：‘聞㘎鼓聲，皆大呼俱（大）進，^{校[2]}後至者斬。’遂鼓而進之。”

【校勘記】

［1］六八〇頁一行　鄭（大夫）公子突　據《集解》引周壽昌説刪，與《左傳》合。

［2］六八〇頁三行　皆大呼俱（大）進　據《刊誤》刪。按：《集解》引惠棟説，謂《東觀記》所載與此同，無“大”字，《刊誤》是。

《後漢書》卷十八《吳蓋陳臧列傳第八·吳漢》頁六七九、六八〇、六九九

　　劉永將周建別招聚收集得十餘萬人，救廣樂。漢將輕騎
迎與之戰，不利，墮馬傷膝，還營，建等遂連兵入城。諸將謂
漢曰："大敵在前而公傷臥，衆心懼矣。"漢乃勃然裹創而起，
椎牛饗士，令軍中曰："賊衆雖多，皆劫掠群盜，'勝不相讓，敗
不相救'，非有仗節死義者也。今日封侯之秋，諸君勉之！"
於是軍士激怒，人倍其氣。旦日，建、茂出兵圍漢。漢選四部
精兵黃頭吳河等，及烏桓突騎三千餘人，齊鼓而進。建軍大
潰，反還奔城。

　　　《冊府元龜》卷四三二《將帥部·立後效》頁五一四二下

　　劉永將周建別招聚收集得十餘萬人，救廣樂。漢將輕騎
迎與之戰，不利，墮馬傷膝，還營，建等遂連兵入城。諸將謂
漢曰："大敵在前而公傷臥，衆心懼矣。"漢乃勃然裹創而起，
椎牛享士，令軍中曰："賊衆雖多，皆劫掠群盜，'勝不相讓，敗
不相救'，非有仗節死義者也。今日封侯之秋，諸君勉之！"
於是軍士激怒，人倍其氣。旦日，建、茂出兵圍漢。漢選四部
精兵黃頭吳河等，及烏桓突騎三千餘人，齊鼓而進。建軍大
潰，反還奔城。

　　　《通志》卷一百五《列傳十八·吳漢》頁一五〇五下

公元三三年　　東漢光武帝建武九年

　　舊制益州部置蠻夷騎都尉，幽州部置領烏桓校尉，涼州
部置護羌校尉，皆持節領護，理其怨結，歲時循行，問所疾苦。

　　　《後漢書》卷八十七《西羌傳第七十七》頁二八七八

舊制，益州部今漢川、巴蜀川，即當時益州是。置蠻夷騎都尉，幽州部今范陽、上谷、安邊及漁陽、北平，即當時幽州。置領烏桓校尉，涼州部置護羌校尉，皆持節領護，理其怨結，歲時循行，問所疾苦。

《通典》卷第一百八十九《邊防五·西戎一·羌無弋》頁五一三一

舊制，益州部置蠻夷騎都尉，幽州部置領烏桓校尉，涼州部置護羌校尉，皆持節鎮護，理其怨結，歲時循行，問所疾苦。

《太平寰宇記》卷之一百八十七《四夷十六·西戎八·羌無弋》頁三五九〇

舊制益州部置蠻夷騎都尉，幽州部置領烏桓校尉，涼州部置護羌校尉，皆持節領護，理其怨結，歲時巡行，問所疾苦。

《太平御覽》卷七九四《四夷部一五·羌無弋》頁三五二二下

舊制益州部置蠻夷騎都尉，幽州部置領烏桓校尉，涼州部置護羌校尉，皆持節領護，理其怨結，歲時循行，問所疾苦。

《冊府元龜》卷九八九《外臣部·備禦二》頁一一六一四上

舊制，益州部置蠻夷騎都尉，武帝開西南夷，置一都尉。幽州部置領烏桓校尉，涼州部置護羌校尉，皆持節領護，應劭曰：漢官，護烏桓、護羌校尉，比二千石，擁節；長史一人，司馬二人，皆六百石。

校,戶教翻。治其怨結,治,直之翻。歲時巡行,行,下孟翻。問所疾苦。

《資治通鑑》卷四十二《漢紀三十四·光武帝建武九年》頁一三六三

舊制益州部今漢川、巴蜀川,即當時益州是。置蠻夷騎都尉;幽州部今范陽、上谷、安邊及漁陽、北平,即當時幽州。置領烏桓校尉;涼州部置護羌校尉,皆持節領護,理其怨結,歲時循行,問其疾苦。

《文獻通考》卷三百三十三《四裔十·羌無弋》頁二六一四中

舊制益州部置蠻夷騎都尉,幽州部置領烏桓校尉,涼州部置護羌校尉,皆持節領護,理其怨結,歲時循行,問所疾苦。

《通志》卷一百九十五《四夷傳二·西戎上·羌無弋》頁三一二〇下

舊制,益州部置蠻夷騎都尉,幽州部置領烏桓校尉,涼州部置護羌校尉,皆持節領護。

《東漢會要》卷三十九《蕃夷上·西羌》頁五七三

公元三七年　東漢光武帝建武十三年

王霸爲上谷太守,脩飛狐道至平城,[二六]堆石布土,三百餘里。《初學記》卷二四

【校勘記】

〔二六〕王霸爲上谷太守,脩飛狐道至平城　建武九年,
王霸拜上谷太守。十三年,爲防禦盧芳與匈奴、烏桓連兵擾
邊,霸與杜茂治飛狐道,堆石布土,築起亭障,自代至平城
三百餘里。見范曄《後漢書·王霸傳》。

《東觀漢記校注》卷十《傳五·王霸》頁三七一、三七四

吳漢、王霸擊劉芳,芳將胡騎會平城下,連戰大破之。是
時芳與匈奴連兵,① 烏丸數爲寇盜,緣邊愁苦。

《後漢紀校注》卷六《後漢光武皇帝紀卷第六》頁一六一

十三年,增邑户,更封向侯。〔一〕是時,盧芳與匈奴、烏桓
連兵,寇盜尤數,緣邊愁苦。詔霸將弛刑徒六千餘人,與杜
茂治飛狐道,〔二〕堆石布土,築起亭障,自代至平城三百餘里。
凡與匈奴、烏桓大小數十百戰,頗識邊事,數上書言宜與匈奴
結和親,又陳委輸可從温水漕,〔三〕以省陸轉輸之勞,事皆施
行。後南單于、烏桓降服,北邊無事。霸在上谷二十餘歲。

〔一〕向,縣名,屬沛郡。《左傳》曰:"莒人入向。"案:今
密州莒縣南又有向城。

〔二〕飛狐道在今蔚州飛狐縣,北通媯州懷戎縣,即古之
飛狐口也。

〔三〕《水經注》曰,温餘水出上谷居庸關東,^校[1]又東過

----

① 盧芳與匈奴連兵,《袁紀》繫於建武十年,《范書》繫於建武十三年,
《通鑑》則定於建武十二年。

軍都縣南,又東過薊縣北。益通以運漕也。

【校勘記】

[1]七三八頁三行　溫餘水出上谷居庸關東　按:"溫餘水"當作"㶟餘水",說詳楊守敬《水經注疏》。

《後漢書》卷二十《銚期王霸祭遵列傳第十·王霸》頁七三七、七三八、七四八

盧芳與匈奴、烏桓連兵,寇盜尤數,緣邊愁苦。詔王霸將弛刑徒六千餘人,與茂治飛狐道,_{飛狐道在今蔚州飛狐縣,北通}_{媯州懷戎縣,即古之飛狐口也。}推石布土,築起亭障,自代至平城三百餘里。

《太平御覽》卷三三四《兵部六五·亭障》頁一五三六下

王霸爲上谷太守,領屯兵。是時盧芳與匈奴烏桓連兵,寇盜尤數,緣邊愁苦,詔霸將弛刑徒六千與杜茂治飛狐道,堆石布土,築起亭障,自代至平城三百餘里。頗識邊事,後南單于、烏桓降服,北邊無事。

《冊府元龜》卷四二九《將帥部·守邊》頁五一〇六上

十三年,(王霸)將弛刑徒起亭障,自代至平城三百餘里。凡與匈奴、烏桓大小數十百戰。

《冊府元龜》卷六九三《牧守部·武功一》頁八二五九下

匈奴來獻,復與烏桓寇鈔不絕。

《冊府元龜》卷九五六《外臣部·總序》頁一一二三九上

　　十三年二月，遣捕虜將軍馬武屯滹沱河，以備匈奴。時帝以盧芳與匈奴、烏桓連兵，寇盜尤數，緣邊愁苦。

　　《册府元龜》卷九八九《外臣部·備禦二》頁一一六一四下

　　盧芳與匈奴、烏桓連兵，數寇邊。帝遣驃騎大將軍杜茂等將兵鎮守北邊，治飛狐道，治飛狐道以通趙、魏應援北邊之兵。築亭障，修烽燧，凡與匈奴、烏桓大小數十百戰，終不能克。

　　《資治通鑑》卷四十三《漢紀三十五·光武帝建武十二年》頁一三七八

　　十三年，增户邑，更封向侯。是時，盧芳與匈奴、烏桓連兵，寇盜尤數，緣邊愁苦。詔霸將弛刑徒六千餘人，與杜茂治飛狐道，堆石布土，築起亭障，自代至平城三百餘里。凡與匈奴、烏桓大小數十百戰，頗識邊事，數上言宜與匈奴結和親，又陳委輸可從温水漕，以省轉輸之勞，事皆施行。後南單于、烏桓降服，北邊無事。霸在上谷二十餘歲。

　　《通志》卷一百六《列傳十九·王霸》頁一五一三下

公元四〇年　東漢光武帝建武十六年

　　赤山，在泰寧衛境。《烏桓傳》"在遼東郡西北數千里。後漢建武十六年匈奴、鮮卑、赤山烏桓連兵入塞……"

　　《讀史方輿紀要》卷十八《北直九》頁八五四

公元四一年　東漢光武帝建武十七年

當是時,匈奴、鮮卑及赤山烏桓連和强盛,數入塞殺略吏人。朝廷以爲憂,益增緣邊兵,郡有數千人,又遣諸將分屯障塞。帝以肜爲能,建武十七年,拜遼東太守。至則勵兵馬,廣斥候。肜有勇力,能貫三百斤弓。虜每犯塞,常爲士卒〔前〕鋒,^{校[1]}數破走之。

【校勘記】

〔1〕七四四頁一三行　常爲士卒〔前〕鋒　《御覽》三〇二引作"常爲士卒前鋒",《東觀記》作"常爲士卒先鋒",今據《御覽》補"前"字。

《後漢書》卷二十《銚期王霸祭遵列傳第十·祭肜》頁七四四、七四九

祭肜爲襄賁令。_{賁音肥,在今沂州臨沂縣。}建武十七年,匈奴、鮮卑及赤山烏桓連和强盛,數入塞,殺略吏人。朝廷以爲憂,益增緣邊兵,郡有數千人,又遣諸將分屯障塞。帝以肜爲能,拜遼東太守。

《册府元龜》卷六七一《牧守部·選任》頁八〇一八下

匈奴、鮮卑、赤山烏桓數連兵入塞,_{鮮卑,亦東胡也,別依鮮卑山,故因號焉。漢初爲冒頓所破,遠竄遼東塞外,與烏桓相接,未嘗通中國,至是始入塞爲寇。《烏桓傳》:赤山在遼東西北數千里。數,所角翻;下同。}殺略吏民;詔拜襄賁令祭肜爲遼東太守。_{賢曰:襄賁,縣名,屬東海郡,故城在今沂州臨沂縣南。賁,音肥。《郡國志》:遼東郡,}

在雒陽東北三千六百里。祭，則介翻。“肜”，當作“肜”。肜有勇力，虜每犯塞，常爲士卒鋒，數破走之。肜，遵之從弟也。從，才用翻。

《資治通鑑》卷四十三《漢紀三十五·光武帝建武十七年》頁一三九一

當是時，匈奴、鮮卑及赤山烏桓連和强盛，數入塞殺掠吏人。朝廷以爲憂，益增緣邊兵，郡有數千人，又遣諸將分屯障塞。帝以肜爲能，建武十七年，拜遼東太守。至則厲兵馬，廣斥堠。肜有力，能貫三百斤弓。虜每犯塞，常爲士卒鋒，數破走之。

《通志》卷一百六《列傳十九·祭肜》頁一五一五上

公元四二年　東漢光武帝建武十八年

東攦烏桓，蹂轔濊貊。〔二二〕

〔二二〕《字書》“攦”亦“麾”字也，^{校[1]}音摩。《方言》云：“摩，滅也。”蹂，踐也。轔，轢也，音吝。濊貊，東夷號也。

【校勘記】

[1]二六〇二頁八行　攦亦麾字也音摩　按：汲本作“攦亦麾字也，音摩”。殿本作“攦亦麾字，音摩”。

《後漢書》卷八十上《文苑列傳第七十上·杜篤》頁二六〇〇、二六〇二、二六二四

公元四四年　東漢光武帝建武二十年

馬援曰：“方今匈奴、烏桓尚擾北邊，欲自請擊之。男兒要當死於邊野，以馬革裹尸還葬耳，〔六二〕何能臥床上在兒女

子手中耶？”故人孟冀曰：“諒爲烈士，當如此矣！”〔六三〕《御覽》卷四三八

【校勘記】

〔六二〕墓　《御覽》卷四三四引同，聚珍本作“葬”。按“葬”字是，范曄《後漢書·馬援傳》作“葬”。

〔六三〕當　原誤作“尚”，聚珍本作“當”，范曄《後漢書·馬援傳》同，今據改正。

《東觀漢記校注》卷十二《傳七·馬援》頁四三一、四四〇

（馬）援曰：“今尚有匈奴、烏桓擾北邊，我欲自請擊匈奴。男兒要欲死於邊野，以馬革裹尸還葬矣〔一〕，反卧床上於兒女子手中死邪！”

〔一〕惠棟曰：“《史記·鄒陽傳》云：子胥鴟夷服。服虔云：用馬革作囊以裹尸。”

《後漢紀校注》卷七《後漢光武皇帝紀卷第七》頁二〇一

援曰：“方今匈奴、烏桓尚擾北邊，欲自請擊之。男兒要當死於邊野，以馬革裹尸還葬耳，何能卧床上在兒女子手中邪？”

《後漢書》卷二十四《馬援列傳第十四·馬援》頁八四一

（馬）援曰：“方今匈奴、烏桓尚擾北邊，欲自請擊之。男兒要當死於邊野，以馬革裹尸還葬耳，何能卧床上在兒女子手中耶？”

《太平御覽》卷二七八《兵部九·邊將》頁一二九五上

　　馬援曰："方今匈奴、烏桓尚擾北邊,欲自請擊之。男兒
要當死於邊野,以馬革裹尸還墓耳,何能臥床上在兒女子手
中耶？"

　　《太平御覽》卷四三四《人事部七五·勇二》頁一九九
九上

　　馬援曰："方今匈奴、烏桓尚擾北邊,欲自請擊之。男兒
要當死於邊野,以馬革裹尸還墓耳,何能臥床上在兒女子手
中耶？"

　　《太平御覽》卷四三八《人事部七九·烈士》頁二〇一
六上

　　馬援謂孟冀曰："方今匈奴、烏丸尚擾北邊,欲自請擊之。
男兒要當死於邊野,以馬革裹尸還葬耳,何能臥床上在兒女
子手中耶？"

　　《太平御覽》卷五四八《禮儀部二七·死》頁二四八二上

　　（馬）援又謂平陵孟冀曰："方今匈奴、烏桓尚擾北邊,欲
自請擊之。男兒要當死於邊野,以馬革裹尸還葬耳。何能臥
床上,在兒女子手中邪？"

　　《册府元龜》卷三七〇《將帥部·忠一》頁四三九五下

　　馬援爲虎賁中郎將。建武二十年,擊交趾徵側還,謂平
陵人孟冀曰："方今匈奴、烏桓尚擾北邊,欲自請擊之。男兒
要當死於邊野,以馬革裹尸還葬耳。何能臥床上,在兒女手

中耶？”

《册府元龜》卷三八九《將帥部·請行》頁四六一三上至
四六一三下

（馬）援曰：“方今匈奴、烏桓尚擾北邊，欲自請擊之。男
兒要當死于邊野，以馬革裹尸還葬耳。何能臥床上，在兒女
子手中耶？”

《册府元龜》卷七七二《總錄部·志節》頁九一七二下

秋，九月，馬援自交趾還，平陵孟冀迎勞之。勞，力到翻。
援曰：“方今匈奴、烏桓尚擾北邊，欲自請擊之，男兒要當死於
邊野，以馬革裹尸還葬耳，何能臥床上在兒女子手中邪？”

《資治通鑑》卷四十三《漢紀三十五·光武帝建武二十
年》頁一三九九

援曰：“方今匈奴烏桓尚擾北邊，欲請擊之。男兒要當
死於邊野，以馬革裹尸還葬耳。何能臥床上，在兒女子手中
邪？”

《通志》卷一百六《列傳十九·馬援》頁一五二七上

還月餘，會匈奴、烏桓寇扶風，援以三輔侵擾，園陵危逼，
因請行，許之。

《後漢書》卷二十四《馬援列傳第十四·馬援》頁八四二

匈奴、烏桓寇扶風，（馬）援以三輔侵擾，園陵危逼，因請

行,許之。

《册府元龜》卷三七五《將帥部·褒異一》頁四四七三上

月餘,會匈奴、烏桓寇扶風,(馬)援以三輔侵擾,園陵危逼,因請行,許之。

《册府元龜》卷三八九《將帥部·請行》頁四六一三下

還月餘,會匈奴、烏桓寇扶風,援以三輔侵擾,園陵危逼,因請行,許之。

《通志》卷一百六《列傳十九·馬援》頁一五二七上

公元四五年　東漢光武帝建武二十一年

冬十月,遣伏波將軍馬援出塞擊烏桓,不克。

《後漢書》卷一下《光武帝紀第一下》頁七三

明年秋,援乃將三千騎出高柳,行雁門、代郡、上谷障塞。烏桓候者見漢軍至,虜遂散去,援無所得而還。

《後漢書》卷二十四《馬援列傳第十四·馬援》頁八四二

馬援,建武十九年將三千騎出高柳,①行雁門、代郡、上谷障塞。烏桓候者見漢軍至,虜遂散去,援無所得而還。

《册府元龜》卷四三八《將帥部·無功》頁五一九五上

①上引《後漢書》將此事繫於建武二十一年。

十月,遣伏波將軍馬援出塞擊烏桓,不克。

《冊府元龜》卷九八三《外臣部·征討二》頁一一五四
三下

烏桓與匈奴、鮮卑連兵爲寇,代郡以東尤被烏桓之害;
被,皮義翻。其居止近塞,近,其靳翻。朝發穹廬,暮至城郭,五
郡民庶,家受其辜,五郡,謂代郡、上谷、漁陽、右北平、遼西也。至於
郡縣損壞,百姓流亡,邊陲蕭條,無復人迹。秋,八月,帝遣馬
援與謁者分築堡塞,稍興立郡縣,或空置太守、令、長,招還人
民。烏桓居上谷塞外白山者最爲强富,援將三千騎擊之,無
功而還。《考異》曰:劉昭注補《後漢書志》亦謂之《續漢志》,其《郡國
志》注云"中郎將馬援",誤也。《帝紀》"冬十月,遣援出塞擊烏桓",《援
傳》:"十二月,出屯襄國,明年秋,將三千騎出高柳。"袁《紀》在八月祭
肜事前。今從之。

《資治通鑑》卷四十三《漢紀三十五·光武帝建武二十一
年》頁一四〇〇至一四〇一

冬十月,遣伏波將軍馬援出塞擊烏桓,不克。

《通志》卷六上《後漢紀六上·世祖光武皇帝》頁一〇
七下

明年秋,援將三千騎出高柳,行雁門、代郡、上谷障塞。
烏桓候者見漢軍至,虜遂散去,援無所得而還。

《通志》卷一百六《列傳十九·馬援》頁一五二七上

後漢建武二十一年，烏桓爲寇，遣馬援出五阮關掩擊之。《水經注》謂之子莊關，易水與子莊溪水合，北出子莊關是也。

　　　　　　《讀史方輿紀要》卷十《北直一》頁四三三

白廟兒山，在衛東北境。邊人謂之三間房，又名插漢根兒，乃薊、宣通路。灤河經其北。東去密雲縣白馬關四百五十里。或以爲即白山也。《漢紀》：“建武二十一年，烏桓屢寇代郡以東，其居上谷塞外白山者尤强，命馬援將三千騎擊之，無功而還。”

　　　　　　《讀史方輿紀要》卷十八《北直九》頁八一〇

二十一年馬援出高柳擊烏桓。

　　　　　　《讀史方輿紀要》卷四十四《山西六》頁一九九六

公元四六年　東漢光武帝建武二十二年

烏桓擊破匈奴，匈奴北徙，幕南地空。〔二〕

〔二〕《前書音義》曰：“沙土曰幕，即今磧也。”

　　　　　　《後漢書》卷一下《光武帝紀第一下》頁七五

二十二年，烏桓擊破匈奴，匈奴北徙，幕南地空。

《册府元龜》卷九八九《外臣部·備禦二》頁一一六一五上

二十二年，匈奴國亂，烏桓乘弱擊破之，匈奴轉北徙數千里，漠南地空。

《册府元龜》卷九九五《外臣部·交侵》頁一一六八二下

烏桓乘匈奴之弱，擊破之，匈奴北徙數千里，幕南地空。詔罷諸邊郡亭候、吏卒，以幣帛招降烏桓。降，户江翻。

《資治通鑑》卷四十三《漢紀三十五·光武帝建武二十二年》頁一四〇二

烏桓擊破匈奴，匈奴北徙，幕南地空。

《通志》卷六上《後漢紀六上·世祖光武皇帝》頁一〇七下

公元四八年　東漢光武帝建武二十四年

三月，南單于遣使稱藩，願修舊約。天子議於公卿，咸以爲蠻夷猾夏，情僞難知，不可許。大司農耿國以爲[一]："今天下初定，尤宜受之。令東撫烏桓，北拒匈奴，邊陲永息干戈之役，萬世之策也。"上善而從之。

〔一〕《東觀記》、《續漢書》均曰：國爲大司農，曉邊事，能論議，數上便宜事，天子器之。然皆不詳任期。而《范書·耿國傳》曰國建武二十七年代馮勤爲大司農，時任五官中郎將，且此事系建武二十四年。

《後漢紀校注》卷八《後漢光武皇帝紀卷第八》頁二一〇、二一一

是時烏桓、鮮卑屢寇外境，國素有籌策，數言邊事，帝器之。及匈奴薁鞬日逐王比自立爲呼韓邪單于，款塞稱藩，願扞禦北虜。事下公卿。議者皆以爲天下初定，中國空虛，夷狄情僞難知，不可許。國獨曰："臣以爲宜如孝宣故事受

之，〔一〕令東扞鮮卑，北拒匈奴，率屬四夷，完復邊郡，使塞下無晏開之警，〔二〕萬世（有）安寧之策也。”^{校[1]}帝從其議，遂立比爲南單于。由是烏桓、鮮卑保塞自守，北虜遠遁，中國少事。

〔一〕宣帝甘露二年，呼韓邪單于款塞請朝。帝發所過郡二千騎迎之，寵以殊禮，位在諸侯王上，贊謁稱臣而不名。

〔二〕晏，晚也。有警急則開門晚也。

【校勘記】

[1]七一六頁二行　萬世（有）安寧之策也　《刊誤》謂按文多“有”字，緣上言“無”，遂妄生此對文，非也。今據删。

《後漢書》卷十九《耿弇列傳第九·耿國》頁七一五、七一六、七二八

二十四年正月，匈奴薁鞬日逐王比自立爲呼韓邪單于，款塞稱藩，願扞禦北虜。事下公卿。議者皆以爲天下初定，中國空虛，夷狄情僞難知，不可許。五官中郎將耿國獨曰：“臣以爲宜如孝宣故事受之，令東扞鮮卑，北拒匈奴，率屬四夷，完復邊郡，使塞下無晏開之警，萬世有安寧之策也。”帝從其議，遂立比爲南單于。由是烏桓、鮮卑保塞自守，北虜遠遁，中國少事。

《册府元龜》卷九八九《外臣部·備禦二》頁一一六一五上

是時烏桓、鮮卑屢寇外境，國有籌策，數言邊事，帝器之。及匈奴薁鞬日逐王比自立爲呼韓邪單于，款塞稱藩，願扞禦

北虜。事下公卿。議者皆以爲天下初定，中國空虛，夷狄情
僞難知，不可許。國獨曰："臣以爲宜如孝宣故事受之，令東
扞鮮卑，北拒匈奴，率屬四夷，完復邊郡，使塞下無晏開之警，
萬世有安寧之策也。"帝從其議，遂立比爲南單于。由是烏
桓、鮮卑保塞自守，北虜遠遁，中國少事。

　　《通志》卷一百六《列傳十九·耿國》頁一五一一上

公元四九年　　東漢光武帝建武二十五年

二十五年，[二一五]烏桓獻貂豹皮，詣闕朝賀。

【校勘記】

〔二一五〕二十五年　此下三句原無，聚珍本有，《類聚》
卷九五亦引，今據增補。《御覽》卷九一二引作"建武二十五
年，烏桓詣闕朝賀，獻貂皮"。

　　《東觀漢記校注》卷一《紀一·世祖光武皇帝》頁一二、
四七

　　春正月，烏桓大人郝且等率衆貢獻[一]，封其渠帥爲
侯、王。

〔一〕郝且，《范書》作"郝旦"。《三國志·烏丸傳》注引
《魏書》與《袁紀》同，而標點本從《范書》逕改，未出校記。
且旦形近易誤，恐當依陳、袁二書作"且"爲是。

　　《後漢紀校注》卷八《後漢光武皇帝紀卷第八》頁二一三

　　烏桓大人來朝。[二]

〔二〕大人謂渠帥也。　校[1]

【校勘記】

[1]七六頁一三行　大人謂渠帥也　殿本"大人"作"烏桓"。按:《校補》謂當作"大人,烏桓謂渠帥也",互脱二字。

《後漢書》卷一下《光武帝紀第一下》頁七六、九二

是歲,烏桓大人率衆内屬,詣闕朝貢。

《後漢書》卷一下《光武帝紀第一下》頁七七

《東觀漢記》曰:建武二十五年,烏桓詣闕朝賀,獻貂皮。

《太平御覽》卷九一二《獸部二四·貂》頁四〇四一下

二十五年,烏桓向化,鮮卑始通驛使,群蠻乃平,哀牢夷内屬。

《册府元龜》卷九五六《外臣部·總序》頁一一二三九上

二十五年,遼西烏桓大人郝且等率衆内屬,封其渠帥爲侯、王、君長者八十一人。

《册府元龜》卷九六三《外臣部·封册一》頁一一三二七上

遼西烏桓大人赦且等九百二十二人,率衆向化,詣闕朝貢獻奴婢、牛馬及弓、虎、豹、貂。

《册府元龜》卷九六九《外臣部·朝貢二》頁一一三七七下

二十五年,烏桓大人來朝。大人謂渠帥也。

《册府元龜》卷九七四《外臣部·褒異一》頁一一四三八下

　　二十五年，烏丸大人郝旦等九千餘人帥衆詣闕，封其渠帥爲侯王者八十餘人，使居塞内。布列遼東屬國、遼西、右北平、漁陽，廣上谷、代郡、雁門、太原、朔方諸郡界，招來種人，給其衣食，置校尉以領護之，遂爲漢偵備擊匈奴、鮮卑。

　　《册府元龜》卷九七七《外臣部・降附》頁一一四七四下

　　二十五年，遼西烏桓大人郝旦等九百二十二人率衆向化，封其渠帥爲侯王、君長者八十一人，皆居塞内，布於沿邊諸郡爲漢偵候，助擊匈奴、鮮卑。時司徒掾班彪上言："烏桓天性輕黠，好爲寇賊，若久放縱而無總領者，必復侵掠居人，但委主降掾吏，恐非所能制。臣愚以爲宜復置烏桓校尉，誠有益於附集，省國家之邊慮。"帝從。於是始復置校尉於上谷甯城，開營府，并領鮮卑，賞賜質子，歲時互市焉。及明、章、和之世，皆保塞無事。

　　《册府元龜》卷九八九《外臣部・備禦二》頁一一六一五上

　　二十五年，烏桓大人率衆内屬，詣闕朝貢，是年，大人來朝。大人謂渠帥也。

　　《册府元龜》卷九九九《外臣部・入覲》頁一一七一七下

　　後漢光武建武中，置烏桓校尉於上谷甯城，縣名亦作寧城。歲時互市焉。

　　《册府元龜》卷九九九《外臣部・互市》頁一一七二六上

　　是歲，遼西烏桓大人郝旦等率衆内屬，《考異》曰：帝紀今春既著烏桓來朝。歲末又紀是歲烏桓朝貢内屬。蓋始獨大人來朝，後乃率種族内屬耳。詔封烏桓渠帥爲侯、王、君長者八十一人，帥，所類翻。長，知兩翻。使居塞内，布於緣邊諸郡，令招來種人，種，章勇翻。給其衣食，遂爲漢偵候，偵，丑鄭翻。助擊匈奴、鮮卑。時司徒掾班彪上言：“烏桓天性輕黠，好爲寇賊，若久放縱而無總領者，必復掠居人，掾，俞絹翻。黠，下八翻。好，呼到翻。復，扶又翻。但委主降掾吏，賢曰：蓋當時權置也。降，户江翻。恐非所能制。臣愚以爲宜復置烏桓校尉，西都置護烏桓校尉，至王莽時，烏桓叛，校尉由是罷。闞駰《十三州志》曰：護烏桓，擁節，秩比二千石，武帝置以護内附烏桓，既而并於匈奴中郎將。余據匈奴中郎將，亦此時方置，未知并於匈奴中郎將果何時也！校，户教翻。誠有益於附集，省國家之邊慮。”帝從之，於是始復置校尉於上谷甯城，賢曰：甯城，縣名。《前書》“甯”作“寧”，“寧”、“甯”兩字通也。杜佑曰：甯城，在嬀州郡懷戎縣西北，俗名西吐勃城。開營府，并領鮮卑賞賜、質子，歲時互市焉。質，音致。

　　《資治通鑑》卷四十四《漢紀三十六·光武帝建武二十五年》頁一四一三至一四一四

　　烏桓大人來朝。
　　《通志》卷六上《後漢紀六上·世祖光武皇帝》頁一〇八上

　　是歲，烏桓大人率衆内屬，詣闕朝貢。
　　《通志》卷六上《後漢紀六上·世祖光武皇帝》頁一〇八上

寧縣城，在州西北。漢縣，屬上谷郡，爲西部都尉治。後漢曰甯縣。建武二十五年復置護烏桓校尉於上谷甯城，領內附烏桓并鮮卑願內屬者。《西京舊事》"武帝於益州部置蠻夷騎都尉，幽州部置領烏桓校尉，涼州部置護羌校尉，皆持節，領護降夷"，時已廢而更置也。

《讀史方輿紀要》卷十七《北直八》頁七八六

闞駰《十三州志》曰："護烏丸，擁節，秩比二千石……中興初，班彪上言宜復此官，以招附東胡，乃復更置焉。"

《後漢書》卷四《孝和孝殤帝紀第四·孝和帝》注引闞駰《十三州志》頁一七九至一八〇

護烏桓校尉一人，比二千石。本注曰：主烏桓胡。[一]

〔一〕應劭《漢官》曰："擁節。長史一人，司馬二人，皆六百石。并領鮮卑。客賜質子，歲時胡市焉。"校[1]《晉書》曰："漢置東夷校尉，以撫鮮卑。"

【校勘記】

[1]三六二六頁一一行　客賜質子歲時胡市焉　汲本、殿本"焉"作"馬"。按：本書《烏桓傳》云"於是始復置烏桓校尉於上谷甯城，開營府，并領鮮卑，賞賜質子，歲時互市焉"，則"客"當作"賞"，"胡"當作"互"，"焉"字不誤。

《後漢書》志第二十八《百官五》頁三六二六、三六三六至三六三七

護烏桓校尉……至後漢，亦謂之領烏桓校尉。後漢主烏桓胡，并領鮮卑。李膺爲此官。

《通典》卷第三十四《職官十六·諸校尉》頁九四二

護烏桓校尉……後漢亦謂之領烏桓校尉，主領烏桓胡，并領鮮卑。李膺爲此官也。

《通志》卷五十七《職官略七·諸校尉附》頁六九七上

護烏桓校尉一人，比二千石。本注曰：主烏桓胡。

《東漢會要》卷二十《職官二·護烏桓校尉》頁三〇五

護烏桓校尉……至後漢，亦謂之領烏桓校尉。後漢主烏桓胡，并領鮮卑。李膺爲此官。

《文獻通考》卷六十四《職官十八·諸校尉》頁五七九上

彤以三虜連和，卒爲邊害，〔一〕二十五年，乃使招呼鮮卑，示以財利。其大都護偏何〔二〕遣使奉獻，願得歸化，彤慰納賞賜，稍復親附。其異種滿離、高句驪之屬，遂駱驛款塞，上貂裘好馬，帝輒倍其賞賜。其後偏何邑落諸豪並歸義，願自效。彤曰："審欲立功，當歸擊匈奴，斬送頭首乃信耳。"偏何等皆仰天指心曰："必自效！"即擊匈奴左伊（袟）〔秩〕訾部，校[1]斬首二千餘級，持頭詣郡。其後歲歲相攻，輒送首級受賞賜。自是匈奴衰弱，邊無寇警，鮮卑、烏桓並入朝貢。

〔一〕卒，終也。三虜謂匈奴、鮮卑及赤山烏桓。

〔二〕鮮卑名也。

【校勘記】

　[1]七四五頁五行　即擊匈奴左伊（袟）〔秩〕訾部　據《集解》本改，與《前書·匈奴傳》合。

《後漢書》卷二十《銚期王霸祭遵列傳第十·祭肜》頁七四五、七四九

　　春,正月,遼東徼外貊人寇邊,徼,古弔翻。貊,莫百翻。太守祭肜招降之。降,戶江翻。肜又以財利撫納鮮卑大都護偏何,使招致異種,駱驛款塞。種,章勇翻。駱驛,相繼也。款,叩也,至也。肜曰:“審欲立功,當歸擊匈奴,斬送頭首,乃信耳。”偏何等即擊匈奴,斬首二千餘級,持頭詣郡。其後歲歲相攻,輒送首級,受賞賜。自是匈奴衰弱,邊無寇警,鮮卑、烏桓並入朝貢。朝,直遙翻。肜爲人質厚重毅,撫夷狄以恩信,故皆畏而愛之,得其死力。

　　《資治通鑑》卷四十四《漢紀三十六·光武帝建武二十五年》頁一四〇八

　　肜以三虜連和,卒爲邊害,二十五年,乃使招呼鮮卑,示以財利。其大都護偏何遣使奉獻,願得歸化,肜慰納賞賜,稍復親附。其異種滿離、高句驪之屬,遂駱驛款塞,上貂裘好馬,帝輒倍其賞賜。其後偏何邑落諸豪並歸義,願自效。肜曰:“審欲立功,當歸擊匈奴,斬送頭首乃可信耳。”偏何等仰天指心曰:“必自效!”即擊匈奴左伊袟訾部,斬首二千余級,持頭詣郡。其後歲歲相攻,輒送首級受賞賜。自是匈奴衰弱,邊無寇警,鮮卑、烏桓並入朝貢。

　　《通志》卷一百六《列傳十九·祭肜》頁一五一五上

公元五〇年　　東漢光武帝建武二十六年

　　使匈奴中郎將一人,比二千石。本注曰:主護南單于。置從事二人,有事隨事增之,掾隨事爲員。護羌、烏桓校尉所置亦然。[一]

〔一〕應劭《漢官》曰:"擁節,屯中步南,設官府掾(吏)〔史〕。校[1]單于歲遣侍子來朝,謁者常送迎焉,得略弓馬氈罽他物百餘萬。謁者事訖,還具表付帑藏,詔書敕自受。"

【校勘記】

〔1〕三六二六頁八行　設官府掾(吏)〔史〕　據汲本、殿本改。

《後漢書》志第二十八《百官五》頁三六二六、三六三六

使匈奴郎將、護羌、護烏桓等校尉,皆置從事二人,有事隨事置掾,因而爲員。

《册府元龜》卷七一六《幕府部·總序》頁八五一一下

使匈奴中郎將一人,比二千石。本注曰:主護南單于。置從事二人,有事隨事增之,掾隨事爲員。護羌、烏桓校尉所置亦然。

《東漢會要》卷二十《職官二·使匈奴中郎將》頁三〇五

時南單于及烏桓來降,邊境無事,百姓新去兵革,歲仍有年,家給人足。〔一〕

〔一〕仍,頻也。

《後漢書》卷三十五《張曹鄭列傳第二十五·張純》頁一一九六

時南單于及烏桓來降,邊境無事,百姓新去兵革,歲仍有年,家給人足。

《通志》卷一百八《列傳二十一·張純》頁一五六七下

後漢光武建武二十六年，南單于、烏桓來降，邊境無事，百姓新去兵革，歲仍有年，家給人足。

《册府元龜》卷五六三《掌禮部·制禮一》頁六七六〇上

公元五一年　東漢光武帝建武二十七年

二十七年，宮乃與楊虛侯馬武校[1]上書曰："匈奴貪利，無有禮信，窮則稽首，安則侵盗，緣邊被其毒痛，中國憂其抵突。〔一〕虜今人畜疫死，旱蝗赤地，〔二〕疫困之力，校[2]不當中國一郡。萬里死命，縣在陛下。福不再來，時或易失，〔三〕豈宜固守文德而墮武事乎？今命將臨塞，厚縣購賞，喻告高句驪、烏桓、鮮卑攻其左，發河西四郡，〔四〕天水、隴西羌胡擊其右。如此，北虜之滅，不過數年。臣恐陛下仁恩不忍，謀臣狐疑，令萬世刻石之功不立於聖世。"

〔一〕抵，觸也。

〔二〕赤地，言在地之物皆盡。《説苑》曰："晉平公時，赤地千里。"

〔三〕《左傳》曰："大福不再。"蒯通曰："時者難遇而易失也。"

〔四〕謂張掖、酒泉、武威、金城也。

【校勘記】

[1]六九五頁九行　楊虛侯馬武　按："楊"原譌"揚"，逕改正。

[2]六九五頁一一行　疫困之力　按：《校補》引錢大昭説，謂"之"當作"乏"。

《後漢書》卷十八《吳蓋陳臧列傳第八·臧宮》頁六九五、六九六、七〇二後漢光武建武中，北匈奴衰弱，臧宮、馬武上書："請臨塞，厚懸購賞，喻告高句麗、烏桓、鮮卑攻其左，發河西四郡及天水、隴西羌胡擊其右，如此，北虜之滅，不過數年矣。"

《通典》卷第一百五十一《兵四·行師先在量力不可窮兵》頁三八六五

時北虜衰弱，臧宮與馬武上書曰："今匈奴人畜疫死，旱蝗赤地，疫困之力，〔二九〕不當中國一郡。萬里死命，懸在陛下。福不再來，時或易失，豈宜固守文德而墮武事乎？今命將臨塞，〔三〇〕厚懸購賞，諭告高句麗、烏桓、鮮卑攻其左，發西河四郡、天水、隴西羌胡擊其右。如此，北虜之滅，不過數年矣。"

【校勘記】

〔二九〕疫困之力　"之"原作"乏"，據北宋本及《後漢書·臧宮傳》六九五頁、《太平寰宇記》卷一九二改。

〔三〇〕今命將臨塞　"命"原脱，據《後漢書·臧宮傳》六九五頁補。

《通典》卷第一百九十五《邊防十一·北狄二·南匈奴》頁五三四九、五三五九

《後漢書》曰：光武建武中，北匈奴衰弱。臧宮、馬武上書請臨塞厚懸購賞，喻告高勾驪、烏桓、鮮卑攻其左，發河西四郡及天水、隴西羌胡擊其右，如此北虜之滅，不過數年矣。

《太平御覽》卷三二七《兵部五八·罷兵》頁一五〇四下

朗陵侯臧宫、楊虚侯馬武上言曰："今匈奴民畜疫死，旱蝗赤地，疲困之力，不當中國一郡。萬里死命，懸在陛下。福不再來，時或易失，豈宜固守文德而隳武事哉？今命將臨塞，〔四〕厚懸購賞，諭告高句麗、烏桓、鮮卑攻其左，發河西四郡、天水、隴西羌胡擊其右。如此，北虜之滅，不過數年矣。"

【校勘記】

〔四〕今命將臨塞　"命"，底本脱，萬本、《庫》本同，據《後漢書》卷一八《臧宫列傳》補。

《太平寰宇記》卷之一百九十二《四夷二十一·北狄四·南匈奴》頁三六七四、三六八五

二十七年，臧宫乃與楊虚侯馬武上書曰："匈奴貪利，無有禮信，窮則稽首，安則侵盜，緣邊被其毒痛，中國憂其抵突。虜今人畜疫死，旱蝗赤地，役困乏力，不當中國一郡。萬里死命，懸在陛下。福不再來，時或易失，豈宜固守文德而墮武事乎？今命將臨塞，厚縣購賞，喻告高句驪、烏桓、鮮卑攻其左，發河西四郡、天水、隴西羌胡擊其右。如此，北虜之滅，不過數年。臣恐陛下仁恩不忍，謀臣狐疑，令萬世刻石之功不立于聖世。"

《册府元龜》卷一四二《帝王部·弭兵》頁一七二二上至一七二二下

朗陵侯臧宫、揚虚侯馬武上書曰：朗陵侯國，屬汝南郡。《水經注》：揚虚縣屬平原，漯水逕其東，商河發源於此。"匈奴貪利，無有禮信，窮則稽首，安則侵盜。稽，音啓。虜今人畜疫死，旱蝗赤

地，疲困乏力，不當中國一郡，萬里死命，縣在陛下；縣，讀曰懸；下同。福不再來，時或易失，豈宜固守文德而墮武事乎！《左傳》曰：大福不再。鄶通曰：時難得而易失。易，以豉翻。墮，讀曰隳。今命將臨塞，厚縣購賞，將，即亮翻。縣，讀曰懸。喻告高句驪、烏桓、鮮卑攻其左，句，如字，又音駒。驪，力知翻。發河西四郡、天水、隴西羌·胡擊其右，如此，北虜之滅，不過數年。臣恐陛下仁恩不忍，謀臣狐疑，令萬世刻石之功不立於聖世！”

　　《資治通鑑》卷四十四《漢紀三十六·光武帝建武二十七年》頁一四一七

　　二十七年，宮與揚虛侯馬武上書曰：“匈奴貪利，無有禮信，窮則稽首，安則侵盜，緣邊被其毒害，內國憂其抵突。虜今人畜疫死，旱蝗赤地，疫困之力，不當中國一郡。萬里死命，縣在陛下。福不再來，時或易失，豈宜固守文德而墮武事乎？今命將臨塞，厚縣購賞，喻告高句驪、烏桓、鮮卑攻其左，發河西四郡、天水、隴西羌胡擊其右。如此，北虜之滅，不過數年。臣恐陛下仁恩不忍，謀臣狐疑，令萬世刻石之功不立於聖世。”

　　《通志》卷一百五《列傳十八·臧宮》頁一五〇八上

　　臧宮、馬武上書言：“匈奴民畜疫死，旱蝗赤地，疫困之力，不能當中國一郡。宜臨塞厚懸賞購，喻告高句麗、烏桓、鮮卑攻其左，發河西四郡、天水、隴西羌胡擊其右。如此，北虜之滅，不過數年。”不從。

　　《文獻通考》卷三百四十一《四裔十八·匈奴》頁二六七六下

草創苟合，〔一六〕未有還人，蓋憙至此，請徙之令盡也。范曄《後漢書》卷二六《趙憙傳》李賢注

【校勘記】

〔一六〕草創苟合　范曄《後漢書·趙憙傳》云：建武"二十七年，拜太尉，賜爵關內侯。時南單于稱臣，烏桓、鮮卑並來入朝，帝令憙典邊事，思爲長久規。憙上復緣邊諸郡，幽、并二州由是而定。"其下李賢引"草創苟合"云云作注。按《范書·光武帝紀》載，建武十五年二月，徙雁門、代郡、上谷三郡民，置常山關、居庸關以東。二十年，省五原郡，徙其吏人置河東。二十五年，南單于臣服於漢，遣子入侍。烏桓大人率衆內屬。二十六年，遣中郎將段郴授南單于璽綬，令入居雲中。至此，原來先後被遷徙的雲中、五原、朔方、北地、定襄、雁門、上谷、代八郡民，亦令歸還本土，並使謁者帶領弛刑徒修理城郭。但返回邊郡的人並不多。所謂"草創苟合，未有還人"，就是指這種情況來説的。二十七年，趙憙上奏復緣邊諸郡八郡民才又徙還本土。

《東觀漢記校注》卷十三《傳八·趙憙》頁五〇二、五〇四至五〇五

是時南單于新稱藩，烏桓始入朝，上命（趙）喜思安邊之策，爲長久之計。喜乃議復代郡、朔方、五原、雲中、定襄、雁門郡，遣諸王之國。

《後漢紀校注》卷八《後漢光武皇帝紀卷第八》頁二二一

二十七年，拜太尉，賜爵關內侯。時南單于稱臣，烏桓、

鮮卑並來入朝,帝令憙典邊事,思爲久長規。〔一〕憙上復緣邊
諸郡,幽并二州由是而定。〔二〕

〔一〕規,謀也。

〔二〕復音伏。謂建武六年徙雲中、五原人於常山、居庸
閒,^校[1]至二十六年復令還雲中、五原。《東觀記》曰:"草創
苟合,未有還人,蓋憙至此,請徙之令盡也。"

【校勘記】

[1]九一四頁一二行　徙雲中五原人於常山居庸閒　按:
《校補》謂"閒"當作"關",謂常山關、居庸關也。常山關在代
郡,居庸關在上谷,中隔長城,亘千餘里,不能謂徙於其閒明矣。

《後漢書》卷二十六《伏侯宋蔡馮趙牟韋列傳第十六·趙
憙》頁九一四、九二五

二十七年,南單于稱臣,烏桓、鮮卑並來入朝。帝令太尉
趙憙典邊事,思爲久長規。憙上復緣邊諸郡,幽、并二州由是
而定。

《册府元龜》卷九八九《外臣部·備禦二》頁一一六一五下

二十七年,拜太尉,賜爵關内侯。時南單于稱臣,烏桓、
鮮卑並來入朝,帝令憙典邊事,思爲長久規。憙上復緣邊諸
郡,幽、并二州由是而定。

《通志》卷一百七上《列傳二十上·趙憙》頁一五三六下

公元五八年　東漢明帝永平元年

顯宗初,西羌寇隴右,覆軍殺將,朝廷患之,復拜武捕虜

將軍,以中郎將王豐副,與監軍使者竇固、右輔都尉陳訢,將烏桓、黎陽營、三輔募士、〔一〕凉州諸郡羌胡兵及弛刑,合四萬人擊之。

〔一〕光武置黎陽營,見《鄧訓傳》。

《後漢書》卷二十二《朱景王杜馬劉傅堅馬列傳第十二・馬武》頁七八六

馬武,明帝永平初爲中郎將。時西羌寇隴右,覆軍殺將,朝廷患之。復拜武捕虜將軍,以中郎將王豐副,與監軍使者竇固、右輔都尉陳訢將烏桓、黎陽營、三輔募士、光武置黎陽營。凉州諸郡羌胡兵及弛刑,合四萬人擊之。

《册府元龜》卷四三二《將帥部・立後效》頁五一四三下

顯宗初,西羌寇隴右,覆軍殺將,朝廷患之,復拜武捕虜將軍,以中郎將王豐副,與監軍使者竇固、右護都尉陳訢,將烏桓、黎陽營、三輔募士、凉州諸郡羌胡兵及弛刑,合四萬人擊之。

《通志》卷一百六《列傳十九・馬武》頁一五二〇中

永平中,祭肜爲遼東太守,誘賂鮮卑,使斬叛烏丸欽志賁等首,於是鮮卑自燉煌、酒泉以東邑落大人,皆詣遼東受賞賜,青、徐二州給錢,歲二億七千萬以爲常。

《三國志》卷三十《魏書・烏丸鮮卑東夷傳第三十・鮮卑》裴松之注引王沈《魏書》頁八三七

是歲,遼東太守祭肜使鮮卑擊赤山烏桓,大破之,斬其渠帥。〔一〕

〔一〕赤山在遼東西北數千里。

《後漢書》卷二《顯宗孝明帝紀第二》頁九九

肜爲人質厚重毅,體貌絶衆。撫夷狄以恩信,皆畏而愛之,故得其死力。初,赤山烏桓數犯上谷,爲邊害,詔書設購賞,（功）〔切〕責州郡,^{校[1]}不能禁。肜乃率勵偏何,遣往討之。永平元年,偏何擊破赤山,斬其魁帥,持首詣肜,塞外震讋。〔一〕肜之威聲,暢於北方,西自武威,東盡玄菟及樂浪,胡夷皆來内附,野無風塵。乃悉罷緣邊屯兵。

〔一〕音之涉反。

【校勘記】

［1］七四五頁一一行　（功）〔切〕責州郡　據《刊誤》改。

《後漢書》卷二十《銚期王霸祭遵列傳第十·祭肜》頁七四五、七四九

時漁陽赤山烏桓歆志賁^{校[1]}等數寇上谷。永平元年,祭肜復賂偏何擊歆志賁,破斬之,於是鮮卑大人皆來歸附,並詣遼東受賞賜,青徐二州給錢歲二億七千萬爲常。明章二世,保塞無事。

【校勘記】

［1］二九八五頁一三行　歆志賁　按:殿本《考證》謂《魏志》注“歆”作“欽”。

《後漢書》卷九十《烏桓鮮卑列傳第八十·鮮卑》頁二九八五至二九八六、二九九六

祭肜爲遼東太守，數破斬鮮卑，自是鮮卑震懼，畏肜不敢復窺塞。後率勵鮮卑往擊，斬赤山烏桓，塞外振讋，肜之威聲暢於北方。

《册府元龜》卷三九二《將帥部·威名一》頁四六四九下

祭肜以明帝永平元年爲遼東太守。賂鮮卑大都督偏何擊烏桓歆志賁，破斬之，於是鮮卑大人皆來歸附，並詣遼東受賞賜。

《册府元龜》卷四二九《將帥部·守邊》頁五一〇六下

明帝永平元年，肜使鮮卑擊赤山烏桓，大破之，斬其渠帥。赤山在遼東西北數千里。

《册府元龜》卷六九三《牧守部·武功一》頁八二六〇上

明帝永平元年，鮮卑都護偏何擊破赤山，斬其魁帥，持首級詣遼東受賞賜。

《册府元龜》卷九七三《外臣部·助國討伐》頁一一四二八下

遼東太守祭肜誘賂鮮卑，使斬叛烏丸歆志賁等首。

《册府元龜》卷九七四《外臣部·褒異一》頁一一四三九上

永平元年，史不書月。遼東太守祭肜使鮮卑擊赤山烏桓，大破之，斬其渠帥。赤山在遼東西北數千里。

《册府元龜》卷九八三《外臣部·征討二》頁一一五四三下

遼東太守祭肜使偏何討赤山偏氏，高辛後。《急就章》有偏、呂、何。烏桓，《烏桓傳》：赤山，在遼東西北數千里。《鮮卑傳》云：偏何擊漁陽赤山烏桓欽〔歆〕志賁。蓋歆志賁本赤山種而居漁陽塞外也。大破之，斬其魁帥。帥，所類翻。塞外震讋，讋，之涉翻。西自武威，東盡玄菟，《郡國志》：武威郡，在雒陽西三千五百里。玄菟郡，在雒陽東北四千里。菟，同都翻。皆來内附，野無風塵，乃悉罷緣邊屯兵。

　　《資治通鑑》卷四十四《漢紀三十六・明帝永平元年》頁一四三二

　　是歲，遼東太守祭肜使鮮卑擊赤山烏桓，大破之，斬其渠帥。

　　《通志》卷六上《後漢紀六上・顯宗孝明皇帝》頁一〇九中

　　肜爲人質厚重毅，體貌絶衆。撫夷狄以恩信，皆畏而愛之，故得其死力。初，赤山烏桓數犯上谷，爲邊害，詔書設購賞，功責州郡，不能禁。肜乃率厲偏何，遣往討之。永平元年，偏何擊破赤山，斬其魁帥，持首詣肜，塞外震讋。肜之威聲，震於北方，西自武威，東盡玄菟及樂浪，胡夷皆來内附，野無風塵。乃悉罷緣邊屯兵。

　　《通志》卷一百六《列傳十九・祭肜》頁一五一五上

　　時漁陽赤山烏桓歆志賁等數寇上谷。永平元年，祭肜復賂偏何擊歆志賁，破斬之。

　　《通志》卷二百《四夷傳七・北國下・鮮卑》頁三二〇〇中

《烏桓傳》“……永平初，遼東太守祭肜使鮮卑大都護偏何討赤山烏桓，大破之”，即此。

《讀史方輿紀要》卷十八《北直九》頁八五四

公元五九年　東漢明帝永平二年

二年春正月辛未，宗祀光武皇帝於明堂……烏桓、濊貊咸來助祭，單于侍子、骨都侯亦皆陪位。

《後漢書》卷二《顯宗孝明帝紀第二》頁一〇〇

宗祀光武皇帝於明堂……烏桓、濊貊咸來助祭，單于侍子、骨都侯亦皆陪位。

《冊府元龜》卷八二《帝王部·赦宥一》頁九六一上

宗祀光武皇帝於明堂……烏桓、濊貊來助祭，單于侍子、骨都侯亦皆陪位。

《文獻通考》卷七十三《郊社六》頁六七〇上

宗祀光武皇帝于明堂……烏桓、濊貊來助祭，單于侍子、骨都侯亦皆陪位。

《東漢會要》卷四《禮二·明堂辟雍靈臺》頁四八

公元六五年　東漢明帝永平八年

是時北單于外求和親，而數爲邊害，上使越騎司馬鄭衆使匈奴。單于欲令衆拜，衆不爲之屈；單于圍守衆，欲脅服之，衆拔刃以自誓，單于恐，乃止。乃發使隨衆還漢。朝議復使衆報之，衆疏諫曰："臣伏料北單于所欲致漢使者，欲以離南單于，令西域諸國耳，故汲汲於致漢使。使既到，偃蹇自若。臣愚以爲於今宜且勿答。南單于本來歸義者，望呼韓邪之助，故歸心不二。烏桓慕化，并力保蕃。今聞北單于不屈，漢復通史不止，恐南單于必懷疑，而烏桓亦有二心。單于久居漢地，具知形勢，萬分離析，規爲邊害，其憂不輕。今幸有渡遼之衆〔一〕，揚威北垂，雖勿答，不敢爲害。"上不從而卒遣衆。

〔一〕本年初置度遼將軍，以中郎將吳常行此職，屯五原之曼柏。《通鑑》作"吳棠"。

《後漢紀校注》卷十《後漢孝明皇帝紀下卷第十》頁二六九、二七〇

八年，顯宗遣衆持節使匈奴。衆至北庭，虜欲令拜，衆不爲屈。單于大怒，圍守閉之，不與水火，欲脅服衆。衆拔刀自誓，單于恐而止，乃更發使隨衆還京師。朝議復欲遣使報之，衆上疏諫曰："臣伏聞北單于所以要致漢使者，欲以離南單于之衆，堅三十六國之心也。〔二〕又當揚漢和親，誇示鄰敵，令西域欲歸化者局促狐疑，校[1]懷土之人絶望中國耳。漢使既到，便偃蹇自信。〔三〕若復遣之，虜必自謂得謀，其群臣駁議者不敢復言。〔四〕如是，南庭動搖，烏桓有離心矣。南單于久居漢地，具知形埶，萬分離析，旋爲邊害。今幸有度遼之衆揚威北垂，雖勿報答，不敢爲患。"〔五〕帝不從，復遣衆。

〔二〕武帝開通西域，本三十六國。

〔三〕信音申。

〔四〕駁議謂勸單于歸漢。

〔五〕明帝八年，初置度遼將軍，屯五原曼柏。

【校勘記】

［1］一二二四頁一三行　局促狐疑　"局促"原作"局足"，逕據汲本、殿本改。按：此叠韻謰語，通常皆作"局促"也。

《後漢書》卷三十六《鄭范陳賈張列傳第二十六‧鄭衆》頁一二二四至一二二五、一二四六

八年，帝遣衆持節使匈奴。衆至北庭，虜欲令拜，衆不爲屈。單于大怒，圍守閉之，不與水火，欲脅服。衆拔刀自誓，單于恐而止，乃更發使隨衆還京師。朝議復欲遣使報之，衆上疏諫曰："臣伏聞北單于之衆堅三十六國之心也。又當揚漢和親，誇示鄰敵，令西域欲歸化者局足狐疑，懷土之人絶望中國耳。漢使既到，便偃塞自。若復遣之，虜必自謂得謀，其群臣駁議者不敢復言。如是，南庭動搖，烏桓有離析，旋爲邊害。今幸有度遼之衆揚威北垂，雖勿報答，不敢爲患。"帝不從，復遣衆。

《册府元龜》卷六六一《奉使部‧守節》頁七九〇六上

（明帝）遣給事中鄭衆持節使匈奴。及衆還，朝議復欲遣使，衆上疏諫曰："臣伏聞北單于所以要致漢使者，欲以離南單于之衆，堅三十六國之心也；又當揚漢和親，誇示鄰敵，令西域欲歸化者局促狐疑，懷土之人絶望中國耳。漢使既到，便偃塞自倨；若復遣之，虜必自謂得謀，其群臣駁議不敢復

言。如是，南庭動搖，烏桓有離心矣。

　　《册府元龜》卷九七八《外臣部·和親一》頁一一四九一下

　　北匈奴雖遣使入貢，而寇鈔不息，鈔，楚交翻。邊城晝閉。帝議遣使報其使者，鄭衆上疏諫曰："臣聞北單于所以要致漢使者，要，一遥翻。欲以離南單于之衆，堅三十六國之心也；賢曰：武帝開通西域，本三十六國，余謂堅其心者，欲使之專附匈奴。又當揚漢和親，誇示鄰敵，令西域欲歸化者局足狐疑，懷土之人絶望中國耳。漢使既到，便偃塞自信；信，音申。若復遣之，虜必自謂得謀，得謀，猶言得計。復，扶又翻；下同。其群臣駁議者不敢復言。賢曰：駁議，謂勸單于歸漢。駁，北角翻。如是，南庭動搖，烏桓有離心矣。南單于庭在西河美稷。動搖，謂欲出塞北去。烏桓本附匈奴，漢置校尉領護，使不得與匈奴交通。離心，謂其心不親附漢而貳於匈奴也。南單于久居漢地，具知形勢，萬分離析，旋爲邊害。今幸有度遼之衆揚威北垂，雖勿報答，不敢爲患。"

　　《資治通鑑》卷四十五《漢紀三十七·明帝永平八年》頁一四四八

　　八年，顯宗遣衆持節使匈奴。衆至北庭，虜欲令拜，衆不爲屈。單于大怒，圍守閉之，不與水火，欲脅服之。衆拔刀自誓，單于恐乃止，乃更發使隨衆還京師。朝議欲復遣使報之，衆上疏諫曰："臣伏聞北單于所以要致漢使者，欲以離南單于之衆，堅三十六國之心也。又當揚漢和親，誇示鄰敵，令西域欲歸化者局足狐疑，懷土之人絶望中國耳。漢使既到，更偃塞自信。若復遣之，虜必自謂得謀，其群臣駁義者不敢復言。
如是，南庭動搖，烏桓有離心矣。南單于久居漢地，具知形
埶，萬分離析，旋爲邊害。今幸有度遼之衆揚威北垂，雖勿報
答，不敢爲害。"帝不從，復遣衆。

　　《通志》卷一百八《列傳二十一·鄭衆》頁一五七一上

公元七三年　　東漢明帝永平十六年

　　騎都尉來苗、護烏桓校尉文穆將太原、雁門、代郡、上谷、
漁陽、右北平、定襄郡兵及烏桓、鮮卑萬一千騎出平城塞。

　　《後漢書》卷二十三《竇融列傳第十三·竇固》頁八一〇

　　騎都尉來苗、護烏桓校尉文穆將太原、雁門、代郡、上谷、
漁陽、右北平、定襄郡兵及烏桓、鮮卑萬一千騎出平城塞。

　　《册府元龜》卷九八三《外臣部·征討二》頁一一五四
四上

　　騎都尉來苗、護烏桓校尉文穆將太原、雁門、代郡、上谷、
漁陽、右北平、定襄郡兵及烏桓、鮮卑萬一千騎出平城塞，伐
北匈奴。

　　《資治通鑑》卷四十五《漢紀三十七·明帝永平十六年》
頁一四五九

　　騎都尉來苗、護烏桓校尉文穆將太原、雁門、代郡、上谷、
漁陽、右北平、定襄郡兵及烏桓、鮮卑萬一千騎出平城塞。

　　《通志》卷一百六《列傳十九·竇固》頁一五二三中

來苗、文穆將太原、雁門、代郡、上谷、漁陽、右北平、定襄郡兵及烏桓、鮮卑萬一千騎出平城塞。《竇固傳》。

《東漢會要》卷三十三《兵中·郡國兵》頁四八三

祭肜爲遼東太守，肜之威聲揚於北方，胡夷皆來內附，[九]野無風塵，乃悉罷緣邊屯兵。及肜卒，[一〇]烏桓、鮮卑追思無已，每朝京師，過肜冢拜謁，仰天號泣乃去。《御覽》卷二六〇

【校勘記】

〔九〕胡夷　《文選》卷二〇陸雲《大將軍宴會被命作詩》李善注引同，聚珍本作“諸夷”。

〔一〇〕及肜卒　按時間順序，此下諸句當在本篇末。

《東觀漢記校注》卷十《傳五·祭肜》頁三七九、三八一

烏丸、鮮卑追思（祭）肜不已，每朝京師，輒過拜肜冢，仰天號泣。

《後漢紀校注》卷十《後漢孝明皇帝紀下卷第十》頁二八五

烏桓、鮮卑追思肜無已，每朝賀京師，常過冢拜謁，仰天號泣乃去。遼東吏人爲立祠，四時奉祭焉。

《後漢書》卷二十《銚期王霸祭遵列傳第十·祭肜》頁七四六

祭肜爲遼東太守。肜之威聲揚於北方，胡夷皆來內附，野無風塵，乃悉罷緣邊屯兵。及肜卒，烏桓、鮮卑追思無已。

每朝京師，過肜冢拜謁，仰天號泣乃去。

　　《太平御覽》卷二六〇《職官部五八·良太守上》頁一二一九下

　　烏桓、鮮卑追思祭肜無已，每朝賀京師，常過冢拜謁，仰天號泣乃去。遼東吏人爲立祠，四時奉祭焉。

　　《太平御覽》卷二七八《兵部九·邊將》頁一二九五下

　　祭肜爲遼東太守，招至烏桓、鮮卑，皆遣子入侍。肜死，烏桓、鮮卑追思肜無已，每朝賀京師，嘗過冢拜謁，仰天號泣乃去。遼東吏人爲立祠，四時奉祭焉。

　　《册府元龜》卷六八二《牧守部·遺愛一》頁八一四二上

　　烏桓、鮮卑每朝賀京師，常過（祭）肜冢拜謁，仰天號泣；遼東吏民爲立祠，四時奉祭焉。肜，先爲遼東太守，威信行於烏桓、鮮卑。號，戶刀翻。爲，于僞翻。

　　《資治通鑑》卷四十五《漢紀三十七·明帝永平十六年》頁一四六〇

　　烏桓、鮮卑追思肜無已，每朝賀京師，常過冢拜謁，仰天號泣乃去。遼東吏人爲立祠，四時奉祭焉。

　　《通志》卷一百六《列傳十九·祭肜》頁一五一五中

公元七六年　東漢章帝建初元年

時皋林溫禺犢王復將衆還居涿邪山，南單于聞知，遣輕騎與緣邊郡及烏桓兵出塞擊之,斬首數百級,降者三四千人。

　　《後漢書》卷八十九《南匈奴列傳第七十九》頁二九四九至二九五〇

　　章帝建初元年,皋林溫禺犢王復將衆還居涿邪山,南單于聞知,遣輕騎與緣邊郡及烏桓兵出塞擊之,斬首數百級,降者三四千人。

　　《冊府元龜》卷九七三《外臣部·助國討伐》頁一一四二九上

　　北匈奴皋林溫禺犢王將衆還居涿邪山,南單于與邊郡及烏桓共擊破之。皋林溫禺犢王本居涿邪山,永平十六年,祭肜等北伐,將衆遁去,今復還。

　　《資治通鑑》卷四十六《漢紀三十八·章帝建初元年》頁一四七六至一四七七

　　時皋林溫禺犢王復將衆居涿邪山,南單于聞知,遣輕騎與緣邊郡及烏桓兵出塞擊之,斬首數百級,降者三四千人。

　　《通志》卷一百九十九《四夷傳六·北國上·匈奴》頁三一九五上

　　建初元年,南單于與邊郡及烏桓之兵擊破北匈奴於涿邪山。

　　《讀史方輿紀要》卷四十五《山西七》頁二〇六四

公元七七年　東漢章帝建初二年

（耿恭）又薦臨邑侯劉復[二]“素好邊事，明略卓異，反以微過歸國，宜令以功自效。令復將烏桓兵，所向必克”。

〔二〕劉復，北海靖王劉興子。《范書・宗室四王三侯傳》曰：“臨邑侯復，好學能文章。永平中，每有講學事，輒令復典掌焉。與班固、賈逵共述漢史，傅毅等皆宗事之。”耿恭之奏，惟見此紀，則復又兼有武略矣。又《袁紀》之“要”，即約也。

《後漢紀校注》卷十一《後漢孝章皇帝紀上卷第十一》頁三一一

公元八一年　東漢章帝建初六年

鄧訓嘗將黎陽營兵屯狐奴，[三]後遷護烏桓校尉，[四]黎陽營故吏皆戀慕，[五]故吏最貧羸者舉國，念訓嘗所服藥北州少乏，[六]又知訓好青泥封書，從黎陽步推鹿車於雒陽市藥，還過趙國易陽，[七]並載青泥一樸，[八]至上谷遺訓。其得人心如是。[九]《御覽》卷六〇六

【校勘記】

〔三〕鄧訓嘗將黎陽營兵屯狐奴　“狐奴”二字范曄《後漢書・鄧訓傳》同。聚珍本作“漁陽”，《御覽》卷七四引同。此句下聚珍本有“爲幽部所歸”一句，與《范書》一致。《范書》李賢注云：“《漢官儀》曰：‘中興以幽、冀、并州兵克定天下，故於黎陽立營，以謁者監之。’狐奴，縣，屬漁陽郡也。”

〔四〕後遷護烏桓校尉　建初六年，鄧訓遷護烏桓校尉。

〔五〕黎陽營故吏皆戀慕　此句原無“營故吏皆戀慕”六

字，聚珍本有，《御覽》卷七四引亦有，惟"營"字誤作"官"，今據增補。

〔六〕念　原作"志"，姚本、聚珍本作"念"，《翰苑新書》卷六二、范曄《後漢書·鄧訓傳》李賢注引亦作"念"，今從改。

〔七〕過　原無此字，姚本、聚珍本有，《翰苑新書》卷六二、范曄《後漢書·鄧訓傳》李賢注引亦有此字，今據增補。

〔八〕襆　姚本、聚珍本同，范曄《後漢書·鄧訓傳》李賢注引亦同。按此字當作"墣"。《説文》云："墣，塊也。"

〔九〕其得人心如是　此條《書鈔》卷一○四、《記纂淵海》卷八三、《合璧事類續集》卷四八、《翰苑新書》卷六五亦引，字句簡略。

《東觀漢記校注》卷九《傳四·鄧訓》頁二九八至二九九、三○○至三○一

鄧訓爲護烏桓校尉，吏士常大病瘧，〔一○〕轉易至數十人。訓身煮湯藥，〔一一〕咸得平愈。其無妻者，爲適配偶。《御覽》卷九八四

【校勘記】

〔一○〕常　姚本同，范曄《後漢書·鄧訓傳》李賢注引亦同。聚珍本作"嘗"，《御覽》卷七四三引同。按二字通。

〔一一〕訓身煮湯藥　"身"字下姚本、聚珍本有"爲"字，范曄《後漢書·鄧訓傳》李賢注引同。"煮"字《御覽》卷七四三引作"主"。

《東觀漢記校注》卷九《傳四·鄧訓》頁二九九、三○一

　　會上谷太守任興欲誅赤沙烏桓,〔烏桓〕怨恨謀反,[1]
詔訓將黎陽營兵屯狐奴,以防其變。〔一〕訓撫接邊民,為幽部
所歸。六年,遷護烏桓校尉,黎陽故人多攜將老幼,樂隨訓徙
邊。〔二〕

　　〔一〕《漢官儀》曰:“中興以幽、冀、并州兵克定天下,故
於黎陽立營,以謁者監之。”狐奴,縣,屬漁陽郡也。

　　〔二〕《東觀記》曰:“訓故吏最貧羸者舉國,念訓常所服
藥北州少乏,又知訓好青泥封書,從黎陽步推鹿車於洛陽市
藥,還過趙國易陽,並載青泥一(襆)〔墣〕,[2]至上谷遺訓。
其得人心如是。”

【校勘記】

　　[1]六〇八頁一四行　會上谷太守任興欲誅赤沙烏
桓〔烏桓〕怨恨謀反　按:《集解》引沈欽韓說,謂《烏桓傳》
言烏桓死者神靈歸赤山,《祭肜傳》作“赤山烏桓”,此“赤沙”
疑“赤山”之誤。王先謙謂如沈說,“烏桓”下似當重“烏桓”
二字。沈家本亦謂當重“烏桓”二字。今據補。

　　[2]六〇九頁四行　並載青泥一(襆)〔墣〕　據《集解》
惠棟說改。按:聚珍版《東觀漢記》作“樸”,亦誤。

　　《後漢書》卷十六《鄧寇列傳第六·鄧訓》頁六〇八、
六〇九、六三四至六三五

　　鄧訓將黎陽宮兵屯漁陽,遷護烏丸校尉。
　　　　《太平御覽》卷七四《地部三九·泥》頁三四七下

　　《東觀漢記》曰:鄧訓嘗將黎陽營兵屯狐奴,後遷護烏桓

校尉。

　　《太平御覽》卷六〇六《文部二二・封泥書》頁二七二九上

　　又曰：鄧訓爲護烏桓校尉。羌胡俗耻病死，每病臨困，取以刀自刺。訓聞有病困者，輒拘縛束，不與兵刃，使醫藥療之，愈者非一，小大莫不感悦。

　　《太平御覽》卷七二二《方術部三・醫二》頁三一九七上

　　《東觀漢記》曰：鄧訓遷護烏桓校尉。吏士嘗大病瘧，轉易至數十人。訓身主湯藥，咸得平愈。

　　《太平御覽》卷七四三《疾病部六・瘧》頁三二九六下

　　鄧訓爲護烏桓校尉。吏士常大病瘧，轉易至數十人。訓身煮湯藥，咸得平愈。其無妻者，爲適配偶。

　　《太平御覽》卷九八四《藥部一・藥》頁四三五五下

　　鄧訓爲護烏桓校尉。故人多攜將老幼，樂隨訓徙邊。

　　《册府元龜》卷三九二《將帥部・威名一》頁四六四九下

　　鄧訓，章帝時將黎陽營兵屯狐奴。建初六年，遷護烏桓校尉。

　　《册府元龜》卷四一二《將帥部・得士心》頁四八九五下

　　（鄧）訓撫接邊民，爲幽部所歸，遷烏桓校尉。鮮卑聞其威信,皆不敢南近塞下。

　　　《冊府元龜》卷四二九《將帥部·守邊》頁五一〇七上

　　會上谷太守任興欲誅赤沙烏桓,怨恨謀反,詔訓將黎陽營兵屯狐奴,以防其變。訓撫綏邊民,爲幽部所歸。六年,遷護烏桓校尉,黎陽故人多攜將老幼,樂隨訓徙邊。

　　　《通志》卷一百五《列傳十八·鄧訓》頁一四九七中

　　呼奴山,縣東北二十五里。亦名狐奴山。《水經注》"水不流曰奴",蓋以山前潴澤名也。其北麓鳥道而上,約里許始漸開漸平,有小石城。其西南麓又有一城,相傳後漢鄧訓與上谷太守任興將兵屯狐奴以拒烏桓,此城即訓所築。或曰漢狐奴縣城也。

　　　《讀史方輿紀要》卷十一《北直二》頁四八一

公元八五年　　東漢章帝元和二年

　　今烏桓就闕,稽首譯官,康居、月氏,自遠而至,匈奴離析,名王來降,三方歸服,不以兵威,此誠國家通於神明自然之徵也。

　《後漢書》卷四十下《班彪列傳第三十下·班固》頁一三七四

　　今烏桓就闕,稽首譯官,康居、月氏,自遠而至,匈奴離析,名王來降,三方歸服,不以兵威,此誠國家通於神明自然之徵也。

　《冊府元龜》卷九七八《外臣部·和親一》頁一一四九二下

今烏桓就闕，稽首譯官，康居、月氏，自遠而至，匈奴離析，名王來降，三方歸服，不以兵威，此誠國家通於神明自然之徵也。

《通志》卷一百九上《列傳二十二上·班固》頁一五八三上至一五八三中

公元八八年　東漢章帝章和二年

休蘭尸逐侯鞮單于屯屠何，章和二年立。時北虜大亂，加以飢蝗，降者前後而至。南單于將并北庭，會肅宗崩，竇太后臨朝。其年七月，單于上言："臣累世蒙恩，不可勝數。孝章皇帝聖思遠慮，遂欲見成就，故令烏桓、鮮卑討北虜，斬單于首級，破壞其國。今所新降虛渠等詣臣自言：'去歲三月中發虜庭，北單于創刈南兵，又畏丁令、鮮卑，^{〔一〕}遁逃遠去，依安侯河西。^{校[1]}今年正月，骨都侯等復共立單于異母兄右賢王爲單于，其人以兄弟爭立，並各離散。'臣與諸王骨都侯及新降渠帥雜議方略，皆曰宜及北虜分争，出兵討伐，破北成南，并爲一國，令漢家長無北念。又今月八日，新降右須日逐鮮堂輕從虜庭遠來詣臣，言北虜諸部多欲内顧，但恥自發遣，故未有至者。若出兵奔擊，必有響應。今年不往，恐復并壹。臣伏念先父歸漢以來，被蒙覆載，嚴塞明候，大兵擁護，積四十年。臣等生長漢地，開口仰食，歲時賞賜，動輒億萬，雖垂拱安枕，慚無報效之（義）〔地〕。^{校[2]}願發國中及諸部故胡新降精兵，遣左谷蠡王師子、左呼衍日逐王須訾將萬騎出朔方，左賢王安國、右大且渠王交勒蘇將萬騎出居延，期十二月同會虜地。臣將餘兵萬人屯五原、朔方塞，以爲拒守。臣素愚淺，又兵衆單少,不足以防内外。願遣執金吾耿秉、度遼將軍鄧鴻及西河、雲中、五原、朔方、上郡太守并力而北,令北地、安定太守各屯要害,冀因聖帝威神,一舉平定。臣國成敗,要在今年。已敕諸部嚴兵馬,訖九月龍祠,悉集河上。唯陛下裁哀省察!”太后以示耿秉。秉上言:“昔武帝單極天下,欲臣虜匈奴,未遇天時,事遂無成。宣帝之世,會呼韓來降,故邊人獲安,中外爲一,生人休息六十餘年。及王莽篡位,變更其號,〔二〕耗擾不止,單于乃畔。光武受命,復懷納之,緣邊壞郡得以還復。烏桓、鮮卑咸脅歸義,威鎮(西)〔四〕夷,[校3]其效如此。今幸遭天授,北虜分爭,以夷伐夷,國家之利,宜可聽許。”秉因自陳〔受〕恩,[校4]分當出命效用。太后從之。

〔一〕令音零。

〔二〕漢賜單于印文曰“匈奴單于璽”,無“漢”字。王莽改曰“新匈奴單于章”。

【校勘記】

[1]二九五二頁五行　依安侯河西　按:《校補》引錢大昭説,謂《魯恭傳》作“史侯河西”,安侯史侯未知孰是。

[2]二九五二頁一〇行　慚無報效之(義)〔地〕　據殿本改。按:錢大昭謂閩本作“地”。《校補》謂《通志》亦作“地”。

[3]二九五三頁三行　威鎮(西)〔四〕夷　據殿本改。

[4]二九五三頁四行　秉因自陳〔受〕恩　據汲本、殿本補。

《後漢書》卷八十九《南匈奴列傳第七十九》頁二九五二至二九五三、二九七四

　　南匈奴休蘭尸逐鞮單于胡邪之子,名屯屠何。〔三九〕將討并
北庭,會帝崩,竇太后臨朝,單于上言:“今烏桓、鮮卑討北虜,
斬單于首。臣與王侯、新降渠帥議方略,皆曰宜及北虜分争,
出兵討伐,〔四〇〕破北成南,并爲一國,令漢家長無北念。”又請
漢兵併力,以屯要害。從之。

【校勘記】

　　〔三九〕屯屠何　“何”原作“河”,據《後漢書·南匈奴
傳》二九五一頁、《太平寰宇記》卷一九二改。

　　〔四〇〕出兵討伐　“伐”原作“罰”,據《後漢書·南匈奴
傳》二九五二頁、《太平寰宇記》卷一九二改。

　　《通典》卷第一百九十五《邊防十一·北狄二·南匈奴》
頁五三五一、五三六〇

　　會帝崩,竇太后臨朝,單于上言:“今烏桓、鮮卑討北虜,
斬單于首,臣與骨都侯及新降渠帥議方略,皆曰宜及北庭分
争,出兵討伐,破北成南,併爲一國,令漢家長無北念。〔一一〕”

【校勘記】

　　〔一一〕令漢家長無北念　“北”,底本作“此”,下注云:
“當作北。”據萬本、傅校及《後漢書·南匈奴列傳》、《通
典·邊防》一一改删。

　　《太平寰宇記》卷之一百九十二《四夷二十一·北狄
四·南匈奴》頁三六七五、三六八六

　　耿秉爲執金吾。章和二年,北虜大亂,南單于上言:“願
發國中及諸部故胡新降精兵,因聖威神,一舉平定。”太后以

示秉,秉上言:"昔武帝殫極天下,欲以虜匈奴,未遇天時,事遂無成。宣帝之世,會呼韓來降,故邊人獲安,中外爲一,生人休息六十餘年。及王莽篡位,變更其號,耗擾不止,單于乃畔。光武受命,復懷納之,緣邊壞郡,得以還復,烏桓、鮮卑,咸脅歸義,威鎮四夷,其效如此。今幸遭天受,北虜分爭,以夷而伐夷,國家之利,宜可聽許。"秉因自陳受恩,分當出命效用。太后從之。

《册府元龜》卷三八九《將帥部·請行》頁四六一四上至四六一四下

休蘭尸逐侯鞮單于屯屠何,以章和二年立。時北虜大亂,加以飢蝗,降者前後而至。南單于將并北庭,會肅宗崩,竇太后臨朝。其年七月,單于上言:"臣累世蒙恩,不可勝數。孝章皇帝聖恩遠慮,遂欲見成就,故令烏桓、鮮卑討北虜,斬單于首級,破壞其國。今所新降虛渠等詣臣自言:'去歲三月中發虜北庭,北單于創艾南兵,又畏丁令、鮮卑,遁逃遠去,依安侯河西。今年七月,骨都侯等復共立單于母兄右賢王爲單于,其人以兄弟爭立,并各離散。'臣與諸王骨都侯及新降渠師雜議方略,皆曰宜及北虜分爭,出兵討伐,破北成南,并爲一國,令漢家長無北念。又今月八日,新降右須日逐鮮堂輕從虜庭遠來詣臣,言北虜諸部多欲內顧,但恥自發遣,故未有至者。若出兵奔擊,必有響應。今年不往,恐復并壹。臣伏念先父歸漢以來,被蒙覆載,嚴塞明候,大臣擁護,積四十年。臣等生長漢地,開口仰食,歲時賞賜,動輒億萬,雖垂拱安枕,慚無報效之地。願發國中及諸部故胡新降精兵,遣左谷蠡王師子、左呼衍日逐王須訾將萬騎出朔方，左賢王安國、右大且渠王交勒蘇將萬騎出居延，期十二月同會虜地。臣將餘兵萬人屯五原、朔方塞，以爲拒守。臣素愚淺，又兵衆單少，不足以防內外。願遣執金吾耿秉、度遼將軍鄧鴻及西河、雲中、五原、朔方、上郡太守并力而北，令北地、安定太守各屯要害，冀因聖帝威神，一舉平定。臣國成敗，要在今年。已敕諸部嚴兵馬，訖九月龍祠，悉集河上。唯陛下裁哀省察！”太后以示耿秉。秉上言：“昔武帝殫極天下，欲臣虜匈奴，未遇天時，事遂無成。宣帝之世，會呼韓來降，故邊人獲安，中外爲一，生人休息六十餘年。及王莽篡位，變更其號，耗擾不止，單于乃畔。光武受命，復懷納之，緣邊壞郡得以還復。烏桓、鮮卑咸脅歸義，威鎮四夷，其效如此。今幸遇天授，北虜分爭，以夷伐夷，國家之利，宜可聽許。”秉因自陳受恩，分當出命效用。太后從之。

　　《通志》卷一百九十九《四夷傳六·北國上·匈奴》頁三一九五中至三一九五下

公元八九年　東漢和帝永元元年

　　（竇）憲、（耿）秉遂登燕然山，去塞三千餘里，刻石勒功，紀漢威德，令班固作銘曰：

　　惟永元元年秋七月，有漢元舅曰車騎將軍竇憲，寅亮聖明，登翼王室，〔一〕納于大麓，惟清緝熙。〔二〕乃與執金吾耿秉，述職巡御，理兵於朔方。〔三〕鷹揚之校，螭虎之士，爰該六師，〔四〕暨南單于、東烏桓、西戎氐羌侯王君長之群，驍騎三萬校[1]……

〔一〕寅，敬；亮，信也。《尚書》曰："二公弘化，寅亮天地。"登，升也。翼，輔也。

〔二〕孔安國注《尚書》曰："麓，録也，納之使大録萬機也。"《周頌》曰："惟清緝熙。"鄭玄注云："光明也。"

〔三〕《左傳》曰："小有述職，大有巡功。"又曰："出曰理兵。"

〔四〕鷹揚，如鷹之飛揚也。《詩》云："惟師尚父，時惟鷹揚。"螭，山神，獸形也。《史記》曰："如熊如羆，如豺如離。"徐廣曰："離與螭同。"該，備也。《詩》云："整我六師，以脩我戎。"

【校勘記】

[1]八一五頁九行　暨南單于東烏桓西戎氏羌侯王君長之群驍騎三萬　按：《文選》"東"下有"胡"字，"三萬"作"十萬"。

《後漢書》卷二十三《竇融列傳第十三·竇憲》頁八一四、八一五、八一六、八二六

（竇）憲、（耿）秉遂登燕然山，去塞三千餘里，刻石勒功，紀漢威德，令班固作銘曰：

惟永元元年秋七月，有漢元舅曰車騎將軍竇憲，寅亮聖明，登翼王室，納于大麓，惟清緝熙。乃與執金吾耿秉，述職巡御，理兵於朔方。鷹揚之校，螭虎之士，爰該六師，暨南單于、東烏桓、西戎氏羌侯王君長之群，驍騎三萬……

《通志》卷一百六《列傳十九·竇憲》頁一五二三下至一五二四上

　　（竇）憲、（耿）秉遂登燕然山，去塞三千餘里，刻石勒功，紀漢威德，令班固作銘曰：

　　惟永元元年秋七月，有漢元舅曰車騎將軍竇憲，寅亮聖明，登翼王室，納于大麓，惟清緝熙。乃與執金吾耿秉，述職巡御，理兵於朔方。鷹揚之校，螭虎之士，爰該六師，暨南單于、東烏桓、西戎氏羌侯王君長之群，驍騎三萬……

　　《東漢會要》卷三十四《兵下·刻石紀功》頁五〇三至五〇四

公元九一年　　東漢和帝永元三年

　　阿修，誅君之子，又與鮮卑、烏桓爲父兄之讎，不可立。[①]

　　《後漢紀校注》卷十三《後漢孝和皇帝紀上卷第十三》頁三七〇

　　而烏丸、鮮卑新殺北單于，情莫不忿惡其讎，今而立之，則失意而懷怒矣。

　　《後漢紀校注》卷十三《後漢孝和皇帝紀上卷第十三》頁三七一

　　又烏桓、鮮卑新殺北單于，凡人之情，咸畏仇讎，今立其弟，則二虜懷怨。兵、食可廢，信不可去。[四]

　　〔四〕《論語》：“孔子曰：‘足食足兵，人信之矣。’‘必不得已而去，於斯三者何先？’曰：‘去兵。’曰：‘必不得已

─────────────

①《袁紀》將此事繫於上年，與范曄《後漢書》相差一年。

而去,於斯二者何先？'曰:'去食。自古皆有死,人無信不立。'"

　　《後漢書》卷四十五《袁張韓周列傳第三十五·袁安》頁一五二一

　　又烏桓、鮮卑新殺北單于,凡人之情,咸畏仇讎,今立其弟,則二虜懷怨。兵、食可廢,信不可去。

　　《冊府元龜》卷九八九《外臣部·備禦二》頁一一六一七下

　　又,烏桓、鮮卑新殺北單于,謂章和元年,斬優留單于。凡人之情,咸畏仇讎,今立其弟,則二虜懷怨。

　　《資治通鑑》卷四十七《漢紀三十九·和帝永元三年》頁一五二九

　　又烏桓、鮮卑新殺北單于,凡人之情,咸畏仇讎,今立其弟,則二虜懷怨。兵、食可廢,信不可去。

　　《通志》卷一百九下《列傳二十二下·袁安》頁一五九五下

　　又烏桓、鮮卑新殺北單于,凡人之情,咸畏仇讎,今立其弟,則南北懷怨。

　　《東漢會要》卷四十《蕃夷下·南匈奴》頁五九二

公元九二年　東漢和帝永元四年

訓病卒，〔二一〕吏民羌胡愛惜，旦夕臨者數千人，〔二二〕或以刀自割，又刺殺犬馬牛羊，曰：“鄧使君已死，我曹皆死耳。”前烏桓吏士皆奔走道路，至以空城郭。家家立祠，〔二三〕每有病，輒禱求福。《書鈔》卷六一

【校勘記】

〔二一〕訓病卒　此句上《御覽》卷二四二引有“及”字。

〔二二〕旦夕臨者數千人　“者”字下姚本、聚珍本有“日”字。

〔二三〕家家立祠　此下三句原無，《書鈔》卷三九引，今據增補。聚珍本作“家家爲立祠，每有疾病，輒禱請之，求福也”。

《東觀漢記校注》卷九《傳四·鄧訓》頁二九九、三〇三

鄧訓卒官，吏人羌胡愛惜，旦夕臨者日數千人。戎俗父母死，耻悲泣，皆騎馬歌呼。至聞訓卒，莫不吼號，或以刀自割，又殺其犬馬牛羊，曰：“鄧使君已死，我曹亦俱死耳。”前烏桓吏士皆奔走道路，訓往烏桓校尉時吏士也。至空城郭。吏執不聽，以狀白校尉徐僞。僞歎息曰：“此義也。”僞音於建反。乃釋之。遂家家爲訓立祠，每有疾病，輒請禱求福。

《太平御覽》卷二七八《兵部九·邊將》頁一二九五下

及訓卒，吏人羌胡愛惜，旦夕臨者日數千人。戎俗父母死，耻悲泣，皆騎馬歌呼。至聞訓卒莫不吼號，或以刀自割。

又刺殺其犬馬牛羊曰："鄧使君已死,我曹亦俱死耳。"前烏桓吏士皆奔走道路,至空城郭。吏執不聽,以狀白校尉徐僞。僞嘆息曰:"此義也。"乃釋之。遂家家爲訓立祠,每有疾病,輒就請禱求福。

　　《册府元龜》卷四一二《將帥部・仁愛》頁四八九一上

　　護羌校尉鄧訓卒,吏、民、羌、胡旦夕臨者日數千人。臨,力鴆翻,哭也。羌、胡或以刀自割,又刺殺其犬馬牛羊,刺,七逆翻,又七四翻。曰:"鄧使君已死,我曹亦俱死耳!"前烏桓吏士皆奔走道路,賢曰:訓前任烏桓校尉時吏士也。至空城郭;吏執,不聽,以狀白校尉徐僞,僞,蓋爲烏桓校尉。僞,於建翻。僞歎息曰:"此爲義也!"乃釋之。

　　《資治通鑑》卷四十八《漢紀四十・和帝永元四年》頁一五三六

　　吏人羌胡愛惜,旦夕臨者日數千人。戎俗父母死,恥悲泣,皆騎馬歌呼。至聞訓卒,莫不咷號,或以刀自割,又刺殺其犬馬牛羊,曰:"鄧使君已死,我曹亦俱死耳。"前烏桓吏士皆奔走道路,至空城郭。吏執不聽,以狀白校尉徐僞。僞歎息曰:"此義也。"乃釋之。遂家家爲訓立祠,每有疾病,輒此請禱求福。

　　《通志》卷一百五《列傳十八・鄧訓》頁一四九八上

公元九四年　東漢和帝永元六年

和帝時,鮮卑大都護校尉龐帥部衆從烏丸校尉任尚擊叛者⋯⋯

《三國志》卷三十《魏書・烏丸鮮卑東夷傳第三十・鮮卑》裴松之注引王沈《魏書》頁八三七

冬十一月,護烏桓校尉任尚率烏桓、鮮卑,大破逢侯,[一]馮柱遣兵追擊,復〔破〕之。校[1]

〔一〕闞駰《十三州志》曰:"護烏丸,擁節,秩比二千石,武帝置,以護內附烏丸,既而并於匈奴中郎將。中興初,班彪上言宜復此官,以招附東胡,乃復更置焉。"

【校勘記】

[1]一七九頁一四行　復〔破〕之　據《刊誤》補。

《後漢書》卷四《孝和孝殤帝紀第四・孝和帝》頁一七九至一八〇、二〇一

亭獨尸逐侯鞮單于師子,永元六年立。降胡五六百人夜襲師子,安集掾王恬將衛護士與戰,破之。於是新降胡遂相驚動,十五部二十餘萬人皆反畔,脅立前單于屯屠何子薁鞬日逐王逢侯爲單于,遂殺略吏人,燔燒郵亭廬帳,將車重向朔方,欲度漠北。於是遣行車騎將軍鄧鴻、越騎校尉馮柱、行度遼將軍朱徽將左右羽林、北軍五校士及郡國積射、緣邊兵,[一]烏桓校尉任尚將烏桓、鮮卑,合四萬人討之。時南單于及中郎將杜崇屯牧師城,逢侯將萬餘騎攻圍之,未下。冬,鄧鴻等至美稷,逢侯乃乘冰度隘,向滿夷谷。南單于遣子將萬騎,及杜崇所領四千騎,與鄧鴻等追擊逢侯於大城塞,斬首三千餘級,得生口及降者萬餘人。馮柱復分兵追擊其別部,斬首

四千餘級。任尚率鮮卑大都護蘇拔廆、^{〔二〕}烏桓大人勿柯八千騎，要擊逢侯於滿夷谷，復大破之。前後凡斬萬七千餘級。逢侯遂率衆出塞，漢兵不能追。

〔一〕漢有迹射士，言尋迹而射之。積亦與迹同，古字通也。

〔二〕胡罪反。

《後漢書》卷八十九《南匈奴列傳第七十九》頁二九五五至二九五六

九月，行車騎將軍事鄧鴻、越騎校尉馮柱發左右羽林、北軍五校士及八郡迹射、烏桓、鮮卑，合四萬騎，與度遼將軍朱徵、^{校[1]}護烏桓校尉任尚、中郎將杜崇征叛胡。十二月，車騎將軍鴻坐追虜失利，下獄死；度遼將軍徵、中郎將崇皆抵罪。

【校勘記】

［1］三二三五頁四行　與度遼將軍朱徵　按：《集解》引錢大昕説，謂《和帝紀》、《匈奴傳》俱作“朱徽”。

《後漢書》志第十一《天文中》頁三二三五、三二五〇

於是遣行車騎將軍鄧鴻、越騎校尉馮柱與徽將左右羽林、北軍五校士及郡國積射、緣邊兵，烏桓校尉任尚將烏桓、鮮卑，合四萬人討之。時南單于及崇屯牧師城，逢侯將萬餘騎攻圍之，未下。冬，鄧鴻等至美稷，逢侯乃乘冰度隃，向滿夷谷。南單于遣子將萬騎，及崇所領四千騎，與鄧鴻等追擊逢侯於大城塞，斬首三千餘級，得生口及降者萬餘人。馮柱復分兵追擊其別部，斬首四千餘級。任尚率鮮卑大都護蘇拔

庪、烏桓大人勿柯八千騎，要擊逢侯於滿夷谷，復大破之。前後凡斬萬七千餘級。逢侯遂率衆出塞，漢兵不能追。

　　《册府元龜》卷四四六《將帥部·生事》頁五二九四下

　　十一月，護烏桓校尉任尚率烏桓、鮮卑，大破逢侯，闞駰《十三州志》云：“護烏桓，擁節，秩比二千石，武帝置，以護内附烏桓，既而并於匈奴中郎將。中興初，班彪上言宜復此官，以招附東胡，於是復更置焉。”馮柱遣兵追擊，復之。

　　《册府元龜》卷九八三《外臣部·征討二》頁一一五四六下

　　九月，癸丑，以光禄勳鄧鴻行車騎將軍事，與越騎校尉馮柱、行度遼將軍朱徽將左右羽林、北軍五校士及郡國迹射、緣邊兵，賢曰：漢有迹射士，言尋迹而射也。烏桓校尉任尚將烏桓、鮮卑，合四萬人討之。時南單于及中郎將杜崇屯牧師城，漢邊郡有牧師菀以養馬，此牧師菀城也，當在西河郡美稷縣界。逢侯將萬餘騎攻圍之。冬，十一月，鄧鴻等至美稷，逢侯乃解圍去，向滿夷谷。南單于遣子將萬騎及杜崇所領四千騎，與鄧鴻等追擊逢侯於大城塞，大城縣故屬西河郡，《郡國志》屬朔方郡。斬首四千餘級。任尚率鮮卑、烏桓要擊逢侯於滿夷谷，要，一遥翻。復大破之，復，扶又翻；下同。前後凡斬萬七千餘級。逢侯遂率衆出塞，漢兵不能追而還。還，從宣翻，又如字。

　　《資治通鑑》卷四十八《漢紀四十·和帝永元六年》頁一五四二至一五四三

　　冬十一月,護烏桓校尉任尚率烏桓、鮮卑,大破逢侯,馮柱遣兵追擊,獲之。

　　《通志》卷六上《後漢紀六上・孝和皇帝》頁一一六上

　　於是遣行車騎將軍鄧鴻、越騎校尉馮柱、行度遼將軍朱徽將左右羽林、北軍五校士及郡國積射、緣邊兵,烏桓校尉任尚將烏桓、鮮卑,合四萬人討之。時南單于及中郎將杜崇屯牧師城,逢侯將萬騎攻圍之,未下。冬,鄧鴻等至美稷,逢侯乃乘冰度隘,向滿夷谷。南單于遣子將萬騎,及杜崇所領四千騎,與鄧鴻等追擊逢侯於大城塞,斬首三千餘級,得生口及降者萬餘人。馮柱復分兵追擊其別部,斬首四千餘級。任尚率鮮卑大都護蘇拔廆、胡罪反。烏桓大人勿柯八千騎,要擊逢侯於滿夷谷,復大破之。前後凡斬首萬七千餘級。逢侯遂率衆出塞,漢兵不能追。

　　《通志》卷一百九十九《四夷傳六・北國上・匈奴》頁三一九六中

　　九月癸丑,以光禄勳鄧鴻行車騎將軍事,與越騎校尉馮柱、行度遼將軍朱徽將左右羽林、北軍五校士及郡國積射、緣邊兵,烏桓校尉任尚將烏桓、鮮卑,合四萬人討之。時南單于及中郎將杜崇屯牧師城,逢侯將萬餘騎攻圍之。冬十一月,鄧鴻等至美稷,逢侯乃解圍去,向滿夷谷。南單于遣子將萬騎,及杜崇所領四千騎,與鄧鴻等追擊逢侯于大城塞,斬首四千餘級。任尚率鮮卑、烏桓要擊逢侯于滿夷谷,復大破之。前後凡斬萬七千餘級。逢侯遂率衆出塞,漢兵不敢追而還。

　　《東漢會要》卷四十《蕃夷下・南匈奴》頁五九三

公元九五年　東漢和帝永元七年

封校尉庬爲率衆王。

《三國志》卷三十《魏書・烏丸鮮卑東夷傳第三十・鮮卑》裴松之注引王沈《魏書》頁八三七

馮柱將虎牙營留屯五原，罷遣鮮卑、烏桓、羌胡兵，封蘇拔庬爲率衆王，又賜金帛。

《後漢書》卷八十九《南匈奴列傳第七十九》頁二九五六

馮柱將虎牙營留屯五原，罷遣鮮卑、烏桓、追羌胡兵，討封蘇拔庬爲率衆王，又賜金帛。

《冊府元龜》卷四四六《將帥部・生事》頁五二九四下

鮮卑大都護校尉庬帥部衆從烏丸校尉任嘗擊叛者，封校尉爲率衆王。

《冊府元龜》卷九七三《外臣部・助國討伐》頁一一四二九下

馮柱將虎牙營留屯五原，罷遣鮮卑、烏桓、羌胡兵，封蘇拔庬爲率衆王，又賜金帛。

《通志》卷一百九十九《四夷傳六・北國上・匈奴》頁三一九六中

公元一〇五年　　東漢和帝元興元年

其年,遼東貊人反,鈔六縣,發上谷、漁陽、右北平、遼西烏桓討之。

《後漢書》志第十一《天文中》頁三二三八

其年,遼東貊人反,鈔六縣,發上谷、漁陽、右北平、遼西烏桓討之。

《文獻通考》卷二百九十一《象緯十四》頁二三〇二下

公元一〇七年　　東漢安帝永初元年

安帝時,鮮卑大人燕荔陽入朝,漢賜鮮卑王印綬,赤車參駕,止烏丸校尉所治甯下。通胡市,築南北兩部質宮,受邑落質者〔百〕二十部。① 是後或反或降,或與匈奴、烏丸相攻擊。

《三國志》卷三十《魏書·烏丸鮮卑東夷傳第三十·鮮卑》裴松之注引王沈《魏書》頁八三七

安帝永初中,鮮卑大人燕荔陽詣闕朝賀,鄧太后賜燕荔陽王印綬,赤車參駕,令止烏桓校尉所居甯城下,通胡市,因築南北兩部質館。〔一〕鮮卑邑落百二十部,各遣入質。是後或降或畔,與匈奴、烏桓更相攻擊。

---

① 此處中華書局點校本《三國志》無校勘記,中華書局橫排簡體字本《三國志》校勘記六四〇頁作:受邑落質者百二十部　原脫"百"字,據《後漢書》卷九〇《鮮卑傳》補。

〔一〕築館以受降質。

《後漢書》卷九十《烏桓鮮卑列傳第八十·鮮卑》頁二九八六

安帝永初中，鮮卑大人燕荔陽朝賀，鄧太后令止烏桓校尉所居寧城下，因築南北兩部質館。築館以受降質也。

《通典》卷第一百九十六《邊防十二·北狄三·鮮卑》頁五三六八

安帝永初中，鮮卑大人燕荔陽朝賀，鄧太后令止烏桓校尉所居甯城下，通胡市，因築南北兩部質館。築館以受降質也。

《太平寰宇記》卷之一百九十三《四夷二十二·北狄五·鮮卑》頁三六九二

安帝永初元年，鮮卑大人燕荔陽入朝，帝賜鮮卑王印綬、赤車、參駕，令止烏桓校尉所居甯城下。

《冊府元龜》卷九六三《外臣部·封冊一》頁一一三二七下

安帝永初中，鮮卑大人燕荔陽詣闕朝賀，令止烏桓校尉所居甯城下。

《冊府元龜》卷九九六《外臣部·納質》頁一一六九三下

安帝永初中，鮮卑大人燕荔陽詣闕朝賀，鄧太后令止烏丸校尉所居寧城下，通胡市。

《冊府元龜》卷九九九《外臣部·互市》頁一一七二六上

鮮卑大人燕荔陽詣闕朝賀。太后賜燕荔陽王印綬、赤車、參駕，赤車者，帷裳衡軛皆赤。參駕者，駕三馬。燕，於賢翻。荔，力計翻。令止烏桓校尉所居甯城下，甯城，屬上谷郡。通胡市，因築南、北兩部質館。賢曰：築館以受降質。質，音致；下同。

《資治通鑑》卷四十九《漢紀四十一·安帝永初元年》頁一五七四

安帝永初中，鮮卑大人燕荔陽朝賀，鄧太后令止烏桓校尉所居寧城下，因築南北兩部質館。築館以受降質也。鮮卑邑落百二十部，各遣入質。是後或降或叛，邊人歲苦其害，漢雖時有克獲，而不補所費。又與烏桓、匈奴更相攻擊。

《文獻通考》卷三百四十二《四裔十九·鮮卑》頁二六八二上

安帝永初中，鮮卑大人燕荔陽詣闕朝賀，鄧太后賜燕荔陽王印綬，赤車參駕，令止烏桓校尉所居甯城下，通胡市，因築南、北兩部質館。築館以受降賀。鮮卑邑落百二十部，各遣入質。是後或降或畔，與匈奴、烏桓更相攻擊。

《通志》卷二百《四夷傳七·北國下·鮮卑》頁三二〇〇下

安帝永初中，鮮卑大人燕荔陽詣闕朝賀，鄧太后賜王印綬，因築南北兩部質館。鮮卑邑落百二十部，各遣入質。是後或降或畔，與匈奴、烏桓更相攻擊。

《東漢會要》卷四十《蕃夷下·鮮卑》頁五九八

公元一〇九年　東漢安帝永初三年

三年，雁門烏桓及鮮卑叛，戰九原高梁谷。[二〇]

【校勘記】

〔二〇〕三年，雁門烏桓及鮮卑叛，戰九原高梁谷　此三句原無，范曄《後漢書·安帝紀》永初三年載："九月，雁門烏桓及鮮卑叛，敗五原郡兵於高渠谷。"李賢注云："《東觀記》曰：'戰九原高梁谷。''渠'、'梁'相類，必有誤也。"《通鑑》卷四九胡三省注又引李賢注。今據李賢注，又酌取《范書》字句增此三句。聚珍本作"三年，雁門烏桓及鮮卑叛，五原郡兵敗于高梁谷"。亦依李賢注和《范書》輯録。

《東觀漢記校注》卷三《紀三·恭宗孝安皇帝》頁一〇一、一〇五

六月，烏桓寇代郡。

《後漢紀校注》卷十六《後漢孝安皇帝紀上卷第十六》頁四四六

六月，烏桓寇代郡、上谷、涿郡。

《後漢書》卷五《孝安帝紀第五》頁二一三

九月，雁門烏桓及鮮卑叛，敗五原郡兵於高渠谷。[一]

〔一〕《東觀記》曰："戰九原高梁谷。"渠梁相類，必有誤也。

《後漢書》卷五《孝安帝紀第五》頁二一三

六月,漁陽烏桓與右北平胡千餘寇代郡、上谷。《考異》曰:《紀》有涿郡,《傳》無之。今從《傳》。

《資治通鑑》卷四十九《漢紀四十一‧安帝永初三年》頁一五七八

九月,雁門烏桓率衆王無何允與鮮卑大人丘倫等及南匈奴骨都【章:甲十六行本"都"下有"侯"字;乙十一行本同;孔本同;張校同;退齋校同。】合七千騎寇五原,與太守戰于高渠谷,賢曰:《東觀記》:戰九原高梁谷。"渠"、"梁"相類,必有誤。漢兵大敗。

《資治通鑑》卷四十九《漢紀四十一‧安帝永初三年》頁一五七九

六月,烏桓寇代郡、上谷、涿郡。
《通志》卷六上《後漢紀六上‧恭宗孝安皇帝》頁一一九上

九月,雁門烏桓及鮮卑叛,敗五原郡兵於高渠谷。
《通志》卷六上《後漢紀六上‧恭宗孝安皇帝》頁一一九上

高渠谷,在鎮西北。《東觀記》:"在九原縣界。"一作"高梁谷"。後漢安帝永初三年,雁門烏桓、鮮卑與南匈奴叛,寇五原,太守與戰於高渠谷,大敗。又大石谷,在故豐州境。

《讀史方輿紀要》卷六十一《陝西十》頁二九二八

熙字孟孫,少有大志,不拘小節。身長八尺五寸,體貌魁梧,〔丘虛瓌偉,與人絕異〕[一],善爲容儀[二]。舉孝廉。爲謁者，贊拜殿中，音動左右，和帝偉之。歷位司隸校尉、大司農。永初三年，南單于與烏丸俱反，以熙行車騎將軍征之，累有功。烏丸請降，單于復稱臣如舊。會熙暴疾，卒。（姚·汪·黃）

　　《魏志·何夔傳注》○《書鈔》卷六二《御覽》卷三八八
　　〔一〕據《書鈔》卷六二補。
　　〔二〕《書鈔》卷六二作"善爲威容"。
　　《八家後漢書輯注》之華嶠《漢後書》卷第二《何熙傳》頁五六九至五七○

　　何夔字叔龍，陳郡陽夏人也。曾祖父熙，漢安帝時官至車騎將軍。〔一〕

　　〔一〕華嶠《漢書》曰：熙字孟孫，少有大志，不拘小節。身長八尺五寸，體貌魁梧，善爲容儀。舉孝廉，爲謁者，贊拜殿中，音動左右。和帝（佳）〔偉〕之，①歷位司隸校尉、大司農。永初三年，南單于與烏丸俱反，以熙行車騎將軍征之，累有功。烏丸請降，單于復稱臣如舊。會熙暴疾卒。

　　《三國志》卷十二《魏書·崔毛徐何邢鮑司馬傳第十二·何夔》頁三七八至三七九

　　三年冬，南單于與烏桓大人俱反。以大司農何熙行車騎

①此處中華書局點校本《三國志》無校勘記，中華書局橫排簡體本《三國志》校勘記二九三頁作：和帝偉之　偉，原作"佳"，據《後漢書》卷四七《何熙傳》改。

將軍事，中郎將龐雄爲副，將羽林五校營士，及發緣邊十郡兵二萬餘人，〔一〕又遼東太守耿夔率將鮮卑種衆共擊之，詔懂行度遼將軍事。龐雄與耿夔共擊匈奴奧鞬日逐王，破之。單于乃自將圍中郎將耿种於美稷，連戰數月，攻之轉急，种移檄求救。明年正月，懂將八千餘人馳往赴之，至屬國故城，與匈奴左將軍、烏桓大人戰，破斬其渠帥，殺三千餘人，虜其妻子，獲財物甚衆。

〔一〕緣邊十郡謂五原、雲中、定襄、雁門、朔方、代郡、上谷、漁陽、遼西、右北平。

《後漢書》卷四十七《班梁列傳第三十七·梁懂》頁一五九二至一五九三

梁懂爲西域副使尉，殤帝延平元年冬，[①]南單于與烏桓大人俱反，以大司農何熙行車騎將軍事，中郎將龐雄與副將、羽林五校營士及發沿邊十郡兵二萬餘人，又遼東太守耿夔，率將鮮卑種衆共擊之。詔懂行度遼將軍事，龐雄與耿夔共擊匈奴奧鞬日逐王，破之。單于乃自軍，圍中郎將耿种於美稷。連戰數月，攻之轉急。种移檄求救。明年正月，懂將八千餘人馳往赴之，至屬國故城，與匈奴左將軍、烏桓大人戰，破斬其渠帥，殺三千餘人，虜其妻子，獲財物甚衆。

《冊府元龜》卷四二七《將帥部·受降》頁五〇八三下

三年，南單于叛，烏桓、鮮卑群蠻爲寇，諸羌競起，爲患尤

①《後漢書》記此事發生於安帝永初三年。

横，自後或降或畔。

　　《册府元龜》卷九五六《外臣部·總序》頁一一二三九下

　　三年冬，南單于與烏桓大人俱反。以大司農何熙行車騎將軍，中郎將龐雄爲副，將羽林五校營士，及發緣邊十郡兵二萬餘人，又遼東太守耿夔率將鮮卑種衆共擊之，詔慬行度遼將軍事。龐雄與耿夔共擊匈奴奥鞬日逐王，破之。單于乃自將圍中郎將耿种於美稷，連戰數月，攻之轉急，种移檄求救。明年正月，慬將八千餘人馳往赴之，至屬國故城，與匈奴左將軍、烏桓大人戰，破斬其渠帥，殺三千餘人，虜其妻子，獲財物甚衆。

　　《通志》卷一百九下《列傳二十二下·梁慬》頁一六〇五上至一六〇五中

　　是後使羌、氐討賊李貴，又使烏桓擊鮮卑，又使中郎將任尚、護羌校尉馬賢擊羌，皆降。

　　　　　　《後漢書》志第十一《天文中》頁三二三九

公元一一二年　　東漢安帝永初六年

冬十一月辛丑，護烏桓校尉吴祉下獄死。

　　　　　　《後漢書》卷五《孝安帝紀第五》頁二一九

冬十一月辛丑，護烏桓校尉吴祉下獄死。

　　《通志》卷六上《後漢紀六上·恭宗孝安皇帝》頁一一九下

公元一一四年　東漢安帝元初元年

元初元年，〔一〕夔免，以烏桓校尉鄧遵爲度遼將軍。遵，皇太后之從弟，故始爲真將軍焉。〔二〕

〔一〕安帝永初(六)〔八〕年，^{校[1]}改爲元初元年。

〔二〕自置度遼將軍以來，皆權行其事，今始以鄧遵爲正度遼將軍，此後更無行者也。

【校勘記】

[1]二九五八頁一一行　安帝永初(六)〔八〕年　據《集解》引洪亮吉説改。

《後漢書》卷八十九《南匈奴列傳第七十九》頁二九五八、二九七五

元初元年，夔免，以烏桓校尉鄧遵爲度遼將軍。遵，皇太后之從弟，故始爲真將軍焉。

《通志》卷一百九十九《四夷傳六·北國上·匈奴》頁三一九六下

公元一一七年　東漢安帝元初四年

己巳，鮮卑寇遼西，遼西郡兵與烏桓擊破之。〔一〕

〔一〕遼西，郡，故城在今平州東陽樂城是。

《後漢書》卷五《孝安帝紀第五》頁二二六

四年，遼西鮮卑連休等遂燒塞門，寇百姓。烏桓大人於

秩居等與連休有宿怨,共郡兵奔擊,大破之,斬首千三百級,悉獲其生口牛馬財物。

《後漢書》卷九十《烏桓鮮卑列傳第八十·鮮卑》頁二九八七

安帝元初四年,遼西鮮卑休連等燒塞門,寇百姓,烏桓大人於秩居等與休連有宿怨,共郡兵奔擊,大破之,斬首千三百級,悉獲其生口、牛馬、財物。

《冊府元龜》卷九九五《外臣部·交侵》頁一一六八三下

己巳,遼西鮮卑連休等入寇,《考異》曰:范《書·鮮卑傳》上作"連休",下作"休連",今從上文。遼西郡,在雒陽東北三千三百里。賢曰:遼西郡故城,在今平州東陽樂城是。郡兵與烏桓大人於秩居等共擊,大破之,斬首千三百級。

《資治通鑑》卷五十《漢紀四十二·安帝元初四年》頁一五九八

己巳,鮮卑寇遼西,郡兵與烏桓擊破之。

《通志》卷六上《後漢紀六上·恭宗孝安皇帝》頁一二〇中

四年,遼西鮮卑連休等遂燒塞門,寇百姓,烏桓大人於秩居等與連休有宿怨,共郡兵奔擊,大破之,斬首千三百級,悉獲其生口、牛馬、財物。

《通志》卷二百《四夷傳七·北國下·鮮卑》頁三二〇〇下

四年,鮮卑寇遼西,郡兵與烏桓擊破之。

　　　　《東漢會要》卷三十三《兵中·郡國兵》頁四八四

四年,遼西鮮卑連休等遂燒塞門,寇百姓。烏桓大人於秩居等共郡兵奔擊,大破之。

　　　　《東漢會要》卷四十《蕃夷下·鮮卑》頁五九八

公元一二一年　東漢安帝建光元年

其至鞬復反,圍烏丸校尉於馬城,度遼將軍耿夔及幽州刺史救解之。

　　　　《三國志》卷三十《魏書·烏丸鮮卑東夷傳第三十·鮮卑》裴松之注引王沈《魏書》頁八三七

鮮卑寇居庸關,九月,雲中太守成嚴擊之,戰殁。鮮卑圍烏桓校尉於馬城,度遼將軍耿夔救之。

　　　　《後漢書》卷五《孝安帝紀第五》頁二三三至二三四

建光中,復拜度遼將軍。時鮮卑攻殺雲中太守成嚴,圍烏桓校尉徐常於馬城。〔二〕夔與幽州刺史龐參救之,追虜出塞而還。後坐法免,卒於家。

　　〔二〕馬城,縣名,屬代郡,故城在今雲州定襄縣。秦始皇初築城,輒崩壞,其後有馬周章馳走,因隨馬迹起城,故以名焉。

　　　　《後漢書》卷十九《耿弇列傳第九·耿夔》頁七一九至七二〇

　　建光元年秋，其至鞬復畔，寇居庸，雲中太守成嚴擊之，兵敗，功曹楊穆以身捍嚴，與俱戰歿。鮮卑於是圍烏桓校尉徐常於馬城。

　　《後漢書》卷九十《烏桓鮮卑列傳第八十·鮮卑》頁二九八七

　　時鮮卑攻殺雲中太守成嚴，圍烏桓校尉徐常於馬城。夔與幽州刺史龐參救之，追虜出塞而還。

　　　　《冊府元龜》卷四一四《將帥部·赴援》頁四九二一下

　　鮮卑於是圍烏桓校尉徐常於馬城。

　　　　《資治通鑑》卷五十《漢紀四十二·安帝建光元年》頁一六一七

　　鮮卑寇居庸關，九月，雲中太守成嚴擊之，戰歿。鮮卑圍烏桓校尉於馬城，度遼將軍耿夔救之。

　　　　《通志》卷六上《後漢紀六上·恭宗孝安皇帝》頁一二一上

　　時鮮卑攻殺雲中太守成嚴，圍烏桓校尉徐常於馬城。夔與幽州刺史龐參救之，追虜出塞而還。

　　　　《通志》卷一百六《列傳十九·耿夔》頁一五一一下

　　鮮卑於是圍烏桓校尉徐常於馬城。

　　　　《通志》卷二百《四夷傳七·北國下·鮮卑》頁三二〇〇下

鮮卑於是圍烏桓校尉徐常於馬城。度遼將軍耿夔與幽州刺史龐參發廣陽、漁陽、涿郡甲卒救之,乃解圍,遁去。

《東漢會要》卷四十《蕃夷下‧鮮卑》頁五九九

又建光初鮮卑其至犍寇居庸關,犯雲中,圍烏桓校尉徐常於馬城。

《讀史方輿紀要》卷四十四《山西六》頁二〇〇一至二〇〇二

公元一二二年　東漢安帝延光元年

是歲,虔人種羌與上郡胡反,攻穀羅城,度遼將軍耿夔將諸郡兵及烏桓騎赴擊破之。

《後漢書》卷八十七《西羌傳第七十七》頁二八九二

延光元年七月,虔人種羌與上郡胡反叛,攻穀羅城,屬西河郡。度遼將軍耿夔將諸郡兵及烏桓騎赴擊破之。

《冊府元龜》卷九八三《外臣部‧征討二》頁一一五四八下

是歲,虔人種羌與上郡胡反,攻穀羅城,度遼將軍耿夔將諸郡兵及烏桓騎赴擊破之。

《通志》卷一百九十五《四夷傳二‧西戎上‧羌無弋》頁三一二四上

公元一二五年　東漢安帝延光四年

四年三月戊午朔，日有蝕之，在胃十二度。隴西、酒泉、朔方各以狀上，史官不覺。〔一〕

〔一〕案《馬融集》，是時融爲許令，其四月庚申，自縣上書曰："伏讀詔書，陛下深惟禹、湯罪己之義……其後種羌叛戾，烏桓犯上郡，并、凉動兵，驗略效〔矣〕^{校[1]}……羌及烏桓有悔過之辭，將吏策勳之名^{校[2]}……"

【校勘記】

[1]三三六六頁五行　驗略效〔矣〕　據汲本、殿本補。

[2]三三六六頁六行　將吏策勳之名　按："勳"原譌"動"，逕據汲本、殿本改正。

《後漢書》志第十八《五行六》頁三三六五至三三六六、三三八〇、三三八一

公元一二七年　東漢順帝永建二年

後烏丸校尉耿曄將率衆王出塞擊鮮卑，多斬首虜，於是鮮卑三萬餘落，詣遼東降。

《三國志》卷三十《魏書·烏丸鮮卑東夷傳第三十·鮮卑》裴松之注引王沈《魏書》頁八三七

護烏桓校尉耿曄率南單于擊鮮卑，破之。

《後漢書》卷六《孝順孝沖孝質帝紀第六·孝順帝》頁二五四

　　曄字季遇。順帝初，爲烏桓校尉。[一]時鮮卑寇緣邊，殺代郡太守。曄率烏桓及諸郡卒出塞討擊，大破之。鮮卑震怖，數萬人詣遼東降。自後頻出輒克獲，威振北方。遷度遼將軍。

　　〔一〕“遇”或爲“過”。

　　　　《後漢書》卷十九《耿弇列傳第九‧耿曄》頁七二四

　　時遼東鮮卑六千餘騎亦寇遼東玄菟，烏桓校尉耿曄發緣邊諸郡兵及烏桓率衆王出塞擊之，斬首數百級，大獲其生口牛馬什物，[校][1]鮮卑乃率種衆三萬人詣遼東乞降。

【校勘記】

　　[1]二九八八頁八行　牛馬什物　按：殿本作“牛羊財物”。

　　《後漢書》卷九十《烏桓鮮卑列傳第八十‧鮮卑》頁二九八八、二九九七

　　耿曄爲烏桓校尉。順帝永建二年，遼東鮮卑六千餘騎寇遼東、玄菟，曄發緣邊諸郡兵及烏桓率衆王出塞擊之，斬首數百級，大獲其生口、牛馬什物，鮮卑乃率種衆三萬人詣遼東乞降。

　　　　《册府元龜》卷三四九《將帥部‧立功二》頁四一三七下

　　耿曄，順帝永建中爲烏桓校尉，時鮮卑寇沿邊，殺代郡太守。曄率烏桓及諸郡卒出塞討擊，大破之。鮮卑震怖，數萬人詣遼東降。

　　　　《册府元龜》卷四二七《將帥部‧受降》頁五〇八四上

順帝永建二年，烏桓都尉戎朱厖率將王侯咄歸、去延等，從烏桓校尉耿曄擊鮮卑有功，還，皆拜爲率衆王。

《册府元龜》卷九六三《外臣部·封册一》頁一一三二八上

遼東鮮卑六千餘騎亦寇遼東、玄菟，烏桓校尉耿曄發緣邊諸郡兵及烏桓率衆王出塞擊破之。

《册府元龜》卷九七三《外臣部·助國討伐》頁一一四三〇上

二年二月，鮮卑寇遼東、玄菟，護烏桓校尉耿曄率南單于擊破之。

《册府元龜》卷九八三《外臣部·征討二》頁一一五四八下

二月，遼東鮮卑寇遼東玄菟；菟，同都翻。烏桓校尉耿曄發緣邊諸郡兵及烏桓出塞擊之，斬獲甚衆；鮮卑三萬人詣遼東降。降，户江翻，下同。

《資治通鑑》卷五十一《漢紀四十三·順帝永建二年》頁一六四六

護烏桓校尉耿曄率南單于擊鮮卑，破之。

《通志》卷六下《後漢紀六下·孝順皇帝》頁一二三下

曄字季遇。順帝初，爲烏桓校尉。時鮮卑寇緣邊，殺代郡太守。曄調烏桓及諸郡卒出塞討擊，大破之。鮮卑震怖，數萬人詣遼東降。自後頻出輒克獲，威振北方。遷度遼將軍。

《通志》卷一百六《列傳十九·耿曄》頁一五一二下

時遼東鮮卑六千餘騎亦寇遼東玄菟，烏桓校尉耿曄發緣邊諸郡兵及烏桓率衆王出塞擊之，斬首數百級，大獲其生口牛馬什物，鮮卑乃率種衆三萬人詣遼東乞降。

《通志》卷二百《四夷傳七·北國下·鮮卑》頁三二〇一上

公元一三一年　　東漢順帝永建六年

護烏桓校尉耿曄遣兵擊鮮卑，破之。

《後漢書》卷六《孝順孝冲孝質帝紀第六·孝順帝》頁二五八

冬，漁陽太守又遣烏桓兵擊之，斬首八百級，獲牛馬生口。烏桓豪人扶漱官勇健，[一]每與鮮卑戰，輒陷敵，詔賜號"率衆君"。

〔一〕漱音所救反。

《後漢書》卷九十《烏桓鮮卑列傳第八十·鮮卑》頁二九八八

六年，烏桓校尉耿曄遣司馬將胡兵數千人出塞擊鮮卑，破之。冬，漁陽太守又遣烏桓兵擊之。烏桓豪人扶漱官勇健，每與鮮卑戰，輒陷敵。詔賜號率衆君。

《冊府元龜》卷九七三《外臣部·助國討伐》頁一一四三〇上

　　烏桓豪人扶漱官勇健,每與鮮卑戰,輒陷敵。詔賜號率衆君。

　　《册府元龜》卷九九七《外臣部·勇鷙》頁一一七〇〇上

　　護烏桓校尉耿曄遣兵擊鮮卑,破之。曄,與暐同。

　　《資治通鑑》卷五十一《漢紀四十三·順帝永建六年》頁一六五六

　　護烏桓校尉耿曄遣兵擊鮮卑,破之。

　　《通志》卷六下《後漢紀六下·孝順皇帝》頁一二四上

　　冬,漁陽太守又遣烏桓兵擊之,斬首八百級,獲牛馬生口。烏桓豪人扶漱官勇健,漱音所救反。每與鮮卑戰,輒陷敵,詔賜號"率衆君"。

　　《通志》卷二百《四夷傳七·北國下·鮮卑》頁三二〇一上

　　烏桓豪人扶漱官勇健,每與鮮卑戰,輒陷敵,賜號"率衆君"。

　　《東漢會要》卷四十《蕃夷下·鮮卑》頁五九九

公元一三二年　東漢順帝陽嘉元年

　　烏桓校尉耿曄使烏桓親漢都尉戎末瘣等出塞,^{校[1]}鈔鮮卑,斬首,獲生口財物;鮮卑怨恨,鈔遼東、代郡,殺傷吏民。

【校勘記】

[1]三二四四頁一〇行　使烏桓親漢都尉戎末瘣等出塞

按:《集解》引惠棟説,謂《鮮卑傳》"末"作"朱"。

《後漢書》志第十一《天文中》頁三二四四、三二五三

陽嘉元年冬,耿曄遣烏桓親漢都尉戎朱廆率衆王侯咄歸等,[校1]出塞抄擊鮮卑,大斬獲而還,賜咄歸等已下爲率衆王、侯、長,賜彩繒各有差。鮮卑後寇遼東屬國,於是耿曄乃移屯遼東無慮城拒之。

【校勘記】

[1]二九八八頁一三行　耿曄遣烏桓親漢都尉戎朱廆率衆王侯咄歸等　按:《刊誤》謂《魏志》此"衆"字作"將"字,言率將胡王等出塞,後乃封爲率衆王侯長也。

《後漢書》卷九十《烏桓鮮卑列傳第八十·鮮卑》頁二九八八、二九九七

是年冬,烏桓校尉耿曄遣烏桓親漢都尉戎末廆、率衆王侯咄歸等出塞,抄擊鮮卑,大斬獲而還,賜咄歸等已下爲率衆王侯長,賜彩繒各有差。

《册府元龜》卷九七三《外臣部·助國討伐》頁一一四三〇上

冬,耿曄遣烏桓戎末魔等鈔擊鮮卑,大獲而還。范《書·鮮卑傳》作"戎末廆"。【章:乙十一行本正作"廆";張校同。】賢曰:廆,音胡罪翻。鈔,楚交翻。

《資治通鑑》卷五十一《漢紀四十三·順帝陽嘉元年》頁一六五七

　　陽嘉元年冬,耿曄遣烏桓親漢都尉戎末廆、率衆王侯咄
歸等出塞,抄擊鮮卑,大斬獲而還,賜咄歸等已下爲率衆王侯
長,賜彩繒各有差。
　　　　《通志》卷二百《四夷傳七·北國下·鮮卑》頁三二〇一上

　　烏桓校尉耿曄使烏桓親漢都尉戎末廆等出塞,鈔鮮卑,
斬首,獲生口財物。鮮卑怨恨,鈔遼東、代郡,殺傷吏民。
　　　　《文獻通考》卷二百九十四《象緯十七·客星》頁二三
二六下

　　陽嘉元年,耿曄遣烏桓親漢都尉戎朱廆、率衆王侯咄歸
等,出塞鈔擊鮮卑,大斬獲而還,賜咄歸等以下爲率衆王、侯。
　　　　《東漢會要》卷四十《蕃夷下·鮮卑》頁五九九

公元一三三年　　東漢順帝陽嘉二年

　　陽嘉二年,漢遷太僕,以烏桓校尉耿曄代爲度遼將軍。
　　　　《後漢書》卷八十九《南匈奴列傳第七十九》頁二九六〇

　　陽嘉二年,漢遷太僕,以烏桓校尉耿曄代爲度遼將軍。
　　　　《通志》卷一百九十九《四夷傳六·北國上·匈奴》頁
三一九七上

公元一三五年　　東漢順帝陽嘉四年

　　冬十月,烏桓寇雲中。十一月,圍度遼將軍耿曄於蘭
池,[一]發諸郡兵救之,烏桓退走。

〔一〕《續漢志》曰:"雲中郡沙南縣有蘭池城。"

《後漢書》卷六《孝順孝冲孝質帝紀第六·孝順帝》頁二六五

至陽嘉三年,西羌寇隴右,明年,烏桓圍度遼將軍耿曄。

《後漢書》卷三十上《蘇竟楊厚列傳第二十上·楊厚》頁一〇四九

永和元年秋七月,偃師蝗。去年冬,烏桓寇沙南,用衆征之。

《後漢書》志第十五《五行三》頁三三一九

沙南〔一〕

〔一〕案:烏桓有蘭池城,烏桓之圍耿曄處。

《後漢書》志第二十三《郡國五》頁三五二五

冬,十月,烏桓寇雲中,度遼將軍耿曄追擊,不利。十一月,烏桓圍曄於蘭池城;《續漢志》:雲中郡沙南縣有蘭池城。發兵數千人救之,烏桓乃退。

《資治通鑑》卷五十二《漢紀四十四·順帝陽嘉四年》頁一六七八

冬十月,烏桓寇雲中。十一月,圍度遼將軍耿曄於蘭池,發諸郡兵救之,烏桓退走。

《通志》卷六下《後漢紀六下·孝順皇帝》頁一二四下

陽嘉三年，西羌寇隴右，明年，烏桓圍度遼將軍耿曄。

《通志》卷一百七下《列傳二十下·楊厚》頁一五四九中

永和元年秋，偃師蝗。去冬，烏桓寇沙南，用眾征之。

《文獻通考》卷三百一十四《物異二十·蝗蟲》頁二四六一下

蘭池城，在州西北。《續漢志》雲中郡沙南縣有蘭池城。順帝鴻嘉末烏桓寇雲中，圍度遼將軍耿曄於蘭池城，即此。

《讀史方輿紀要》卷四十四《山西六》頁二〇三七

公元一三九年　　東漢順帝永和四年

（第五訪）後爲南陽太守，護羌、烏桓校尉，邊境伏其威信。

《後漢紀校注》卷十九《後漢孝順皇帝紀下卷第十九》頁五二六

公元一四〇年　　東漢順帝永和五年

句龍吾斯等東引烏桓，西收羌胡，寇上郡，立車紐爲單于。

《後漢書》卷六《孝順孝冲孝質帝紀第六·孝順帝》頁二七〇

尋而隴西羌反，烏桓寇上郡，皆卒如融言。

《後漢書》卷六十上《馬融列傳第五十上·馬融》頁一九七一

五年夏，南匈奴左部句龍王^{校[1]}吾斯、車紐等背畔，率三千餘騎寇西河，因復招誘右賢王，合七八千騎圍美稷，殺朔方、代郡長史。馬續與中郎將梁並、烏桓校尉王元發緣邊兵及烏桓、鮮卑、羌胡合二萬餘人，掩擊破之。

【校勘記】

〔1〕二九六〇頁九行　句龍王　按：《順帝紀》作“句龍大人”。錢大昕謂王與大人皆匈奴尊稱，譯語小異。

《後漢書》卷八十九《南匈奴列傳第七十九》頁二九六〇、二九七五

秋，句龍吾斯等立句龍王車紐爲單于。東引烏桓，西收羌戎及諸胡等數萬人，攻破京兆虎牙營，〔一〕殺上郡都尉及軍司馬，遂寇掠并、凉、幽、冀四州。乃徙西河治離石，〔二〕上郡治夏陽，朔方治五原。〔三〕冬，遣中郎將張耽將幽州烏桓諸郡營兵，擊畔虜車紐等，戰於馬邑，斬首三千級，獲生口及兵器牛羊甚衆。車紐等將諸豪帥骨都侯乞降，而吾斯猶率其部曲與烏桓寇鈔。

〔一〕虎牙營即京兆虎牙都尉也。《西羌傳》云：“置虎牙都尉於長安，扶風都尉於雍。”《漢官儀》曰“凉州近羌，數犯三輔，京兆虎牙、扶風都尉將兵衛護園陵”也。

〔二〕離石即西河之屬縣也。

〔三〕移朔方就五原郡。

《後漢書》卷八十九《南匈奴列傳第七十九》頁二九六一至二九六二

秋,句龍吾斯等立句龍王車紐爲單于,東引烏桓,西收羌戎及諸胡等數萬人,寇掠幽、今范陽、上谷、漁陽郡并、今太原、西河、榆林、朔方郡。涼、今靈武、安化、平涼、^{〔四七〕}金城郡地。冀等州。冀今常山、博陵、鉅鹿、趙郡地。

【校勘記】

〔四七〕平涼　原訛"平原",今訂正。按:唐平原郡屬河北道,距靈武、安化、金城諸郡絶遠。

《通典》卷第一百九十五《邊防十一·北狄二·南匈奴》頁五三五三、五三六一

句龍吾斯等立句龍王車紐爲單于。東引烏桓,西收羌戎及諸胡等數萬人,^{〔二三〕}寇掠幽、今范陽、上谷、漁陽郡。并、今太原、西河、榆林、朔方郡之地。涼、今靈武、安化、平涼、^{〔二四〕}金城郡之地。冀等州冀,今常山、博陵、鉅鹿、趙郡之地。

【校勘記】

〔二三〕西收羌戎及諸胡等數萬人　"戎",底本作"狄",據萬本、《庫》本、傅校及《後漢書·南匈奴列傳》改。

〔二四〕平涼　"涼",底本作"原",萬本、《庫》本同。按《通典》卷一七三《州郡》三,平涼郡,"漢屬安定郡,後漢因之。"二漢時屬涼州。平原郡,二漢時屬青州,此"原"爲"涼"字之誤,據改。

《太平寰宇記》卷之一百九十二《四夷二十一·北狄四·南匈奴》頁三六七八、三六八七

五年夏,南單于左部句龍王吾斯、車紐等背叛,度遼將軍

馬續與中郎將梁並、烏桓校尉王元發緣邊兵及烏桓、鮮卑、羌胡合二萬餘,掩擊破之。

　　《册府元龜》卷九七三《外臣部·助國討伐》頁一一四三〇下

　　十一月,匈奴中郎將張耽將幽州、烏桓諸郡營兵擊畔虜車紐等,戰於馬邑,斬首三千級,獲生口及兵器牛羊甚衆。車紐等將諸豪帥骨都侯乞降。

　　《册府元龜》卷九八三《外臣部·征討二》頁一一五四九下

　　匈奴句龍王吾斯等立車紐爲單于,東引烏桓,西收羌、胡等數萬人攻破京兆虎牙營,殺上郡都尉及軍司馬,遂寇掠并、涼、幽、冀四州。乃徙西河治離石,賢曰:離石,即西河之屬縣也,在郡南五百九里。郡本都平定縣;至此,徙於離石。上郡治夏陽,朔方治五原。十二月,遣使匈奴中郎將張耽將幽州、烏桓諸郡營兵擊車紐等,戰於馬邑,斬首三千級,獲生口甚衆。車紐乞降,而吾斯猶率其部曲與烏桓寇鈔。鈔,楚交翻;下同。

　　《資治通鑑》卷五十二《漢紀四十四·順帝永和五年》頁一六八八

　　句龍吾斯等東引烏桓,西收羌胡,寇上郡,立車紐爲單于。

　　　《通志》卷六下《後漢紀六下·孝順皇帝》頁一二五中

尋而隴西羌反，烏桓寇上郡，皆卒如融言。

《通志》卷一百一十一上《列傳二十四上·馬融》頁一六四一下

五年夏，南匈奴左部句龍王吾斯、車紐等背畔，率三千餘騎寇西河，因復招誘右賢王，合七八千騎圍美稷，殺朔方、代郡長吏。馬續與中郎將梁并、烏桓校尉王元發緣邊兵及烏桓、鮮卑、羌胡合二萬餘人，掩擊破之。

《通志》卷一百九十九《四夷傳六·北國上·匈奴》頁三一九七上

秋，句龍吾斯等立句龍王車紐爲單于。東引烏桓，西收羌戎及諸胡等數萬人，攻破京兆虎牙營，殺上郡都尉及軍司馬，遂寇略并、涼、幽、冀四州。乃徙西河治離石，上郡治夏陽，朔方治五原。冬，遣中郎將張耽將幽州烏桓諸郡營兵，擊畔虜車紐等，戰於馬邑，斬首三千級，獲生口及兵器牛羊甚衆。車紐等將諸豪帥骨都侯乞降，而吾斯猶率其部曲與烏桓寇鈔。

《通志》卷一百九十九《四夷傳六·北國上·匈奴》頁三一九七中

句龍吾斯等立句龍王車紐爲單于。東引烏桓，西收羌戎及諸胡等數萬人，攻破京兆虎牙營，殺上郡都尉，遂寇掠并、涼、幽、冀四州。

《文獻通考》卷三百四十一《四裔十八·匈奴》頁二六七八上

九月,匈奴句龍吾斯等立車紐爲單于。東引烏桓,西收羌胡等數萬人,攻破京兆虎牙營,殺上郡都尉及軍司馬,遂寇掠并、凉、幽、冀四州。乃徙西河治離石,上郡治夏陽,朔方治五原。十二月,遣使匈奴中郎將張耽將幽州烏桓諸郡營兵,擊車紐等,戰于馬邑,斬首三千級,獲生口甚眾。車紐乞降,而吾斯猶率其部曲與烏桓寇鈔。

　　　　　　　《東漢會要》卷四十《蕃夷下·南匈奴》頁五九五

公元一四一年　東漢順帝永和六年

耽將吏兵,繩索相懸,上通天山。[二]范曄《後漢書》卷六《順帝紀》李賢注

【校勘記】

〔二〕上通天山　范曄《後漢書·順帝紀》永和六年載:"使匈奴中郎將張耽大破烏桓、羌胡於天山。"其下李賢引此文作注。

　　　　《東觀漢記校注》卷十七《傳十二·張耽》頁七七四至七七五

使匈奴中郎將張耽大破烏桓、羌胡於天山。[一]

〔一〕《東觀記》曰:"耽將吏兵,繩索相懸,上通天山。"

　　《後漢書》卷六《孝順孝冲孝質帝紀第六·孝順帝》頁二七一

六年春,馬續率鮮卑五千騎到穀城擊之,斬首數百級。張耽性勇銳,而善撫士卒,軍中皆爲用命。遂繩索相懸,上通

天山,大破烏桓,悉斬其渠帥,還得漢民,獲其畜生財物。

　　《後漢書》卷八十九《南匈奴列傳第七十九》頁二九六二

　　中郎將張耽,性勇鋭而善撫士卒,軍中皆爲用命。遂繩索相懸,上通天山破烏桓,悉斬其渠帥。還,得漢民,獲其畜生財物。

　　《太平御覽》卷四三四《人事部七五・勇二》頁一九九九上

　　五月,使匈奴中郎將張耽大破烏桓羌胡於天山。

　　《册府元龜》卷九八三《外臣部・征討二》頁一一五五〇上

　　夏,使匈奴中郎將張耽、度遼將軍馬續率鮮卑到穀城,擊烏桓於通天山,大破之。穀城,蓋即西河郡之穀羅縣城。通天山,蓋即土軍縣之石樓山;以其高絶,故曰通天。

　　《資治通鑑》卷五十二《漢紀四十四・順帝永和六年》頁一六九〇

　　使匈奴中郎將張耽大破烏桓、羌胡於天山。

　　《通志》卷六下《後漢紀六下・孝順皇帝》頁一二五中

　　六年春,馬續率鮮卑五千騎到穀城擊之,斬首數百級。張耽性勇鋭,而善撫士卒,軍中皆爲用命。遂繩索相懸,上通天山,大破烏桓,悉斬其渠帥,還得漢民,獲其畜産財物。

　　《通志》卷一百九十九《四夷傳六・北國上・匈奴》頁三一九七中

石樓山,縣東北五十里。一峰孤聳,峭壁端直百丈有餘,四圍不可攀援,惟向北一小徑,盤回可達峰頂,俯視群山,若丘垤然。一名通天山。後漢陽嘉中,使匈奴中郎將張耽等擊烏桓於通天山,大破之。

《讀史方輿紀要》卷四十《山西二》頁一八六六

穀羅城,在州北。漢縣,屬西河郡,後漢廢。永和六年匈奴引烏桓作亂,使匈奴中郎將張耽等率鮮卑到穀城,擊烏桓於通天山,大破之。胡氏曰:"穀城即穀羅城。通天山,即岢嵐州興縣之石樓山。"

《讀史方輿紀要》卷四十二《山西四》頁一九五三

公元一四四年　　東漢順帝建康元年

夏四月,使匈奴中郎將馬寔擊南匈奴左部,破之,於是胡羌、烏桓悉詣寔降。

《後漢書》卷六《孝順孝冲孝質帝紀第六·孝順帝》頁二七四

冬,中郎將馬寔募刺殺句龍吾斯,送首洛陽。建康元年,[四]進擊餘黨,斬首千二百級。烏桓七十萬餘口皆詣寔降,車重牛羊不可勝數。

〔四〕漢安三年改爲建康元年。

《後漢書》卷八十九《南匈奴列傳第七十九》頁二九六三

建康初,中郎將馬寔進擊餘黨,匈奴、烏桓十七餘萬口皆詣寔降。[五〇]

【校勘記】

〔五〇〕匈奴烏桓十七餘萬皆詣寔降　《後漢書·南匈奴傳》二九六三頁、《太平寰宇記》卷一九二無“匈奴”，且“十七”作“七十”。

《通典》卷第一百九十五《邊防十一·北狄二·南匈奴》頁五三五三、五三六一至五三六二

建康初，中郎將馬寔募刺殺句龍吾斯，送首洛陽，進擊餘黨，烏桓七十萬餘口皆詣寔降。

《太平寰宇記》卷之一百九十二《四夷二十一·北狄四·南匈奴》頁三六七八

四月，使匈奴中郎將馬寔擊南匈奴左部，破之，於是胡、羌、烏桓悉詣寔降。

《册府元龜》卷九八三《外臣部·征討二》頁一一五五〇上

夏，四月，使匈奴中郎將馬寔擊南匈奴左部，破之。左部，即句龍吾斯之黨。於是胡、羌、烏桓悉詣寔降。

《資治通鑑》卷五十二《漢紀四十四·順帝建康元年》頁一六九七

夏四月，使匈奴中郎將馬寔擊南匈奴左部，破之。於是胡、羌、烏桓悉詣寔降。

《通志》卷六下《後漢紀六下·孝順皇帝》一二五下

冬，中郎將馬寔募刺殺句龍吾斯，送首洛陽。建康元年，進擊餘黨，斬首千二百級。烏桓七十萬餘口皆詣寔降，車重牛羊不可勝數。

《通志》卷一百九十九《四夷傳六·北國上·匈奴》頁三一九七下

公元一五五年　東漢桓帝永壽元年前 ①

（李）膺字元禮，潁川襄城人。初爲蜀郡太守，威德並行。後轉護烏桓校尉，會匈奴攻雲中〔一〕，殺略吏民。膺親率步騎，臨陣交戰，斬首二千級，羌寇遠退〔二〕，邊城安静。後以公事免官。

〔一〕《范書·李膺傳》“匈奴”作“鮮卑”。

〔二〕疑“羌”系“虜”之誤。

《後漢紀校注》卷二一《後漢孝桓皇帝紀上卷第二一》頁五八六至五八七

〔李膺〕出補蜀郡太守，〔一〕修庠序，設條教，〔申典禮〕，〔二〕明法令，威恩並行，〔下民悦之〕。〔三〕蜀之珍玩，不入於門。益州紀其政化，朝廷舉能理劇，轉烏桓校尉。（姚·王·汪·黃）

范《書·黨錮傳注》〇《書鈔》卷七五

〔一〕據《書鈔》卷七五補。

〔二〕同右。

①李膺任烏桓校尉時間，史不明載。據公元155年劉陶奏疏，李膺已是前烏桓校尉，故將李膺任職時期定於155年以前。

〔三〕同右。

《八家後漢書輯注》之謝承《後漢書》卷第四《李膺傳》頁
一二四

膺常率步騎臨陣交戰，〔一〕身被創夷，拭血進戰，遂破寇，
斬首二千級。（姚·王·汪·黃）

范《書·黨錮傳注》

〔一〕時膺已任烏桓校尉，因鮮卑數犯塞，故出戰破之。

《八家後漢書輯注》之謝承《後漢書》卷第四《李膺傳》頁
一二四至一二五

初舉孝廉，爲司徒胡廣所辟，舉高第，再遷青州刺史。守
令畏威明，多望風弃官。復徵，再遷漁陽太守。尋轉蜀郡太
守，以母老乞不之官。〔一〕轉護烏桓校尉。

〔一〕《謝承書》曰："出補蜀郡太守，修庠序，設條教，明
法令，威恩並行。蜀之珍玩，不入於門。益州紀其政化，朝廷
舉能理劇，轉烏桓校尉。"

《後漢書》卷六十七《黨錮列傳第五十七·李膺》頁二一
九一

李膺爲烏桓校尉，虜甚憚攝，以公事免官。

《册府元龜》卷三九二《將帥部·威名一》頁四六五〇上

李膺爲烏丸校尉，時鮮卑數犯塞，膺常蒙矢石，每破之，
虜甚憚懾。《謝承書》曰：膺常率步騎，臨陣交戰，被創痍拭血，進戰遂

破寇,斬首二千級。

《册府元龜》卷三九四《將帥部·勇敢一》頁四六七二下

李膺爲烏桓校尉,以公事免官。還居綸氏,教授常千人。

《册府元龜》卷八四二《總録部·知人一》頁九九八七下

初舉孝廉,爲司徒胡廣所辟,舉高第,再遷青州刺史。守令畏其威明,多望風棄官。復徵,再遷漁陽太守。尋轉蜀郡太守,以母老乞不之官。轉烏桓校尉。

《通志》卷一百一十二《列傳二十五·李膺》頁一六六九上

公元一五五年　東漢桓帝永壽元年

竊見冀州刺史朱穆、烏桓校尉李膺,皆履正清修,貞介絶俗。

《後漢紀校注》卷二一《後漢孝桓皇帝紀上卷第二一》頁五七八

竊見故冀州刺史南陽朱穆,前烏桓校尉臣同郡李膺,皆履正清平,貞高絶俗。

《後漢書》卷五十七《杜欒劉李劉謝列傳第四十七·劉陶》頁一八四四

竊見故冀州刺史南陽朱穆,前烏桓校尉臣同郡李膺,皆履正清平,貞高絶俗。

《册府元龜》卷五三七《諫諍部·直諫四》頁六四三二上

至六四三二下

竊見故冀州刺史南陽朱穆、前烏桓校尉臣同郡李膺，皆履正清平，貞高絶俗，斯實中興之良佐，國家之柱臣也，宜還本朝，夾輔王室。前年朱穆得罪，李膺時亦免居綸氏。

《資治通鑑》卷五十三《漢紀四十五·桓帝永壽元年》頁一七三二

竊見故冀州刺史南陽朱穆，前烏桓校尉臣同郡李膺，皆履正清平，貞高絶俗。

《通志》卷一百一十一上《列傳二十四上·劉陶》頁一六二九下

桓帝永壽元年，南匈奴復畔，與烏桓、鮮卑寇邊，擊降之。

《册府元龜》卷九五六《外臣部·總序》頁一一二三九下

公元一五六年　東漢桓帝永壽二年

秋，七月，檀石槐寇雲中。以故烏桓校尉李膺爲度遼將軍。

《資治通鑑》卷五十三《漢紀四十五·桓帝永壽二年》頁一七三四

公元一五八年　東漢桓帝延熹元年前 ①

時遼東烏桓反叛,復轉遼東太守,烏桓望風率服,迎拜於界上。坐事免歸。

《後漢書》卷五十六《張王种陳列傳第四十六‧种暠》頁一八二八

時遼東烏桓叛,(种暠)復轉遼東太守,烏桓望風率服,迎拜於界上。

《冊府元龜》卷三九二《將帥部‧威名一》頁四六五〇上

時遼東烏桓反叛,復轉遼東太守,烏桓望風率服,迎拜於界上。坐事免歸。

《通志》卷一百十《列傳二十三‧种暠》頁一六二五下

公元一五八年　東漢桓帝延熹元年

自頃年以來,匈奴數攻營郡,〔四〕殘殺長吏,侮略良細。

〔四〕謂郡有屯兵者,即護羌校尉屯金城,烏桓校尉屯上谷之類。

《後漢書》卷五十一《李陳龐陳橋列傳第四十一‧陳龜》頁一六九二、一六九三

①延熹元年种暠被徵任議郎,遷南郡太守,入朝任尚書。據《後漢書》本傳可知,暠任遼東太守當在入朝之前。

　　又宜更選匈奴烏桓護羌中郎將校尉,簡練文武,授之法令,除并涼二州今年租更,寬赦罪隸,埽除更始。

　　《後漢書》卷五十一《李陳龐陳橋列傳第四十一·陳龜》頁一六九三

　　又宜更選匈奴烏桓護羌中郎將校尉,簡練文武,授之法令,除并涼二州今年租更,寬赦罪隸,埽除更始。

　　《册府元龜》卷四○七《將帥部·諫諍》頁四八三七上

　　又宜更選匈奴烏桓護羌中郎將校尉,簡練文武,授之以法令,除并涼二州今年租更,寬赦罪隸,埽除更始。

　　《册府元龜》卷五二六《諫諍部·規諫三》頁六二七五下

　　桓帝時,度遼將軍陳龜上疏,陳牧守不良,或出入中官,宜更選匈奴烏桓護羌中郎將校尉,除并涼二州今年租。

　　《册府元龜》卷一○○《帝王部·聽納》頁一一九四下

　　十二月,南匈奴諸部並叛,與烏桓、鮮卑寇緣邊九郡。帝以京兆尹陳龜爲度遼將軍。《考異》曰:按《匈奴傳》,每除度遼將軍輒書之,此陳龜及前李膺、後种暠皆不記,一時既不當有兩官,今約其事,分著前後。

　　《資治通鑑》卷五十四《漢紀四十六·桓帝延熹元年》頁一七三九

　　又宜更選匈奴、烏桓護羌中郎將、校尉,護匈奴中郎將,護烏

桓、護羌校尉。更,工衡翻。校,户教翻。簡練文武,授之法令;除
并、凉二州今年租、更,租,賦也。更,役也。更,工衡翻;下同。寬
赦罪隸,掃除更始……

　　《資治通鑑》卷五十四《漢紀四十六·桓帝延熹元年》頁
一七四〇

　　又宜更選匈奴烏桓護羌中郎將校尉,簡練文武,授之法
令,除并凉二州今年租更,寬赦罪隸,埽除更始。

　　《通志》卷一百十《列傳二十三·陳龜》頁一六一四中

　　張奐,使匈奴中郎將,〔五〕時休屠各及朔方烏桓並同反
叛,〔六〕遂燒度遼將軍門,〔七〕引屯赤坑,〔八〕烟火相望。兵衆
大恐,各欲亡去。奐安坐帷中,與弟子誦書自若,〔九〕軍士稍
安。〔一〇〕《初學記》卷一八

【校勘記】

　　〔五〕使匈奴中郎將　原無"中郎將"三字,姚本、聚珍
本同。《書鈔》卷一三二、《御覽》卷七〇〇引有,今據增補。
據范曄《後漢書·張奐傳》,奐由安定屬國都尉遷使匈奴中
郎將。

　　〔六〕時休屠各及朔方烏桓並同反叛　原無"時"字、
"各"字,《御覽》卷七〇〇引有,《書鈔》卷一三二引亦有
"各"字,今據增補。范曄《後漢書·張奐傳》與此文字全同。

　　〔七〕遂燒度遼將軍門　范曄《後漢書·張奐傳》李賢
注:"時度遼將軍屯五原。"

　　〔八〕引屯赤坑　此句姚本、聚珍本作"列屯赤地",《書

鈔》卷一三二、《初學記》卷二五引同。按"引屯赤坑"句不誤，
范曄《後漢書·張奐傳》作"引屯赤阬"。"坑"、"阬"二字同。

〔九〕誦書　《書鈔》卷一三二引作"講論"，《御覽》卷
七〇〇引作"講書"。

〔一〇〕軍士稍安　此條《萬花谷後集》卷一六、《合璧事
類》卷三三亦引，字句大同小異。

《東觀漢記校注》卷十七《傳十二·張奐》頁七七六、
七七七

時休屠各[一]及朔方烏桓並同反叛，燒度遼將軍門，[二]引
屯赤阬，烟火相望。兵衆大恐，各欲亡去。奐安坐帷中，與弟
子講誦自若，軍士稍安。乃潛誘烏桓陰與和通，遂使斬屠各
渠帥，襲破其衆。諸胡悉降。

〔一〕屠音直於反。

〔二〕時度遼將軍屯五原。

《後漢書》卷六十五《皇甫張段列傳第五十五·張奐》頁
二一三九

延熹元年，[一]校[1]南單于諸部並畔，遂與烏桓、鮮卑寇緣
邊九郡，以張奐爲北中郎將討之，單于諸部悉降。

〔一〕桓帝之年。

【校勘記】

[1]二九六三頁一四行　延熹元年　按："元"原譌"九"，
逕改正。

《後漢書》卷八十九《南匈奴列傳第七十九》頁二九六三、
二九六四、二九七六

《東觀漢記》曰：張奐字然明，使匈奴。休屠及朔方烏桓並同反叛，遂燒度遼將軍門，列屯赤地，烟火相望。兵衆大恐，各欲亡去。奐安坐帷中，與弟子誦書自若，軍士稍安。

　　《初學記》卷第二十五《器物部·帷幕第二》頁五九八

《東觀漢記》曰：張奐字然明，使匈奴中郎將。時休屠各及朔方烏丸並反，燒度遼將軍門，烟火相望，兵衆大恐，各欲亡走。奐安坐車中，與弟子講書自若。

　　《太平御覽》卷七〇〇《服用部二·帷》頁三一二四下

桓帝延熹元年十二月，南單于諸部并畔，遂與烏桓、鮮卑寇緣邊九郡，以張奐爲北中郎將討之，單于諸部悉降。

　　《冊府元龜》卷一七〇《帝王部·來遠》頁二〇四八上至二〇四八下

張奐，少遊三輔，師事太尉朱寵，學歐陽尚書，後爲使匈奴中郎將。時休屠各及朔方烏桓同反叛，燒度遼將軍門，引並奴屯赤阬，烟火相望，兵衆大恐，各欲亡去。奐安坐帳中，與弟子講誦自若，軍士稍安。乃潛誘烏桓，陰與和通，遂使休屠各渠帥，襲破其衆，諸胡悉降。

　　《冊府元龜》卷三八八《將帥部·儒學》頁四六〇二上至四六〇二下

時休屠各及朔方烏桓并同反叛，燒度遼將軍門，引屯赤阬，烟火相望。兵衆大恐，各欲亡去。奐安坐帷中，與弟子講誦自若，軍士稍安。乃潛誘烏桓陰與和通，遂使斬屠各渠帥，襲破其衆。諸胡悉降。

　　《册府元龜》卷四一九《將帥部・持重》頁四九九〇下

　　詔拜安定屬國都尉張奐爲北中郎將，按《奐傳》，即護匈奴中郎將。以討匈奴、烏桓等。匈奴、烏桓燒度遼將軍門，賢曰：時度遼將軍屯五原。引屯赤阬，烟火相望。兵衆大恐，各欲亡去。奐安坐帷中，與弟子講誦自若，軍士稍安。乃潛誘烏桓，陰與和通，誘，音西。遂使斬匈奴、屠各渠帥，屠各，匈奴別種也。屠，直於翻。帥，所類翻。襲破其衆，諸胡悉降。

　　《資治通鑑》卷五十四《漢紀四十六・桓帝延熹元年》頁一七四〇

　　休屠各及朔方烏桓並同反叛，燒度遼將軍門，引屯赤阬，烟火相望。兵衆大恐，各欲亡去。奐安坐帷中，與弟子講誦自若，軍士稍安。乃潛誘烏桓陰與和通，遂使斬屠各渠帥，襲破其衆。諸胡悉降。

　　《通志》卷一百十二《列傳二十五・張奐》頁一六六二上

　　延熹元年，南單于諸部并畔，遂與烏桓、鮮卑寇緣邊九部，以張奐爲北中郎將討之，單于諸部悉降。

　　《通志》卷一百九十九《四夷傳六・北國上・匈奴》頁三一九七下

延熹元年,南單于諸部並叛,遂與烏桓、鮮卑寇緣邊九郡,張奐討之,諸部悉降。

《文獻通考》卷三百四十一《四裔十八·匈奴》頁二六七八上

延熹元年十二月,南匈奴諸部並叛,與烏桓、鮮卑寇緣邊九郡。帝以京兆尹陳龜爲度遼將軍。龜到職,州郡重足震栗,省經用歲以億計。詔拜安定屬國都尉張奐爲北中郎將,以討匈奴。烏桓燒度遼將軍門,引屯赤阬,烟火相望。兵衆大恐,各欲亡去。奐安坐帷中,與弟子講誦自若,軍士乃稍安。潛誘烏桓陰與和通,遂使斬匈奴屠各渠帥,襲破其衆。諸胡悉降。

《東漢會要》卷四十《蕃夷下·南匈奴》頁五九五

赤坑,在鎮東北境。後漢延熹初,張奐爲北中郎將,屯美稷,時匈奴、烏桓燒度遼將軍門,引兵屯赤坑,烟火相望,奐以次破降之。賢曰:"時度遼將軍蓋屯五原,赤坑與五原相近也。"

《讀史方輿紀要》卷六十一《陝西十》頁二九二九

公元一六五年　東漢桓帝延熹八年

時荆州兵朱蓋等,征戍役久,財賞不贍,忿恚,復作亂,與桂陽賊胡蘭等三千餘人復攻桂陽,焚燒郡縣,太守任胤弃城走,賊衆遂至數萬。轉攻零陵,太守陳球固守拒之。於是以尚爲中郎將,將幽、冀、黎陽、烏桓步騎二萬六千人救球,又與長沙太守抗徐等發諸郡兵,并執討擊,大破之,斬蘭等首三千五百級，餘賊走蒼梧。

《後漢書》卷三十八《張法滕馮度楊列傳第二十八・度尚》頁一二八六

時荆州兵朱蓋等，征戍役久，財賞不贍，恚忿，復作亂，與桂陽賊胡蘭等三千餘人復攻桂陽，焚燒郡縣，太守任允棄城走，賊衆遂至數萬。轉攻零陵，太守陳球固守拒之。於是以尚爲中郎將，將幽、冀、黎陽烏桓步騎二萬六千人救球，又與長沙太守抗徐等發諸郡兵，并執討擊，大破之，斬蘭等首三千五百級，餘賊走蒼梧。

《通志》卷一百九上《列傳二十二上・度尚》頁一五七八下

時荆州兵朱蓋等，征戍役久，財賞不贍，忿恚，復作亂，與桂陽賊胡蘭等三千餘人復攻桂陽，焚燒郡縣，太守任胤棄城走，賊衆遂至數萬。轉攻零陵，太守陳球固守拒之。於是尚爲中郎將，將幽、冀、黎陽、烏桓步騎二萬六千人救球，又與長沙太守抗徐等發諸郡兵，并勢討擊，大破之，斬蘭等首三千五百級，餘賊走蒼梧。《度尚傳》。

《東漢會要》卷三十四《兵下・盜賊》頁四九九至五〇〇

公元一六六年　東漢桓帝延熹九年

鮮卑、烏〔桓〕（孫）寇邊[一]，匈奴中郎將張奐擊降之。

〔一〕據《范書》改。

《後漢紀校注》卷二二《後漢孝桓皇帝紀下卷第二二》頁六一七

六月,南匈奴及烏桓、鮮卑寇緣邊九郡。

　　　　　《後漢書》卷七《孝桓帝紀第七》頁三一七

(秋七月)遣使匈奴中郎將張奐擊南匈奴、烏桓、鮮卑。

　　　　　《後漢書》卷七《孝桓帝紀第七》頁三一七

(冬十二月)南匈奴、烏桓率衆詣張奐降。

　　　　　《後漢書》卷七《孝桓帝紀第七》頁三一八

六月,南匈奴及烏桓、鮮卑寇緣邊九郡。

　　《通志》卷六下《後漢紀六下・孝桓皇帝》頁一二九下

(秋七月)遣使匈奴中郎將張奐擊南匈奴、烏桓、鮮卑。

　　《通志》卷六下《後漢紀六下・孝桓皇帝》頁一二九下

(冬十二月)南匈奴、烏桓率衆詣張奐降。

　　《通志》卷六下《後漢紀六下・孝桓皇帝》頁一二九下

會南匈奴、烏桓、鮮卑反叛,公卿舉岐,擢拜并州刺史。

　《後漢書》卷六十四《吳延史盧趙列傳第五十四・趙岐》
頁二一二三

趙岐辟司徒胡廣府。會南匈奴、烏桓、鮮卑反叛,公卿舉
岐,擢拜并州刺史。

　《冊府元龜》卷八五四《總錄部・立言》頁一〇一四八下

九年春，徵拜大司農。鮮卑聞奐去，其夏，遂招結南匈奴、烏桓數道入塞，或五六千騎，或三四千騎，寇掠緣邊九郡，殺略百姓。秋，鮮卑復率八九千騎入塞，誘引東羌與共盟詛。於是上郡沈氏、安定先零諸種共寇武威、張掖，緣邊大被其毒。朝廷以爲憂，復拜奐爲護匈奴中郎將，以九卿秩督幽、并、涼三州及度遼、烏桓二營，〔一〕兼察刺史、二千石能否，賞賜甚厚。匈奴、烏桓聞奐至，因相率還降，凡二十萬口。奐但誅其首惡，餘皆慰納之。唯鮮卑出塞去。

〔一〕明帝永平八年，初置度遼將軍，屯五原郡曼柏縣，《漢官儀》曰"烏丸校尉屯上谷郡甯縣"，故曰二營。

《後漢書》卷六十五《皇甫張段列傳第五十五·張奐》頁二一三九至二一四〇

九年春，徵拜大司農。鮮卑聞奐去，遂招結南匈奴、烏桓數道入塞，或五六千騎，或三四千騎，寇掠緣邊九郡，殺略百姓。秋，鮮卑復率八九千騎入塞，誘引東羌與共盟詛。於是上郡沈氏、安定先零諸種共寇武威、張掖，緣邊大被其毒。朝廷以爲憂，復拜奐爲護匈奴中郎將，以九卿秩督幽、并、涼三州及度遼、烏桓二營，明帝置度遼將軍，屯五原曼柏縣；《漢官儀》：烏桓校尉屯上谷郡寧縣，故曰二營。兼察刺史、二千石能否，賞賜甚厚。匈奴、烏桓聞奐至，因相率還降，凡二十萬口。奐但誅其首惡，餘皆慰納之。唯鮮卑出塞去。

《册府元龜》卷三四九《將帥部·立功二》頁四一三七下至四一三八上

九年六月，南匈奴及烏桓、鮮卑分騎數萬人入緣邊九郡，並殺掠吏人。七月，遣匈奴中郎將張奐擊之，鮮卑乃出塞去，南匈奴、烏桓率衆詣奐降。

《册府元龜》卷九八三《外臣部・征討二》頁一一五五〇下

鮮卑聞張奐去，招結南匈奴及烏桓同叛。六月，南匈奴、烏桓、鮮卑數道入塞，寇掠緣邊九郡。秋七月，鮮卑復入塞，誘引東羌與共盟詛。詛，莊助翻。於是上郡沈氏、安定先零諸種種，章勇翻。共寇武威、張掖，緣邊大被其毒。被，皮義翻。詔復以張奐爲護匈奴中郎將，以九卿秩護匈奴中郎將，秩比二千石。九卿，秩中二千石。督幽、并、涼三州及度遼、烏桓二營，度遼將軍及護烏桓校尉營也。兼察刺史、二千石能否。

《資治通鑑》卷五十五《漢紀四十七・桓帝延熹九年》頁一七八七

匈奴烏桓聞張奐至，皆相率還降，降，戶江翻。凡二十萬口；奐但誅其首惡，餘皆慰納之，唯鮮卑出塞去。

《資治通鑑》卷五十五《漢紀四十七・桓帝延熹九年》頁一七九六

九年春，徵拜大司農。鮮卑聞奐去，其夏，遂招結南匈奴、烏桓數道入塞，或五六千騎，或三四千騎，寇略緣邊諸郡，殺略百姓。秋，鮮卑復率八九千騎入塞，誘引東羌與其盟詛。於是上郡沈氏、安定先零諸種共寇武威、張掖，緣邊大被其毒。朝廷以爲憂，復拜奐爲護匈奴中郎將，以九卿秩督幽、并、凉三州及度遼、烏桓三營，兼察刺史、二千石能否，賞賜甚厚。匈奴、烏桓聞奐至，因相率還降，凡二十萬口。奐但誅其首惡，餘皆慰納之。唯鮮卑出塞去。

《通志》卷一百十二《列傳二十五·張奐》頁一六六二上至一六六二中

公元一六七年　東漢桓帝永康元年

桓靈之閒，烏桓滅，而鮮卑大，盡有匈奴故地。

《太平寰宇記》卷之一百八十九《四夷十八·北狄一·北狄總序》頁三六二〇

公元一六八年　東漢靈帝建寧元年

漢靈帝初，烏桓大人上谷有難樓者，衆九千餘落；遼西有丘力居者，衆五千餘落；皆自稱王。又遼東蘇僕延，衆千餘落，自稱峭王；右北平烏延，衆八百餘落，自稱汗魯王。

《冊府元龜》卷九五八《外臣部·國邑二》頁一一二七七下至一一二七八上

烏桓，後漢靈帝初，遼西有丘力居者，衆五千餘落，自稱王。

《冊府元龜》卷九六七《外臣部·繼襲二》頁一一三七〇上

烏桓大人本東胡也。靈帝初，上谷有難樓者，衆九千餘落；遼西丘力居者，衆五千餘落；皆自稱王。又遼東蘇僕延衆千餘落，自稱峭王。峭音七笑切。

《册府元龜》卷一〇〇〇《外臣部・强盛》頁一一七三一上

烏桓大人上谷難樓有衆九千餘落，遼西丘力居有衆五千餘落，【張："落"下脱"皆"字。】自稱王。遼東蘇僕延有衆千餘落，自稱峭王。峭，音七笑翻。右北平烏延有衆八百餘落，自稱汗魯王。史言烏桓强盛。

《資治通鑑》卷五十六《漢紀四十八・靈帝建寧元年》頁一八一三

公元一七四年　　東漢靈帝熹平三年

熹平三年冬，鮮卑入北地，太守夏育率休著屠各追擊破之。遷育爲護烏桓校尉。

《後漢書》卷九十《烏桓鮮卑列傳第八十・鮮卑》頁二九九〇

夏育爲北地太守。會鮮卑入寇，育率休著屠各追擊破之。遷育爲護烏桓校尉。

《册府元龜》卷六九三《牧守部・武功一》頁八二六二上

十二月，鮮卑入北地，太守夏育率屠各追擊，破之。守，式又翻。夏，户雅翻。屠，直於翻。遷育爲護烏桓校尉。

《資治通鑑》卷五十七《漢紀四十九・靈帝熹平三年》頁一八三三

熹平三年冬，鮮卑入北地，太守夏育率休屠屠各追擊，破
之。遷育爲護烏桓校尉。

《通志》卷二百《四夷傳七·北國下·鮮卑》頁三二〇一中

公元一七七年　東漢靈帝熹平六年

（嘉）〔熹〕平六年，[①]遣護烏丸校尉夏育，破鮮卑中郎將
田晏，匈奴中郎將臧旻與南單于出雁門塞，三道並進，徑二千
餘里征之。檀石槐帥部衆逆擊，旻等敗走，兵馬還者什一
而已。

《三國志》卷三十《魏書·烏丸鮮卑東夷傳第三十·鮮
卑》裴松之注引王沈《魏書》頁八三八

夏，鮮卑寇邊。烏丸校尉夏育上言："鮮卑仍犯塞，百姓
怨苦，自春以來，三十餘（人）發[一]。請幽州諸郡兵，出塞討
之。"時故護羌校尉田晏以他事論刑，因中常侍王甫求爲將。
甫建議當出軍與育并力，詔書遂用晏爲鮮卑中郎將，與匈奴
中郎將臧旻、南單于，三道並出。

〔一〕據《范書·鮮卑傳》删。

《後漢紀校注》卷二四《後漢孝靈皇帝紀中卷第二四》頁
六七一

八月，遣破鮮卑中郎將田晏出雲中，使匈奴中郎將臧旻

---

①此處中華書局點校本《三國志》無校勘記，中華書局橫排簡體本《三
　國志》校勘記六四〇頁作：熹平六年　熹，原作"嘉"，據《後漢書》卷
　九〇《鮮卑傳》改。

與南單于出雁門,護烏桓校尉夏育出高柳,並伐鮮卑,晏等大敗。

《後漢書》卷八《孝靈帝紀第八》頁三三九

靈帝熹平六年夏,七州蝗。先是鮮卑前後三十餘犯塞,是歲護烏桓校尉夏育、破鮮卑中郎將田晏、使匈奴中郎將臧旻將南單于以下,三道並出討鮮卑。大司農經用不足,殷斂郡國,以給軍糧。三將無功,還者少半。

《後漢書》志第十五《五行三》頁三三一九

熹平六年,鮮卑寇三邊。烏桓校尉夏育上言:"鮮卑寇邊,[一七]自春以來,三十餘發。請徵幽州諸郡兵出塞擊之,一冬二春,必能擒滅。"

【校勘記】

〔一七〕鮮卑寇邊　原"邊"上有"北",清人擅增者。今據明抄本、明刻本、朝鮮本、王吳本刪。按:《後漢書·鮮卑傳》二九九〇頁即無"北"字。

《通典》卷第一百九十六《邊防十二·北狄三·鮮卑》頁五三六九、五三八六

熹平六年,鮮卑寇三邊。烏桓校尉夏育上言:"鮮卑寇邊,自春以來,三十餘發,請徵幽州諸郡兵出塞擊之,一冬二春,必能擒滅。"

《太平寰宇記》卷之一百九十三《四夷二十二·北狄五·鮮卑》頁三六九二

　　田晏爲破鮮卑中郎將。靈帝熹平六年八月，遣晏出雲中，使匈奴中郎將臧旻與南單于出雁門，護烏桓校尉夏育出高柳，并伐鮮卑。二道并進，經二千里，檀石槐率衆逆擊，兵馬還者十一而已。

　　《册府元龜》卷四四一《將帥部・敗衂一》頁五二三七下

　　護烏桓校尉夏育上言：校，户教翻。夏，户雅翻。上，時掌翻。"鮮卑寇邊，自春以來三十餘發。請徵幽州諸郡兵出塞擊之，一冬、二春，必能禽滅。"

　　《資治通鑑》卷五十七《漢紀四十九・靈帝熹平六年》頁一八四二

　　八月，遣破鮮卑中郎將田晏出雲中，使匈奴中郎將臧旻與南單于出雁門，護烏桓校尉夏育出高柳，並伐鮮卑，晏等大敗。

　　《通志》卷六下《後漢紀六下・孝靈皇帝》頁一三一上

　　靈帝熹平六年夏，七州蝗。先是鮮卑前後三十餘犯塞，是歲護烏桓校尉夏育、破鮮卑中郎將田晏、使匈奴中郎將臧旻將南單于以下，三道並出討鮮卑。大司農經用不足，殷斂郡國，以給軍糧。三將無功，還者少半。

　　《文獻通考》卷三百十四《物異二十・蝗蟲》頁二四六一下

　　烏桓校尉夏育上言："鮮卑寇邊，自春已來，三十餘發。

請徵幽州諸郡兵出塞擊之，一冬二春，必能擒滅。"

《文獻通考》卷三百四十二《四裔十九·鮮卑》頁二六八
二上

公元一八四年　東漢靈帝中平元年前 [①]

虞初舉孝廉，稍遷幽州刺史，民夷感其德化，自鮮卑、烏
桓、夫餘、穢貊之輩，皆隨時朝貢，無敢擾邊者，百姓歌悅之。
公事去官。

《後漢書》卷七十三《劉虞公孫瓚陶謙列傳第六十三·劉
虞》頁二三五三

劉虞爲幽州刺史，民夷感其德化，自鮮卑、烏桓、扶餘、穢
貊之輩，皆隨時朝貢，無敢擾邊者。

《册府元龜》卷三九七《將帥部·懷撫》頁四七一二下

劉虞爲幽州刺史，民夷感其德化，自鮮卑、烏桓、夫餘、濊
貊之輩，皆隨時朝貢，無敢擾邊者，百姓歌悅之。

《册府元龜》卷四二九《將帥部·守邊》頁五一〇七下至
五一〇八上

虞初舉孝廉，稍遷幽州刺史，民夷感其德化，自鮮卑、烏
桓、夫餘、濊貊之輩，皆隨時朝貢，無敢擾邊者，百姓歌悅之。

---

①據本卷下文可知，中平初年，劉虞再被徵用，其去官當在漢靈帝中平
以前。

公事去官。

《通志》卷一一三下《列傳二十六下·劉虞》頁一六八七上

公元一八四年　東漢靈帝中平元年

中平元年,黄巾賊起,四府舉植,拜北中郎將,持節,以護烏桓中郎將宗員副,將北軍五校士,發天下諸郡兵征之。

《後漢書》卷六十四《吳延史盧趙列傳第五十四·盧植》頁二一一八

中平元年,黄巾賊起,四府舉植,拜北中郎將,持節,以護烏桓中郎將宗資副,將北軍五校士,發諸郡兵征之。

《通志》卷一百十二《列傳二十五·盧植》頁一六五九中

公元一八五年　東漢靈帝中平二年

中平二年,漢陽賊邊章、韓遂與羌胡爲寇,東侵三輔,時遣車騎將軍皇甫嵩西討之。嵩請發烏桓三千人。北軍中候鄒靖上言:"烏桓衆弱,宜開募鮮卑。"事下四府,大將軍掾韓卓議,以爲"烏桓兵寡,而與鮮卑世爲仇敵,若烏桓被發,則鮮卑必襲其家。烏桓聞之,當復弃軍還救。非唯無益於實,乃更沮三軍之情。鄒靖居近邊塞,究其態詐。若令靖募鮮卑輕騎五千,必有破敵之效"。劭駮之曰:"鮮卑隔在漠北,犬羊爲群,無君長之帥,盧落之居,而天性貪暴,不拘信義,故數犯障塞,且無寧歲。唯至互市,乃來麕服。苟欲中國珍貨,非爲畏威懷德。計獲事足,旋踵爲害。是以朝家外而不内,蓋爲此也。〔一〕往者匈奴反叛，度遼將軍馬續、烏桓校尉王元發鮮卑五千餘騎，又武威太守趙沖亦率鮮卑征討叛羌。斬獲醜虜，既不足言，而鮮卑越溢，多爲不法。裁以軍令，則忿戾作亂；制御小緩，則陸掠殘害。劫居人，鈔商旅，啖人牛羊，略人兵馬。得賞既多，不肯去，復欲以物買鐵。邊將不聽，便取縑帛聚欲燒之。邊將恐怖，畏其反叛，辭謝撫順，無敢拒違。今狡寇未殄，而羌爲巨害，如或致悔，其可追乎！臣愚以爲可募隴西羌胡守善不叛者，簡其精勇，多其牢賞。〔二〕太守李參沈靜有謀，必能獎厲得其死力。當思漸消之略，不可倉卒望也。”韓卓復與劭相難反覆。於是詔百官大會朝堂，皆從劭議。

〔一〕朝家猶國家也。《公羊傳》曰“《春秋》内諸夏而外夷狄”也。

〔二〕牢，禀食也。或作“勞”。勞，功也。

《後漢書》卷四十八《楊李翟應霍爰徐列傳第三十八·應劭》頁一六〇九至一六一〇

中平二年，漢陽賊邊章、韓遂與羌胡爲寇，東侵三輔，時遣車騎將軍皇甫嵩西討之。嵩請發烏桓三千人。北軍中候鄒靖上言：“烏桓衆弱，宜募鮮卑。”事下四府，大將軍掾韓卓議，以爲“烏桓兵寡，而與鮮卑世爲仇敵，若烏桓被發，則鮮卑必襲其家。烏桓聞之，當復棄軍還救。非唯無益於實，乃更沮三軍之情。鄒靖居近邊塞，究其態詐。若令靖募鮮卑輕騎五千，必有破敵之效”。車騎將軍掾應劭駁之曰：“鮮卑隔在漠北，犬羊爲群，無君長之帥，廬落之居，而天性貪暴，不拘信義，故數犯障塞，且無寧歲。唯至互市，乃來靡服。苟欲中國

珍貨，非爲畏威懷德。計獲事足，旋踵爲害。是以國家外而
不内，蓋爲此也。往者匈奴反叛，度遼將軍馬續、烏桓校尉王
元發鮮卑五千餘騎，又武威太守趙冲亦率鮮卑征討叛羌。斬
獲醜虜，既不足言，而鮮卑越溢，多爲不法。裁以軍令，則忿
戾作亂；制御少緩，則陸掠殘害。劫居人，鈔商旅，啖人牛羊，
略人兵馬。得賞既多，不肯去，復欲以物買鐵。邊將不聽，便
取縑帛聚欲燒之。邊將恐怖，畏其反叛，辭謝撫順，無敢拒
違。今狄寇未殄，而羌爲巨害，如或致悔，其可追乎？臣愚以
爲可募隴西羌胡守善不叛者，簡其精勇，多其牢賞。太守李
參沈静有謀，必能獎厲得其死力。當思漸消之略，不可倉卒
望也。”韓卓復與劭相難反覆。於是詔百官大會朝堂，皆從
劭議。

　　《册府元龜》卷九八九《外臣部·備禦二》頁一一六二三
上至一一六二三下

　　中平二年，漢陽賊邊章、韓遂與羌胡爲寇，東侵三輔，時
遣車騎將軍皇甫嵩西討之。嵩請發烏桓三千人。北軍中候
鄒靖上言：“烏桓衆弱，宜開募鮮卑。”事下四府，大將軍掾韓
卓議，以爲“烏桓兵寡，而與鮮卑世爲仇敵，若烏桓被發，則
鮮卑必襲其家。烏桓聞之，當復棄軍還救。非唯無益於實，
乃更沮三軍之情。鄒靖居近邊塞，究其態詐。若令靖募鮮卑
輕騎五千，必有破敵之效”。劭駁之曰：“鮮卑隔有漠北，犬羊
爲群，無君長之帥，廬落之居，而天性貪暴，不拘信義，故數犯
障塞，且無寧歲。唯至互市，乃來靡服。苟欲中國珍貨，非爲
畏威懷德。計獲事足，旋踵爲害。是以朝家外而不内，蓋爲

此也。往者匈奴反叛，度遼將軍馬續、烏桓校尉王元發鮮卑五千餘騎，又武威太守趙冲亦率鮮卑征討叛羌。斬獲醜虜，既不足言，而鮮卑越溢，多為不法。裁以軍令，則忿戾作亂；制御小緩，則陸掠殘害。劫居人，鈔商旅，噉人牛羊，略人兵馬。得賞既多，不肯去，復欲以物買鐵。邊將不聽，便取縑帛聚欲燒之。邊將恐怖，畏其反叛，辭謝撫順，無敢拒違。今狄寇未殄，而羌為巨害，如或致侮，其可追乎？臣愚以為可募隴西羌胡守善不叛者，簡其精勇，多其牢賞。太守李參沈静有謀，必能獎厲得其死力。當思漸消之略，不可倉卒望也。"韓卓復與劭相難反覆。於是詔百官大會朝堂，皆從劭議。

《通志》卷一百十《列傳二十三‧應劭》頁一六〇八中至一六〇八下

公元一八七年　東漢靈帝中平四年

中平中，以瓚督烏桓突騎，車騎將軍張温討凉州賊。[一]校[1]

〔一〕賊即邊章等。

【校勘記】

[1]二三五八頁一〇行　以瓚督烏桓突騎車騎將軍張温討凉州賊　按：沈家本謂"突騎"下疑有奪字，或是"從"字，或是"屬"字。

《後漢書》卷七十三《劉虞公孫瓚陶謙列傳第六十三‧公孫瓚》頁二三五八、二三五九、二三六九至二三七〇

中平中，以瓚督烏桓突騎，將軍張温討凉州賊。

《通志》卷一百十三下《列傳二十六下‧公孫瓚》頁一六八八上

初，發幽州烏桓以討涼州。故中山相張純請將之〔一〕，不聽，使涿令公孫瓚。純忿不得將，因説故太山太守張舉曰：“烏桓數被徵發，死亡略盡，今不堪命，皆願作亂。國家作事如此，漢祚衰亡之徵，天下反覆，率監子故。若英雄起，則莫能禦。吾今欲率烏桓奉子爲君，何如？”舉曰：“漢祚終訖，故當有代之者，吾安可以若是！”純曰：“王者網漏鹿走，則智多者得之，子勿憂也。”遂共率烏桓作亂，故人喜悦歸純，日十餘萬〔二〕。

〔一〕《范書·劉虞傳》與《袁紀》同。而《南匈奴傳》、《烏桓傳》皆作“前中山太守”。按《靈帝紀》熹平二年三月，中山王暢薨，無子國除。然據《光武十王傳》，暢薨，子節王稚嗣，無子國除。則暢之後尚有節王在，其在位年數雖不詳，但節爲上謚，在位必不甚短。熹平二年至中平四年，不過十餘載，純又系故相，則當以《袁紀》爲是。《通鑑》亦作“故中山相”。

〔二〕《范書·劉虞傳》作“衆至十餘萬”，《袁紀》必有脱誤。

《後漢紀校注》卷二五《後漢孝靈皇帝紀下卷第二五》頁七〇七

漁陽人張純與同郡張舉舉兵叛，攻殺右北平太守劉政、遼東太守楊終、^校[1]護烏桓校尉公綦稠等。

【校勘記】

[1]三五四頁一二行　遼東太守楊終　按：《集解》引惠棟説，謂《水經注》作“楊紘”。

《後漢書》卷八《孝靈帝紀第八》頁三五四、三六五

　　後車騎將軍張溫討賊邊章等,發幽州烏桓三千突騎,而牢稟逋懸,皆畔還本國。[一]前中山相張純^{校[1]}私謂前太山太守張舉曰:"今烏桓既畔,皆願爲亂,凉州賊起,朝廷不能禁。又洛陽人妻生子兩頭,此漢祚衰盡,天下有兩主之徵也。子若與吾共率烏桓之衆以起兵,庶幾可定大業。"舉因然之。四年,純等遂與烏桓大人共連盟,攻薊下,燔燒城郭,虜略百姓,殺護烏桓校尉箕稠、右北平太守劉政、遼東太守陽終等,衆至十餘萬,屯肥如。[二]舉稱"天子",純稱"彌天將軍安定王",移書州郡,云舉當代漢,告天子避位,敕公卿奉迎。純又使烏桓峭王等[三]步騎五萬,入青冀二州,攻破清河、平原,殺害吏民。

　　[一]《前書音義》曰:"牢,賈直也。"稟,食也。言軍糧不續也。

　　[二]肥如,縣,屬遼西郡,故城在今平州。

　　[三]峭音七笑反。

　　【校勘記】

　　[1]二三五三頁七行　前中山相張純　《集解》引錢大昕說,謂《南匈奴》、《烏桓傳》俱作"前中山太守"。按:張森楷《校勘記》謂中山是國,兩漢初未爲郡,不應有太守,作"相"是也,兩傳自誤耳。

　　《後漢書》卷七十三《劉虞公孫瓚陶謙列傳第六十三·劉虞》頁二三五三至二三五四、二三六九

　　初,張溫發幽州烏桓突騎三千以討凉州,故中山相漁陽張純請將之,溫不聽,而使涿令遼西公孫瓚將之。涿郡,治涿

縣。瓚,藏旱翻。軍到薊中,烏桓以牢稟逋縣,縣,讀曰懸。牢,價直也。稟,給也。賢曰:《前書音義》:牢,廩食也。古者名廩爲牢。多叛還本國。張純忿不得將,將,即亮翻。乃與同郡故泰山太守張舉及烏桓大人丘力居等連盟,劫略薊中,薊,音計。殺護烏桓校尉公綦稠、公綦,複姓。右北平太守劉政、遼東太守陽終等,衆至十餘萬,屯肥如。肥如縣,屬遼西郡。應劭曰:肥子奔燕,燕封於此。賢曰:故城今平州。舉稱天子,純稱彌天將軍、安定王,移書州郡,云舉當代漢,告天子避位,敕公卿奉迎。

　　《資治通鑑》卷五十八《漢紀五十・靈帝中平四年》頁一八八五至一八八六

　　漁陽人張純與同郡張舉舉兵叛,攻殺右北平太守劉政、遼東太守楊終、護烏桓校尉公綦稠等。

　　《通志》卷六下《後漢紀六下・孝靈皇帝》頁一三二下

　　後車騎將軍張溫討邊章等,發幽州烏桓三千突騎,而牢稟逋懸,皆畔還本國。前中山相張純私謂前太山太守張舉曰:“今烏桓既畔,皆願爲亂,涼州賊起,朝廷不能禁。又洛陽民妻生子兩頭,此漢祚衰盡,天下有兩主之徵也。子若與吾共率烏桓之衆以起兵,庶幾可定大業。”舉因然之。四年,純等遂與烏桓大人共連盟,攻薊下,燔燒城郭,虜掠百姓,殺護烏桓校尉箕稠、右北平太守劉政、遼東太守楊終等,衆至十餘萬,屯肥如。舉稱“天子”,純稱“彌天將軍安定王”,移書州郡,云舉當代漢,告天子避位,敕公卿奉迎。純又別使烏桓峭王等步騎五萬,入青冀二州,攻破清河、平原,殺害吏民。

《通志》卷一百十三下《列傳二十六下·劉虞》頁一六八七上

公元一八八年　　東漢靈帝中平五年

漁陽張純誘遼西烏丸丘力居等叛,劫略薊中,自號將軍,[二]略吏民攻右北平、遼西屬國諸城,所至殘破。瓚將所領,追討純等有功,遷騎都尉。屬國烏丸貪至王率種人詣瓚降。遷中郎將,封都亭侯,進屯屬國,與胡相攻擊五六年。丘力居等鈔略青、徐、幽、冀,四州被其害,瓚不能禦。

〔二〕《九州春秋》曰:純自號彌天將軍、安定王。

《三國志》卷八《魏書·二公孫陶四張傳第八·公孫瓚》頁二三九至二四〇

公孫瓚與張純戰於石門,大破之。[一]

〔一〕時烏桓反叛,與賊張純等攻薊中,故瓚追擊之。石門,山名也,在今營州西南。

《後漢書》卷八《孝靈帝紀第八》頁三五七

會烏桓反畔,與賊張純等攻擊薊中,瓚率所領追討純等有功,遷騎都尉。張純復與畔胡丘力居等寇漁陽、河間、勃海,入平原,多所殺略。瓚追擊戰於屬國石門,[二]虜遂大敗,弃妻子踰塞走,悉得其所略男女。瓚深入無繼,反爲丘力居等所圍於遼西管子城,二百餘日,糧盡食馬,馬盡煮弩楯,力戰不敵,乃與士卒辭訣,各分散還。時多雨雪,隊阬死者十五六，虜亦飢困，遠走柳城。詔拜瓚降虜校尉，封都亭侯，復兼領屬國長史。職統戎馬，連接邊寇。每聞有警，瓚輒厲色憤怒，如赴讎敵，望塵奔逐，或繼之以夜戰。虜識瓚聲，憚其勇，莫敢抗犯。

〔二〕石門，山名，在今營州柳城縣西南。

《後漢書》卷七十三《劉虞公孫瓚陶謙列傳第六十三·公孫瓚》頁二三五八至二三五九

五年九月，遣中郎將孟益率騎都尉公孫瓚討漁陽賊張純等，瓚與純戰於石門，大破之。時烏桓反叛，與賊張純等攻薊中，故瓚追擊之。石門山，名也，在今營州西南。

《册府元龜》卷一二一《帝王部·征討一》頁一四四五上

公孫瓚，中平中，以遼東屬國長史督烏桓突騎將軍張溫討凉州賊。會烏桓反畔，與賊張純等攻擊薊中，瓚率所領追討純等，有功，累遷騎都尉、降虜校尉。

《册府元龜》卷三四九《將帥部·立功二》頁四一四〇下

張純與丘力居鈔略青、徐、幽、冀四州；鈔，楚交翻。詔騎都尉公孫瓚討之。瓚與戰於屬國石門，屬國，遼東屬國也。賢曰：石門，山名，在今營州柳城縣西南。瓚，藏早翻。純等大敗，棄妻子，踰塞走；悉得所略男女。瓚深入無繼，反爲丘力居等所圍於遼西管子城，二百餘日，糧盡衆潰，士卒死者什五六。

《資治通鑑》卷五十九《漢紀五十一·靈帝中平五年》頁一八九二

　　會烏桓反叛，與賊張純等攻擊薊中，瓚率所領追討純等有功，遷騎都尉。張純復與畔胡丘力居等寇漁陽、河間、渤海，入平原，多所殺略。瓚追擊戰於屬國石門，虜遂大敗，棄妻子踰塞走，悉得所略男女。瓚深入無繼，反為丘力居等所圍於遼西管子城二百餘日，糧盡食馬，馬盡煮弩楯，力戰不敵，乃與士卒辭訣，各分散還。時多雨雪，墜阬死者十五六，虜亦飢困，遠走柳城。詔拜瓚降虜校尉，封都亭侯，復兼領屬國長史。職統戎馬，連接邊寇。每聞有警，瓚輒厲色憤怒，如赴讎敵，望塵奔逐，或繼之以夜戰。虜識瓚聲，憚其勇，莫敢抗犯。

　　《通志》卷一百十三下《列傳二十六下‧公孫瓚》頁一六八八上

　　又石門山，在縣東北百里。東西環亘，蹊徑阨塞，亦曰石門峽。相傳漢公孫瓚敗烏桓處。

　　　　　　　《讀史方輿紀要》卷十七《北直八》頁七六四

　　管子城，亦在營州西南。後漢中平五年，漁陽張純等叛，寇幽、冀諸州，公孫瓚擊敗之于屬國石門。純等逾塞走，瓚引兵追純，深入無繼，純與烏桓丘力居等圍瓚于遼西管子城，即此。

　　　　　　　《讀史方輿紀要》卷十八《北直九》頁八三五

公元一八九年　東漢靈帝中平六年

　　朝廷以虞威信素著。恩積北方，明年，復拜幽州牧。虞到薊，罷省屯兵，務廣恩信。遣使告峭王等以朝恩寬弘，開許善路。又設賞購舉、純。舉、純走出塞，餘皆降散。純爲其客王政所殺，送首詣虞。靈帝遣使者就拜太尉，封容丘侯。[四]

〔四〕容丘，縣，屬東海郡。

《後漢書》卷七十三《劉虞公孫瓚陶謙列傳第六十三·劉虞》頁二三五四

初，詔令公孫瓚討烏桓，受虞節度。瓚但務會徒衆以自強大，而縱任部曲，頗侵擾百姓，而虞爲政仁愛，念利民物，由是與瓚漸不相平。

《後漢書》卷七十三《劉虞公孫瓚陶謙列傳第六十三·劉虞》頁二三五五

瓚常與善射之士數十人，[校1]皆乘白馬，以爲左右翼，自號“白馬義從”。烏桓更相告語，避白馬長史。乃畫作瓚形，馳騎射之，中者咸稱萬歲。虜自此之後，遂遠竄塞外。

瓚志埽滅烏桓，而劉虞欲以恩信招降，由是與虞相忤。

【校勘記】

[1]二三五九頁四行　善射之士數十人　按：《集解》引惠棟説，謂依《英雄記》“十”當作“千”，數十人安能爲左右翼也？

《後漢書》卷七十三《劉虞公孫瓚陶謙列傳第六十三·公孫瓚》頁二三五九、二三七〇

（公孫）瓚爲降虜校尉，討烏桓，每聞有警，瓚輒厲色憤

怒,如赴讎敵,望塵奔逐,或繼之以夜戰。虜識聲,憚其勇,莫敢抗犯。

又曰:瓚征烏桓,常與善騎射之士數十人,皆乘白馬,以爲左右翼,自號"白馬義從"。烏桓更相告語,避白馬長史。乃畫作瓚形,馳射之,中者咸稱萬歲。虜自此之後,遂遠竄塞外。

《太平御覽》卷二七九《兵部一〇·威名》頁一二九八上

烏桓更相告語,避白馬長史。乃畫作(公孫)瓚形,馳騎射之,中者咸稱萬歲。虜自此之後,遠竄塞外。

《册府元龜》卷三九二《將帥部·威名一》頁四六五〇上至四六五〇下

後前中山相張純等與烏桓大人共連盟攻薊下,復以虞爲幽州牧。虞到薊,罷省屯兵,務廣恩信。遣使告烏桓峭王等以朝恩寬弘,開許善路。又設賞購,純等走出塞,餘皆降散。

《册府元龜》卷三九七《將帥部·懷撫》頁四七一二下

劉虞爲幽州牧,前中山相張純叛入烏桓,與烏桓峭王等攻破清和、平原。虞到州,罷省屯兵,務廣恩信,遣使告峭王等以朝恩寬弘,開計善路,又設賞購。純走出塞,餘皆降散,純爲其客王政所殺。函首詣虞,北州乃定。

《册府元龜》卷六九三《牧守部·武功一》頁八二六三上

幽州牧劉虞到部,遣使至鮮卑中,告以利害,責使送張舉、張純首,厚加購賞。丘力居等聞虞至,喜,各遣譯自歸。舉、純走出塞,餘皆降散。虞上罷諸屯兵,上,時掌翻,奏也。但留降虜校尉公孫瓚,將步騎萬人屯右北平。瓚以石門之捷,自騎都尉拜降虜校尉。降,戶江翻。校,戶教翻。三月,張純客王政殺純,送首詣虞。公孫瓚志欲掃滅烏桓,而虞欲以恩信招降,由是與瓚有隙。爲後初平四年瓚殺虞張本。

《資治通鑑》卷五十九《漢紀五十一・靈帝中平六年》頁一八九三

初,詔令公孫瓚討烏桓,受虞節度。瓚但務會徒衆以自强大,而縱任部曲,頗侵擾百姓,而虞爲政仁愛,念利民物,由是與瓚漸不相平。

《通志》卷一百十三下《列傳二十六下・劉虞》頁一六八七中

瓚常與善射之士數十人,皆乘白馬,以爲左右翼,自號"白馬義從"。烏桓更相告語,避白馬長史。乃畫作瓚形,馳騎射之,中者咸稱萬歲。虞自此之後,遂竄塞外。瓚志埽滅烏桓,而劉虞欲以恩信招降,由是與虞相忤。

《通志》卷一百十三下《列傳二十六下・公孫瓚》頁一六八八上

公元一九〇年　　東漢獻帝初平元年

同郡徐榮爲董卓中郎將,薦度爲遼東太守。度起玄菟小吏,爲遼東郡所輕。先時,屬國公孫昭守襄平令,召度子康

爲伍長。度到官，收昭，笞殺于襄平市。郡中名豪大姓田韶
等宿遇無恩，皆以法誅，所夷滅百餘家，郡中震慄。東伐高句
驪，西擊烏丸，威行海外。

　　《三國志》卷八《魏書·二公孫陶四張傳第八·公孫度》
頁二五二

　　（公孫）康，遼東人。父度，初避吏爲玄兔小吏，[校[1]]稍
仕。中平元年，還爲本郡守。在職敢殺伐，郡中名豪與己
夙無恩者，遂誅滅百餘家。因東擊高句驪，西攻烏桓，威行
海畔。

【校勘記】

　　[1]二四一八頁一四行　初避吏爲玄兔小吏　按：《刊
誤》謂"玄兔"按郡名皆作"莵"。

　　《後漢書》卷七十四下《袁紹劉表列傳第六十四下·袁
紹》頁二四一八、二四二八

　　同郡徐榮爲董卓中郎將，薦度爲遼東太守。度起玄莵
小吏，爲遼東郡所輕。先是，屬國公孫昭守襄平令，召度子康
爲伍長。度到官，收昭，笞殺於襄平市。郡中名豪大姓田韶
等宿遇無恩，皆以法誅，所夷滅百餘家，郡中震慄。東伐高句
驪，西擊烏丸，威行海外。

　　　《冊府元龜》卷六九九《牧守部·枉濫》頁八三三七上

　　中郎將徐榮薦同郡故冀州刺史公孫度於董卓，卓以爲遼
東太守。度到官，以法誅滅郡中名豪大姓百餘家，郡中震慄，

乃東伐高句驪，句，如字，又音駒。驪，力知翻。西擊烏桓……

《資治通鑑》卷五十九《漢紀五十一·獻帝初平元年》頁一九一七

靈帝末，天下大亂，單于統數千騎，與白波賊合寇河內，鮮卑、烏桓爲寇尤甚。

《册府元龜》卷九五六《外臣部·總序》頁一一二三九下

公元一九三年　東漢獻帝初平四年

（公孫）瓚放火燒虞營，虞兵悉還救火，虞懼，奔居庸，欲召烏桓、鮮卑以自救。瓚引兵圍之，生執虞而歸。

《後漢紀校注》卷二七《後漢孝獻皇帝紀卷第二七》頁七六七

北邊翕然服其威信，烏桓、鮮卑并各遣屬通好，（田）疇悉撫納，令不得爲寇。

《後漢紀校注》卷二七《後漢孝獻皇帝紀卷第二七》頁七六九

北邊翕然服其威信，烏丸、鮮卑並各遣譯使致貢遺，疇悉撫納，令不爲寇。

《三國志》卷十一《魏書·袁張涼國田王邴管傳第十一·田疇》頁三四一

北邊翕然服其威信，烏丸、鮮卑並各遣譯使致貢遺，疇悉撫納,令不爲寇。

《册府元龜》卷八〇六《總録部·賢德》頁九五七八下

北邊翕然服其威信,烏桓、鮮卑各遣使致餽,疇悉撫納,令不爲寇。

《資治通鑑》卷六十《漢紀五十二·獻帝初平四年》頁一九四八

北邊翕然服其威信,烏丸、鮮卑並各遣譯使致貢遺,疇悉撫納,令不爲寇。

《通志》卷一百六十八《獨行傳一·田疇》頁二七二二下

遂與黑山賊張燕及四營屠各、雁門烏桓戰於常山。

《後漢書》卷七十四下《袁紹劉表列傳第六十四下·袁紹》頁二三八二

(袁紹)遂與黑山賊張燕及四營屠各、雁門烏桓戰於常山。復,扶又翻。屠,直於翻。屠各,匈奴種。

《資治通鑑》卷六十《漢紀五十二·獻帝初平四年》頁一九四四

遂與黑山賊張燕及四營屠各、雁門烏桓戰於恒山。

《通志》卷一百十三下《列傳二十六下·袁紹》頁一六九〇下

後漢烏丸大人蹋頓多畫計策。

《册府元龜》卷九六二《外臣部·才智》頁一一三二一下

獻帝初平中，[①]丘力居死，子樓班年小，從子蹋頓有武略，代立總攝。三王部衆皆從其號令，其後上谷王難樓、遼東峭王蘇僕延率其部衆奉樓班爲單于。

《册府元龜》卷九六七《外臣部·繼襲二》頁一一三七〇上

初，烏桓王丘力居死，子樓班年少，從子蹋頓有武略，代立，少，詩照翻。從，才用翻；下同。賢曰：蹋，音大蠟翻。楊正衡《晉書音義》：蹋，徒合翻。總攝上谷大人難樓、遼東大人蘇僕延、右北平大人烏延等。

《資治通鑑》卷六十三《漢紀五十五·獻帝建安四年》頁二〇一三

《後漢書》曰：遼西郡，即烏丸鮮卑蹋頓所居。

《太平御覽》卷一六二《州郡部八·營州》頁七八九上

《後漢書》云："遼西郡烏丸、鮮卑，蹋頓所居。"

《太平寰宇記》卷之七十一《河北道二十·營州》頁一四三一

---

①該事各書只載"初平中"而未言具體時間，《通鑑》則去此三字，將事列於建安四年（199）之下。

又州西南有蹋頓城,後漢末烏桓蹋頓嘗屯此,因名。

《讀史方輿紀要》卷十八《北直九》頁八三五

公元一九四年　　東漢獻帝興平元年

曹公征徐州,徐州牧陶謙遣使告急於田楷,楷與先主俱救之。時先主自有兵千餘人及幽州烏丸雜胡騎,又略得飢民數千人。

《三國志》卷三十二《蜀書·先主傳第二》頁八七三

曹公征徐州,徐州牧陶謙遣使告急於田楷,楷與先主俱救之。時先主自有兵千餘人及幽州烏丸雜胡騎,又略得饑民數千人。

《册府元龜》卷一八三《閏位部·勳業一》頁二一九七下

曹公征徐州,徐州牧陶謙遣使告急於田楷,楷與先主俱救之。時先主自有兵千餘人及幽州烏丸雜胡騎,又略得飢民數千人。

《通志》卷八《蜀紀八·先主》頁一五五中

公元一九五年　　東漢獻帝興平二年

(劉)虞從事漁陽鮮于輔、齊周、騎都尉鮮于銀等,率州兵欲報瓚,以燕國閻柔素有恩信,共推柔爲烏丸司馬。柔招誘烏丸、鮮卑,得胡、漢數萬人,與瓚所置漁陽太守鄒丹戰于潞北,大破之,斬丹。

《三國志》卷八《魏書·二公孫陶四張傳第八·公孫瓚》頁二四三

　　於是虞故吏漁陽鮮于輔率其州人及三郡烏桓、鮮卑，與瓚所置漁陽太守鄒丹戰於〔潞〕（蒯）北^{〔一〕}，大破之，斬丹。既而持其衆，奉王命，帝嘉焉。^①

　　〔一〕據《三國志》、《范書》改。

　　《後漢紀校注》卷二七《後漢孝獻皇帝紀卷第二七》頁七六七

　　劉虞從事漁陽鮮于輔等，合率州兵，欲共報瓚。輔以燕國閻柔素有恩信，推爲烏桓司馬。柔招誘胡漢數萬人，與瓚所置漁陽太守鄒丹戰于潞北，斬丹等四千餘級。烏桓峭王感虞恩德，率種人及鮮卑七千餘騎，共輔南迎虞子和，與袁紹將麴義合兵十萬，共攻瓚。

　　《後漢書》卷七十三《劉虞公孫瓚陶謙列傳第六十三·公孫瓚》頁二三六三

　　鮑丘水又西南流，公孫瓚既害劉虞，烏丸思劉氏之德，迎其子和，合衆十萬，破瓚于是水之上，斬首一萬。

　　　　　　《水經注校證》卷十四《鮑丘水》頁三三九

　　鮮于輔，漢末爲幽州牧劉虞從事，時公孫瓚既殺劉虞，輔以燕國閻柔有恩信，共推柔爲烏丸司馬。

　　　　　　《册府元龜》卷七二五《幕府部·盡忠》頁八六二五下

①《袁紀》將此事繫於初平四年（193）。

劉虞從事漁陽鮮于輔等,《姓譜》:鮮于,子姓,周武王封箕子於朝鮮,支子仲食采於于,因以鮮于爲氏。合率州兵欲共報仇,以燕國閻柔素有恩信,推爲烏桓司馬。應劭《漢官》曰:護烏桓校尉,有司馬二人,秩六百石。燕,於賢翻。柔招誘胡、漢數萬人,與瓚所置漁陽太守鄒丹戰于潞北,誘,音酉。潞縣屬漁陽郡。斬丹等四千餘級。烏桓峭王亦率種人峭,七肖翻。種,章勇翻。及鮮卑七千餘騎,隨輔南迎虞子和與袁紹將麴義合兵十萬共攻瓚,破瓚於鮑丘,鮑丘,水名。《水經注》:鮑丘水從塞外來,南過漁陽縣東,和等破瓚處也。又南過潞縣西。賢曰:鮑丘水又謂之潞水,俗又謂之大榆河,在今幽州漁陽縣。斬首二萬餘級。於是代郡、廣陽、上谷、右北平各殺瓚所置長吏,復與鮮于輔、劉和兵合,瓚軍屢敗。

　　《資治通鑑》卷六十一《漢紀五十三·獻帝興平二年》頁一九七七至一九七八

　　劉虞從事漁陽鮮于輔等,合率州兵,欲共報瓚。輔以燕國閻柔素有恩信,推爲烏桓司馬。柔招誘胡漢數萬人,與瓚所置漁陽太守鄒丹戰于潞北,斬丹等四千餘級。烏桓峭王感虞恩德,率種人及鮮卑七千餘騎,共輔南迎虞子和,與袁紹將麴義合兵十萬,共攻瓚。

　　《通志》卷一百十三下《列傳二十六下·公孫瓚》頁一六八八下

公元一九七年　東漢獻帝建安二年

是時諸國無復租祿,而數見虜奪,并日而食,轉死溝壑者甚衆。夫人姬妾多爲丹(陽)〔陵〕兵^{校[1]}烏桓所略云。

【校勘記】

[1]一六七〇頁八行　多爲丹(陽)〔陵〕兵　據汲本、殿本改。按：殿本《考證》謂“陵”監本誤作“陽”，今改正。

《後漢書》卷五十《孝明八王列傳第四十·陳敬王羨》頁一六七〇、一六八〇

是時諸國無復租禄，而數見虜奪，并日而食，轉死溝壑者甚衆。夫人姬妾多爲丹陵兵烏桓所掠云。

《通志》卷七十九《宗室傳二·陳敬王羨》頁九四四下

公元一九八年　東漢獻帝建安三年

又烏丸、濊貊，皆足下同州，僕與之殊俗，各奮迅激怒，爭爲鋒鋭；又東西鮮卑，舉踵來附。此非孤德所能招，乃足下驅而致之也。

《三國志》卷八《魏書·二公孫陶四張傳第八·公孫瓚》裴松之注引《漢晉春秋》頁二四六

又烏丸、濊貊，皆足下同州，僕與之殊俗，各奮迅激怒，爭爲鋒鋭；又東西鮮卑，舉踵來附。此非孤德所能招，乃足下驅而致之也。

《冊府元龜》卷四一五《將帥部·傳檄一》頁四九三九下

公元一九九年　東漢獻帝建安四年

獻帝建安四年，烏丸三王助大將軍袁紹擊破遼東公孫

瓚。紹遣使即拜爲單于,皆安居、華蓋、羽覆、黄屋、左纛。版文曰:"使持節大將軍督幽、青、并領冀州牧部卿侯紹,承制詔遼東屬國率衆王頒下、烏丸遼西率衆王蹋頓、右北平率衆王汗盧維:乃祖慕義遷善,款塞内附,北捍獫狁,東拒濊貊,世守北陲,爲百姓保鄣,雖時侵犯王略,命將徂征厥罪,率不旋時,悔愆變改,方之外夷,最又聰慧者也。始有千夫長、百夫長以相統領,用能慮乃心,力克有勳於國家,稍受王侯之命。自我王室多故,公孫瓚作難,殘夷厥土之君,以侮天慢主,是以四海之内,並執干戈以衛社稷。三王奮氣裔土,忿姦憂國,控弦與漢兵馬表裏,誠甚忠孝,朝所嘉焉。然而虎兕長蛇,相隨塞路,王官爵命,否而無聞。夫有勳不賞,俾勤者怠。今遣行謁者楊休,齎單于璽綬車服,以封爾勞。其各綏静部落,教以謹慎,無使作凶作慝。世復爾祀位,長爲百蠻長。厥有咎有不臧者,泯於爾禄,而喪於乃庸,可不勉乎! 烏丸單于都護部衆,左右單于受其節度,他如故事。"

《册府元龜》卷九六三《外臣部·封册一》頁一一三二八上至一一三二八下

袁紹攻公孫瓚,蹋頓以烏桓助之。瓚滅,紹承制皆賜蹋頓、難樓、蘇僕延、烏延等單于印綬;又以閻柔得烏桓心,因加寵慰以安北邊。其後難樓、蘇僕延奉樓班爲單于,以蹋頓爲王,然蹋頓猶秉計策。

《資治通鑑》卷六十三《漢紀五十五·獻帝建安四年》頁二〇一三

公元二〇〇年　東漢獻帝建安五年

　　鮮于輔將其衆奉王命。以輔爲建忠將軍,督幽州六郡。太祖與袁紹相拒於官渡,閻柔遣使詣太祖受事,遷護烏丸校尉。而輔身詣太祖,拜左度遼將軍,封亭侯,遣還鎮撫本州。〔一〕

　　〔一〕《魏略》曰:輔從太祖於官渡。袁紹破走,太祖喜,顧謂輔曰:"如前歲本初送公孫瓚頭來,孤自視忽然耳,而今克之。此既天意,亦二三子之力。"

　　《三國志》卷八《魏書·二公孫陶四張傳第八·公孫瓚》頁二四七

　　鮮于輔將其衆歸曹操,操以輔爲度遼將軍,封都亭侯。閻柔將部曲從曹操擊烏桓,拜護烏桓校尉,封關内侯。

　　《後漢書》卷七十三《劉虞公孫瓚陶謙列傳第六十三·公孫瓚》頁二三六五

　　太祖與袁紹相拒於官渡,閻柔遣使詣太祖受事,遷護烏丸校尉。而(鮮于)輔身詣太祖,拜左渡遼將軍,封亭侯,遣還鎮撫本州。

　　《册府元龜》卷七二五《幕府部·盡忠》頁八六二五下

　　閻柔,廣陽人,少没烏桓鮮卑中,爲其種人所歸信。柔乃因鮮卑衆殺烏桓校尉邢舉而代之。袁紹因寵尉柔以安北邊。及紹子尚敗奔蹋頓,時幽冀吏人,奔烏桓者十萬餘户,尚欲憑其兵力,復圖中國。會太祖平河北,柔率鮮卑烏桓歸附,即以柔爲校尉。

《冊府元龜》卷七六五《總録部·攀附一》頁九〇八七下

(曹)操還軍官渡,閻柔遣使詣操,操以柔爲烏桓校尉。鮮于輔身見操於官渡,操以輔爲右度遼將軍,還鎮幽土。當是時,幽州爲紹所統,與許隔遠,而柔、輔已歸心於操矣。漢度遼將軍,始於范明友;中興之後,置度遼將軍以護南匈奴,屯於西河。今使鮮于輔還鎮幽土,故以爲右度遼將軍。自中國而北,向以西河爲左,幽土爲右也。

《資治通鑑》卷六十三《漢紀五十五·獻帝建安五年》頁二〇二八

鮮于輔將其衆歸曹操,操以輔爲度遼將軍,封都亭侯。閻柔將部曲從曹操擊烏桓,拜護烏桓校尉,封關内侯。

《通志》卷一百十三下《列傳二十六下·公孫瓚》頁一六八八下至一六八九上

公元二〇二年　東漢獻帝建安七年前 ①

冀州牧袁紹辟爲督軍從事,兼領烏丸突騎。

《三國志》卷二十六《魏書·滿田牽郭傳第二十六·牽招》頁七三〇

①牽招領袁紹軍烏丸突騎時間不明,今繫於建安七年(202)袁紹去世之前。

（牽招）初事袁紹爲督軍從事，兼領烏丸突騎，後歸太祖，太祖領冀州，辟爲從事。

《册府元龜》卷六五二《奉使部·宣國威》頁七八一二下

魏牽招字子經，冀州牧袁紹辟爲督軍從事，兼領烏丸突騎。

《册府元龜》卷七一九《幕府部·公正》頁八五五七上

牽招字子經，安平人，冀州牧袁紹辟爲督軍從事，兼領烏丸突騎。太祖領冀州，辟爲從事。

《册府元龜》卷七二六《幕府部·辟署一》頁八六三九下

袁紹在冀州辟爲督軍從事，兼領烏丸突騎。

《通志》卷一百十七《列傳三十·牽招》頁一七六四中

公元二〇四年　東漢獻帝建安九年

太祖將討袁譚，而柳城烏丸欲出騎助譚。太祖以招嘗領烏丸，遣詣柳城。到，值峭王嚴，以五千騎當遣詣譚。又遼東太守公孫康自稱平州牧，遣使韓忠齎單于印綬往假峭王。峭王大會群長，忠亦在坐。峭王問招：“昔袁公言受天子之命，假我爲單于；今曹公復言當更白天子，假我真單于；遼東復持印綬來。如此，誰當爲正？”招答曰：“昔袁公承制，得有所拜假；中間違錯天子命，曹公代之，言當白天子，更假真單于，是也。遼東下郡，何得擅稱拜假也？”忠曰：“我遼東在滄海之東，擁兵百萬，又有扶餘、濊貊之用；當今之勢，强者爲右，曹操獨何得爲是也？”招呵忠曰：“曹公允恭明哲，翼戴天子，伐叛柔服，寧靜四海，汝君臣頑嚚，今恃險遠，背違王命，欲擅拜假，侮弄神器，方當屠戮，何敢慢易呰毀大人？”便捉忠頭頓築，拔刀欲斬之。峭王驚怖，徒跣抱招，以救請忠，左右失色。招乃還坐，爲峭王等説成敗之效，禍福所歸。皆下席跪伏，敬受敕教，便辭遼東之使，罷所嚴騎。

《三國志》卷二十六《魏書·滿田牽郭傳第二十六·牽招》頁七三〇至七三一

太祖將討袁譚，而柳城烏丸欲出騎助譚。太祖以招嘗領烏丸，遣詣柳城。到，值峭王嚴以五千騎當遣詣譚。又遼東太守公孫康自稱平州牧，遣使韓忠齎單于印綬往假峭王。峭王大會群長，忠亦在坐。峭王問招：“昔袁公言受天子之命，假我爲單于；今曹公復言當更白天子，假我真單于；遼東復持印綬來。如此，誰當爲正？”招答曰：“昔袁公承制，得有所拜假；中間違錯天子命，曹公代之，言當白天子，更假真單于，是也。遼東下郡，何得擅稱拜假也？”忠曰：“我遼東在滄海之東，擁兵百萬，又有扶餘、濊貊之用；當今之勢，强者爲右，曹操獨何得爲是也？”招呵忠曰：“曹公允恭明哲，翼戴天子，伐叛柔服，寧靜四海，汝君臣頑嚚，今恃險遠，背違王命，欲擅拜假，侮弄神器，方當屠戮，何敢慢易呰毀大人？”便捉忠頭頓築，拔刀欲斬之。峭王驚怖，徒跣抱招，以救請忠，左右失色。招乃還坐，爲峭王等説成敗之效，禍福所歸，皆下席跪伏，敬受敕教，便辭遼東之使，罷所嚴騎。

《册府元龜》卷六五二《奉使部·宣國威》頁七八一二下至七八一三上

　　（曹）操以牽招嘗爲袁氏領烏桓，牽，姓；招，名。袁紹先嘗辟招爲督軍從事，兼領烏桓突騎。遣詣柳城，撫慰烏桓。值峭王嚴五千騎欲助袁譚，又，公孫康遣使韓忠假峭王單于印綬。峭王大會群長，烏桓部落，各有君長。峭，七笑翻。使，疏吏翻。長，知兩翻。忠亦在坐。坐，才卧翻；下同。峭王問招："昔袁公言受天子之命，假我爲單于；今曹公復言當更白天子，假我真單于；遼東復持印綬來。復，扶又翻。如此，誰當爲正？"招答曰："昔袁公承制，得有所拜假；中間違錯天子命，違，異也，背也。錯，乖也。曹公代之，言當白天子，更假真單于；【章：甲十一行本"于"下有"是也"二字；乙十一行本同。】遼東下郡，何得擅稱拜假也！"忠曰："我遼東在滄海之東，擁兵百餘萬，又有扶餘、濊貊之用，濊，音穢。貊，莫百翻。當今之勢，強者爲右，曹操何得獨爲是也！"招呵忠曰："曹公允恭明哲，孔安國《尚書注》曰：允，信也。翼戴天子，伐叛柔服，寧靜四海。汝君臣頑嚚，嚚，魚巾翻。《左傳》曰：不道忠信之言爲嚚。今恃險遠，背違王命，背，蒲妹翻。欲擅拜假，侮弄神器；威福，帝王之神器。方當屠戮，何敢慢易咎毀大人！"大人，謂曹公。易，以豉翻。便捉忠頭頓築，拔刀欲斬之。峭王驚怖，怖，普布翻。徒跣抱招，以救請忠，左右失色。招乃還坐，爲峭王等説成敗之效，禍福所歸；皆下席跪伏，敬受敕教，敕，戒也。爲，于僞翻。便辭遼東之使，罷所嚴騎。

　　《資治通鑑》卷六十四《漢紀五十六·獻帝建安九年》頁二〇五七至二〇五八

　　太祖將討袁譚，而柳城烏丸欲出騎助譚。太祖以招嘗領烏丸，遣詣柳城。到，值峭王嚴，以五千騎當遣詣譚。又遼東

太守公孫康自稱平州牧，遣使韓忠齎單于印綬往假峭王。峭
王大會群長，忠亦在坐。峭王問招曰："昔袁公受天子之命，
假我爲單于；今曹公復言當更白天子，假我真單于；遼東復持
印綬來。如此，誰當爲正？"招答曰："昔袁公承制，得有所拜
假；中間違錯天子命，曹公代之，言當白天子，更假真單于，是
也。遼東下郡，何得擅稱拜假也？"忠曰："我遼東在滄海之
東，擁兵百萬，又有扶餘、濊貊之用；當今之勢，強者爲右，曹
操獨何得爲是也？"招呵忠曰："曹公允恭明哲，翼戴天子，伐
叛柔服，寧靜四海，汝君臣頑嚚，今恃險遠，背違王命，欲擅拜
假，侮弄神器，方當屠戮，何敢慢易咨毀大人？"便捉忠頭頓
築，拔刀欲斬之。峭王驚怖，徒跣抱招，以救請忠，左右失色。
招乃還坐，爲峭王等説成敗禍福之效，皆下席詭伏，敬受敕
教，便辭遼東之使，罷所嚴騎。

　　《通志》卷一百十七《列傳三十·牽招》頁一七六四中至
一七六四下

公元二〇五年　　東漢獻帝建安十年

　　（春正月）袁熙大將焦觸、張南等叛攻熙、尚，熙、尚奔三
郡烏丸。

　　　　　《三國志》卷一《魏書·武帝紀第一》頁二七

　　（夏四月）三郡烏丸攻鮮于輔於獷平。[一]秋八月，公征
之，斬（趙）犢等，乃渡潞河救獷平，烏丸奔走出塞。

　　[一]《續漢書·郡國志》曰：獷平，縣名，屬漁陽郡。

　　　　　《三國志》卷一《魏書·武帝紀第一》頁二七

　　初，袁紹以甥高幹領并州牧，公之拔鄴，幹降，遂以爲刺史。幹聞公討烏丸，乃以州叛，執上黨太守，舉兵守壺關口。

　　　　　　《三國志》卷一《魏書・武帝紀第一》頁二八

　　（袁）熙、尚爲其將焦觸、張南所攻，奔遼西烏丸。

　　　　　《三國志》卷六《魏書・董二袁劉傳第六・袁紹》頁二〇六

　　秋八月，曹操破鄴。袁尚、熙奔匈奴 [1]。

　　　　《後漢紀校注》卷二九《後漢孝獻皇帝紀卷第二九》頁八二一

　　（袁）熙、尚爲其將焦觸、張南所攻，奔遼西烏桓。

　　　　《後漢書》卷七十四下《袁紹劉表列傳第六十四下・袁紹》頁二四一七

　　袁熙大將焦觸、張南等叛攻熙、尚，熙、尚奔三郡烏丸。觸等舉其縣降，封爲列侯。

　　　　《太平御覽》卷九三《皇王部一八・魏太祖武皇帝》頁四四四下

　　韓珩爲袁紹別駕，及袁熙、袁尚爲其將焦觸、張南所攻，奔遼西烏丸。

　　　　《册府元龜》卷八〇二《總録部・義二》頁九五二四下

―――――――――

[1]此處匈奴應作烏桓，《袁紀》則將此事繫於建安九年（204）。

獻帝建安十年,三郡烏丸觸等舉其縣降,封爲列侯。

《冊府元龜》卷九七七《外臣部・降附》頁一一四七六上

袁熙爲其將焦觸、張南所攻,與尚俱奔遼西烏桓。遼西烏桓,其酋曰蹋頓。

《資治通鑑》卷六十四《漢紀五十六・獻帝建安十年》頁二〇六一

故安趙犢、霍奴等殺幽州刺史及涿郡太守,三郡烏桓攻鮮于輔於獷平。三郡烏桓,遼西蹋頓、遼東蘇僕延、右北平烏延也。獷平縣,屬漁陽郡。服虔曰:獷,音鞏。師古曰:音九勇翻,又音鑛。秋,八月,操討犢等,斬之;乃渡潞水救獷平,烏桓走出塞。

《資治通鑑》卷六十四《漢紀五十六・獻帝建安十年》頁二〇六一

冬,十月,高幹聞操討烏桓,復以并州叛,復,扶又翻。執上黨太守,舉兵守壺關口。賢曰:潞州上黨縣有壺山口,因其險而置關焉。《二漢志》,壺關縣,屬上黨郡。

《資治通鑑》卷六十四《漢紀五十六・獻帝建安十年》頁二〇六一

(春正月)袁熙大將焦觸、張南等叛,攻熙、尚,熙、尚奔三郡烏丸。

《通志》卷七《魏紀七・太祖武皇帝》頁一四〇中

（夏四月）三郡烏丸攻鮮于輔於獷平。秋八月，太祖征之，斬犢等，乃渡潞河救獷平，烏丸奔走出塞。

《通志》卷七《魏紀七‧太祖武皇帝》頁一四〇中

初，袁紹以甥高幹領并州牧，太祖之拔鄴，幹降，以爲刺史。聞太祖討烏桓，以州叛，執上黨太守，舉兵守壺關口。

《通志》卷七《魏紀七‧太祖武皇帝》頁一四〇下

（袁）熙、尚爲其將焦觸、張南所攻，奔遼西烏桓。

《通志》卷一百十三下《列傳二十六下‧袁紹》頁一六九三下

建安十年，烏桓攻漁陽太守鮮于輔於獷平，曹操引兵渡潞水救之，烏桓走出塞。

《讀史方輿紀要》卷十一《北直二》頁四九三

壺關山，府東南十三里。延袤百餘里，東接相州，崖徑險狹，形如壺口。春秋哀四年，齊國夏伐晉，取八邑，壺口其一也。《漢志》上黨郡有壺口關，蓋置於此。建安八年 ① 并州刺史高幹聞曹操討烏桓，復舉兵并州，守壺口關。

《讀史方輿紀要》卷四十二《山西四》頁一九五七至一九五八

---

①據《三國志》高幹守壺口關應在建安十年。

公元二〇六年　東漢獻帝建安十一年

三郡烏丸承天下亂，破幽州，略有漢民合十餘萬户。袁紹皆立其酋豪爲單于，以家人子爲己女，妻焉。遼西單于蹋頓尤强，爲紹所厚，故尚兄弟歸之，數入塞爲害。公將征之，鑿渠，自呼沱入泒水，泒音孤。名平虜渠；又從泃河口泃音句。鑿入潞河，名泉州渠，以通海。

《三國志》卷一《魏書·武帝紀第一》頁二八

後袁尚依烏丸蹋頓，太祖將征之。患軍糧難致，鑿平虜、泉州二渠入海通運，昭所建也。太祖表封千秋亭侯，轉拜司空軍祭酒。

《三國志》卷十四《魏書·程郭董劉蔣劉傳第十四·董昭》頁四三九

陳壽《魏志》曰：曹太祖以蹋頓擾邊，將征之，從泃口鑿渠逕雍奴、泉州以通河海者也。今無水。鮑丘水又東，庚水注之，水出右北平徐無縣北塞中，而南流歷徐無山得黑牛谷水，又得沙谷水，并西出山，東流注庚水。昔田子泰避難居之，衆至五千家。

《水經注校證》卷十四《鮑丘水》頁三四二

三郡烏丸承亂破幽州，略有漢民合十餘萬户。初，袁紹皆立其酋豪，遼西單于蹋頓尤强，爲紹所厚，故尚兄弟歸之，數入塞爲害。公將征之，鑿渠，自呼陁入㴞水，名平虜渠。

《太平御覽》卷九三《皇王部一八・魏太祖武皇帝》頁四四四下

十一年八月，三郡烏丸數入塞爲害。曹公將征之，鑿渠自呼滹入㴞水，㴞音瓜。名平虜渠。從泃河口泃音句。鑿入潞河，名泉州渠以通海。

《册府元龜》卷四九六《邦計部・河渠一》頁五九四五上至五九四五下

魏太祖將征烏丸蹋頓，患軍糧難致，魏郡太守董昭鑿平虜、泉州二渠，入海通運。

《册府元龜》卷四九八《邦計部・漕運》頁五九六二上

烏桓乘天下亂，略有漢民十餘萬户，袁紹皆立其酋豪爲單于，酋，慈由翻。以家人子爲己女，妻焉。妻，七細翻。遼西烏桓蹋頓尤强，蹋，徒臘翻。爲紹所厚，故尚兄弟歸之，數入塞爲寇，數，所角翻。欲助尚復故地。曹操將擊之，鑿平虜渠、泉州渠以通運。《操紀》云：鑿渠，自呼沱入㴞水，名平虜渠；又從泃河口，鑿入潞河，名泉州渠，以通海。㴞，音孤。泃，音句。賢曰：呼沱河，舊在饒陽南，至曹操因饒河故瀆，決令北注新溝水，所以今在饒陽縣北。《説文》：㴞水，出雁門葰人戍夫山，東北入海。《水經注》：泃水，出右北平無終縣西山，西北流，過平谷縣而東南流，又南流入於潞河，又東合泉州渠口，曹操所鑿也。渠東至海陽縣樂安亭南與濡水合，而入于海。泉州、平谷二縣，皆屬漁陽郡。賢曰：泉州故城，在今幽州雍奴縣南。海陽縣，屬遼西郡。復，相維翻。

《資治通鑑》卷六十五《漢紀五十七·獻帝建安十一年》頁二〇六九

三郡烏丸承天下亂，破幽州，略有漢民合十餘萬戶。袁紹皆立其酋豪爲單于，以家人子爲己女，妻焉。遼西單于蹋頓尤强，爲紹所厚，故尚兄弟歸之，數入塞爲害。太祖將征之，鑿渠，自呼沲入泒水，名平虜渠；又從泃河口鑿入潞河，名泉州渠，以通海。

《通志》卷七《魏紀七·太祖武皇帝》頁一四〇下

後袁尚依烏丸蹋頓，太祖將征之。患軍糧難致，鑿平虜、泉州二渠入海通運，昭所建也。太祖表封千秋亭侯，轉拜司空軍祭酒。

《通志》卷一百十五上《列傳二十八上·董昭》頁一七二一下

泉州渠，在縣南。建安十一年，曹操將擊烏桓，鑿平虜渠、泉州渠以通運。《操紀》云：“鑿渠自呼沲入泒水名平虜渠，又從泃河口鑿入潞河名泉州渠，以通海。”泒音孤，或曰即直沽也。泃音句。《水經注》：“泃水出無終縣西山，西北流過平谷縣而東南流，又南流入潞河，又東合泉州渠口，操所鑿也。渠東至遼西郡海陽縣樂安亭南與濡水合而入海。”海陽、樂安，今見永平府。

《讀史方輿紀要》卷十一《北直二》頁四六〇

公元二〇七年　東漢獻帝建安十二年

　　將北征三郡烏丸，諸將皆曰："袁尚，亡虜耳，夷狄貪而無親，豈能爲尚用？今深入征之，劉備必説劉表以襲許。萬一爲變，事不可悔。"惟郭嘉策表必不能任備，勸公行。夏五月，至無終。秋七月，大水，傍海道不通，田疇請爲鄉導，公從之。引軍出盧龍塞，塞外道絶不通，乃塹山堙谷五百餘里，經白檀，歷平岡，涉鮮卑庭，東指柳城。未至二百里，虜乃知之。尚、熙與蹋頓、遼西單于樓班、右北平單于能臣抵之等將數萬騎逆軍。八月，登白狼山，卒與虜遇，衆甚盛。公車重在後，被甲者少，左右皆懼。公登高，望虜陳不整，乃縱兵擊之，使張遼爲先鋒，虜衆大崩，斬蹋頓及名王已下，胡、漢降者二十餘萬口。遼東單于速僕丸及遼西、北平諸豪，棄其種人，與尚、熙奔遼東，衆尚有數千騎。初，遼東太守公孫康恃遠不服。及公破烏丸，或説公遂征之，尚兄弟可禽也。公曰："吾方使康斬送尚、熙首，不煩兵矣。"九月，公引兵自柳城還，[一]康即斬尚、熙及速僕丸等，傳其首。諸將或問："公還而康斬送尚、熙，何也？"公曰："彼素畏尚等，吾急之則并力，緩之則自相圖，其勢然也。"十一月至易水，代郡烏丸行單于普富盧、上郡烏丸行單于那樓將其名王來賀。

　　〔一〕《曹瞞傳》曰：時寒且旱，二百里無復水，軍又乏食，殺馬數千匹以爲糧，鑿地入三十餘丈乃得水。既還，科問前諫者，衆莫知其故，人人皆懼。公皆厚賞之，曰："孤前行，乘危以徼倖，雖得之，天所佐也，故不可以爲常。諸君之諫，萬安之計，是以相賞，後勿難言之。"

　　　　　《三國志》卷一《魏書・武帝紀第一》頁二九至三〇

十二年,太祖至遼西擊烏丸。尚、熙與烏丸逆軍戰,敗走奔遼東,公孫康誘斬之,送其首。〔二〕

〔二〕《典略》曰:尚爲人有勇力,欲奪取康衆,與熙謀曰:"今到,康必相見,欲與兄手擊之,有遼東猶可以自廣也。"康亦心計曰:"今不取熙、尚,無以爲說於國家。"乃先置其精勇于厩中,然後請熙、尚。熙、尚入,康伏兵出,皆縛之,坐于凍地。尚寒,求席,熙曰:"頭顧方行萬里,何席之爲!"遂斬首。譚,字顯思。熙,字顯奕。尚,字顯甫。《吳書》曰:尚有弟名買,與尚俱走遼東。《曹瞞傳》云:買,尚兄子。未詳。

《三國志》卷六《魏書·董二袁劉傳第六·袁紹》頁二〇七

太祖破南皮,柔將部曲及鮮卑獻名馬以奉軍,從征三郡烏丸,以功封關內侯。〔二〕

〔二〕《魏略》曰:太祖甚愛閻柔,每謂之曰:"我視卿如子,亦欲卿視我如父也。"柔由此自託於五官將,如兄弟。

《三國志》卷八《魏書·二公孫陶四張傳第八·公孫瓚》頁二四七

十二年,太祖征三郡烏丸,屠柳城。袁尚等奔遼東,康斬送尚首。語在《武紀》。

《三國志》卷八《魏書·二公孫陶四張傳第八·公孫康》頁二五三

(張繡)從征烏丸于柳城,未至,薨,謚曰定侯。〔二〕

〔二〕《魏略》曰：五官將數因請會，發怒曰：“君殺吾兄，何忍持面視人邪！”繡心不自安，乃自殺。

《三國志》卷八《魏書·二公孫陶四張傳第八·張繡》頁二六三

及北征三郡，純部騎獲單于蹋頓。

《三國志》卷九《魏書·諸夏侯曹傳第九·曹純》頁二七六至二七七

疇常忿烏丸昔多賊殺其郡冠蓋，有欲討之意而力未能。建安十二年，太祖北征烏丸，未至，先遣使辟疇，又命田豫喻指。疇戒其門下趣治嚴。門人謂曰：“昔袁公慕君，禮命五至，君義不屈；今曹公使一來而君若恐弗及者，何也？”疇笑而應之曰：“此非君所識也。”遂隨使者到軍，署司空戶曹掾，引見諮議。明日出令曰：“田子泰非吾所宜吏者。”即舉茂才，拜爲蕭令，不之官，隨軍次無終。時方夏水雨，而濱海洿下，濘滯不通，虜亦遮守蹊要，軍不得進。太祖患之，以問疇。疇曰：“此道，秋夏每常有水，淺不通車馬，深不載舟船，爲難久矣。舊北平郡治在平岡，道出盧龍，達于柳城；自建武以來，陷壞斷絕，垂二百載，而尚有微徑可從。今虜將以大軍當由無終，不得進而退，懈弛無備。若嘿回軍，從盧龍口越白檀之險，出空虛之地，路近而便，掩其不備，蹋頓之首可不戰而禽也。”太祖曰：“善。”乃引軍還，而署大木表于水側路傍曰：“方今暑夏，道路不通，且俟秋冬，乃復進軍。”虜候騎見之，誠以爲大軍去也。太祖令疇將其衆爲鄉導，上徐無山，出盧龍，歷平岡,登白狼堆,去柳城二百餘里,虜乃驚覺。單于身自臨陳,太祖與交戰,遂大斬獲,追奔逐北,至柳城。軍還入塞,論功行封,封疇亭侯,邑五百户。〔一〕

〔一〕《先賢行狀》載太祖表論疇功曰:"文雅優備,忠武又著,和於撫下,慎於事上,量時度理,進退合義。幽州始擾,胡、漢交萃,蕩析離居,靡所依懷。疇率宗人避難於無終山,北拒盧龍,南守要害,清静隱約,耕而後食,人民化從,咸共資奉。及袁紹父子威力加於朔野,遠結烏丸,與爲首尾,前後召疇,終不陷撓。後臣奉命,軍次易縣,疇長驅自到,陳討胡之勢,猶廣武之建燕策,薛公之度淮南。又使部曲持臣露布,出誘胡衆,漢民或因亡來,烏丸聞之震蕩。王旅出塞,塗由山中九百餘里,疇帥兵五百,啓導山谷,遂滅烏丸,蕩平塞表。疇文武有效,節義可嘉,誠應寵賞,以旌其美。"

《三國志》卷十一《魏書·袁張涼國田王邴管傳第十一·田疇》頁三四二、三四三

太祖將征袁尚及三郡烏丸,諸下多懼劉表使劉備襲許以討太祖,嘉曰:"公雖威震天下,胡恃其遠,必不設備。因其無備,卒然擊之,可破滅也。且袁紹有恩于民夷,而尚兄弟生存。今四州之民,徒以威附,德施未加,舍而南征,尚因烏丸之資,招其死主之臣,胡人一動,民夷俱應,以生蹋頓之心,成覬覦之計,恐青、冀非己之有也。表,坐談客耳,自知才不足以御備,重任之則恐不能制,輕任之則備不爲用,雖虛國遠征,公無憂矣。"太祖遂行。至易,嘉言曰:"兵貴神速。今千里襲人,輜重多,難以趣利,且彼聞之,必爲備;不如留輜重,

輕兵兼道以出，掩其不意。”太祖乃密出盧龍塞，直指單于庭。虜卒聞太祖至，惶怖合戰。大破之，斬蹋頓及名王已下。尚及兄熙走遼東。

《三國志》卷十四《魏書·程郭董劉蔣劉傳第十四·郭嘉》頁四三四至四三五

從征袁尚於柳城，卒與虜遇，遼勸太祖戰，氣甚奮，太祖壯之，自以所持麾授遼。遂擊，大破之，斬單于蹋頓。〔一〕

〔一〕《傅子》曰：太祖將征柳城，遼諫曰：“夫許，天下之會也。今天子在許，公遠北征，若劉表遣劉備襲許，據之以號令四方，公之勢去矣。”太祖策表必不能任備，遂行也。

《三國志》卷十七《魏書·張樂于張徐傳第十七·張遼》頁五一八

太祖滅譚於南皮，署招軍謀掾，從討烏丸。至柳城，拜護烏丸校尉。

《三國志》卷二十六《魏書·滿田牽郭傳第二十六·牽招》頁七三一

十二年，曹公北征烏丸，先主說表襲許，表不能用。〔一〕

〔一〕《漢晉春秋》曰：曹公自柳城還，表謂備曰：“不用君言，故爲失此大會。”備曰：“今天下分裂，日尋干戈，事會之來，豈有終極乎？若能應之於後者，則此未足爲恨也。”

《三國志》卷三十二《蜀書·先主傳第二》頁八七七

秋八月，曹操登白狼山，與匈奴蹋頓戰[一]，大破斬之。

〔一〕"蹋頓"原誤作"冒頓"，據《三國志》、《范書》、《通鑑》逕改之。

《後漢紀校注》卷三十《後漢孝獻皇帝紀卷第三十》頁八三一

十二年秋八月，曹操大破烏桓於柳城，斬其蹋頓。[一]校[1]

〔一〕蹋頓，匈奴王號。柳城，縣名，屬遼西郡，今營州縣。

【校勘記】

〔1〕三八四頁一一行　斬其蹋頓　殿本《考證》引何焯說，謂"其"字應衍。《校補》謂案《烏桓傳》，蹋頓爲遼西烏桓王丘力居從子，代丘力居立爲王，是蹋頓乃烏桓王名，故何氏謂"其"字應衍，不解注何以釋爲匈奴王號。今按：如依《烏桓傳》，則"其"字當删，"蹋頓"應加標號。

《後漢書》卷九《孝獻帝紀第九》頁三八四、三九四

建安中，曹操北討柳城，過涿郡，[一]告守令曰："故北中郎將盧植，名著海内，學爲儒宗，士之楷模，國之楨幹也……"

〔一〕《魏志》曰，建安十二年，操北征烏桓，涉鮮卑，討柳城，登白狼山也。

《後漢書》卷六十四《吳延史盧趙列傳第五十四·盧植》頁二一一九、二一二〇

後操討烏桓，[三]又嘲之曰："大將軍遠征，蕭條海外。昔肅慎不貢楛矢，[四]丁零盜蘇武牛羊，可并案也。"[五]

〔三〕建安十二年也。

〔四〕《國語》曰："昔武王克商,通于九夷百蠻,於是肅慎氏貢楛矢石砮,其長尺有咫。"《肅慎國記》曰："肅慎氏,其地在夫餘國北,東濱大海。"《魏略》曰："挹婁一名肅慎氏。"《説文》曰"楛,木也。今遼左有楛木,狀如荆,葉如榆"也。

〔五〕《山海經》曰："北海之内,有丁零之國。"《前書》蘇武使匈奴,單于徙北海上,[校1]丁零盜武牛羊,武遂窮厄也。

【校勘記】

[1]二二七二頁一〇行　單于徙北海上　按:張森楷《校勘記》謂"徙"下疑有"之"字。

《後漢書》卷七十《鄭孔荀列傳第六十·孔融》頁二二七二、二二九六

於是選掾右北平田疇、從事鮮于銀[四]蒙險間行,奉使長安。

〔四〕《魏志》曰："疇字子春,[校1]右北平無終人。好讀書,善擊劍。劉虞署爲從事。太祖北征烏桓,令疇將衆(止)〔上〕徐無,[校2]出盧龍,歷平剛,[校3]登白狼堆。去柳城二百餘里,虜乃驚,太祖與戰,大斬獲,論功封疇。疇上疏自陳,太祖令夏侯惇喻之。疇曰:'豈可賣盧龍塞以易賞禄哉?'"

【校勘記】

[1]二三五五頁一三行　疇字子春　按:《魏志》"春"作"泰",《袁紀》同。

[2]二三五五頁一三行　令疇將衆(止)〔上〕徐無　據

殿本改。按：王先謙謂作"上"是。

　　[3]二三五五頁一四行　歷平剛　按：《魏志》"剛"作
"岡"。

　　《後漢書》卷七十三《劉虞公孫瓚陶謙列傳第六十三·劉
虞》頁二三五五、二三六九

　　十二年,曹操征遼西,擊烏桓。尚、熙與烏桓逆操軍,戰
敗走,乃與親兵數千人奔公孫康於遼東。

　　《後漢書》卷七十四下《袁紹劉表列傳第六十四下·袁
紹》頁二四一八

　　矜强少成,坐談奚望。〔四〕

　　〔四〕《九州春秋》曰："曹公征烏桓,諸將曰：'今深入遠
征,萬一劉表使備襲許,悔無及也。'郭嘉曰：'劉表坐談客
耳,自知才不足以御備,重任之則恐不能制,輕之則備不爲
用。雖虛國遠征,無憂矣。'公遂征之。"

　　《後漢書》卷七十四下《袁紹劉表列傳第六十四下·劉
表》頁二四二五、二四二六

　　漢第七曲《巫山高》,今第七曲《屠柳城》,言曹公越北
塞,歷白檀,破三郡烏桓於柳城也。

　　屠柳城,功誠難。越度隴塞,路漫漫。北踰岡平,〔一八〕但
聞悲風正酸。蹋頓授首,遂登白狼山。神武懾海外,永無北
顧患。

【校勘記】

〔一八〕北踰岡平　按《三國志·魏志·武帝紀》載曹操北征三郡烏丸，引軍出盧龍塞，"經白檀，歷平岡，涉鮮卑庭，東指柳城"。則此"岡平"當作"平岡"。

《宋書》卷二十二《志第十二·樂四》頁六四六、六六九

改《巫山高》爲《屠柳城》，言曹公越北塞，歷白檀，破三郡烏桓於柳城也。

《晉書》卷二十三《志第十三·樂下·四時祠祀曹毗》頁七〇一

其後魏武北征烏丸，越沙漠而軍士思歸，於是減爲中鳴，而尤更悲矣。

《晉書》卷二十三《志第十三·樂下·拂舞歌詩五篇·淮南王篇》頁七一五

余按盧龍東越清陘，至凡城二百許里。自凡城東北出，趣平岡故城可百八十里，向黃龍則五百里。故陳壽《魏志》：田疇引軍出盧龍塞，塹山堙谷，五百餘里逕白檀，歷平岡，登白狼，望柳城。平岡在盧龍東北遠矣。而仲初言在南，非也。濡水又東南逕盧龍故城東，漢建安十二年，魏武征蹋頓所築也。濡水又南，黃洛水注之，水北出盧龍山，南流入于濡。濡水又東南，洛水合焉，水出盧龍塞西，南流注濡水。濡水又屈而流，左得去潤水，又合敖水，二水并自盧龍西注濡水。

《水經注校證》卷十四《濡水》頁三四六

　　濡水東南流,逕樂安亭南,東與新河故瀆合,瀆自雍奴縣承鮑丘水東出,謂之鹽關口。魏太祖征蹋頓,與泃口俱導也。世謂之新河矣。陳壽《魏志》云:以通海也。新河又東北絕庚水,又東北出,逕右北平,絕泃渠之水,又東北逕昌城縣故城北,王莽之淑武也。

　　　　　　　《水經注校證》卷十四《濡水》頁三四七

　　《地理志》:房,故遼東之屬縣也。遼水右會白狼水,水出右北平白狼縣東南,北流西北屈,逕廣成縣故城南,王莽之平虜也,俗謂之廣都城。又西北,石城川水注之,水出西南石城山,東流逕石城縣故城南,《地理志》:右北平有石城縣。北屈逕白鹿山西,即白狼山也。《魏書・國志》曰:遼西單于蹋頓尤强,爲袁氏所厚,故袁尚歸之。數入爲害。公出盧龍,塹山堙谷五百餘里,未至柳城二百里,尚與蹋頓將數萬騎逆戰,公登白狼山望柳城,卒與虜遇,乘其不整,縱兵擊之,虜衆大崩,斬蹋頓,胡、漢降者二十萬口。

　　　　《水經注校證》卷十四《大遼水》頁三四九至三五〇

　　其後魏武王北征烏丸,越沙漠,而軍士多思,於是減爲半鳴,而尤更悲矣。

　　　　《通典》卷第一百四十一《樂一・歷代沿革上》頁三五九八

　　曹公既克鄴,袁尚、袁熙遂奔遼東,衆有數千。初,遼東太守公孫康恃遠不服。曹公破烏丸，或説公遂征之，尚、熙可擒。

《通典》卷第一百五十六《兵九·敵黨急之則合緩之則離》頁四〇一三

（曹公）引軍出盧龍，塞外道絶不通，乃塹山堙谷五百餘里，經白檀，歷平剛，涉鮮卑庭，東指柳城。未至二百里，虜乃知之。尚、熙與蹋頓、遼西單于樓班、右北平單于能臣抵之等將數萬騎逆軍。登白狼山，卒與虜遇，衆甚盛。公車重在後，被甲者少，左右皆懼。公登高，望虜陣不整，乃縱兵擊之，使張遼爲先鋒，虜衆大崩，斬蹋頓及名王以下，胡、漢降者二十餘萬口。初，遼東太守公孫康恃遠不服。及公破烏丸，或説："公遂征之，尚兄弟可擒也。"公曰："吾方使康斬送尚、熙首，不煩兵矣。"公引軍自柳城還，康即斬尚、熙及速僕丸等，傳其首。諸將或問："公還而康斬送尚、熙，何也？"公曰："彼素畏尚等。吾急之則并力，緩之則自相圖，其勢然也。"

《太平御覽》卷九三《皇王部一八·魏太祖武皇帝》頁四四四下

十二年，曹公北征烏丸，先主説表襲許，表不能用。

《太平御覽》卷一一七《偏霸部一·蜀劉備》頁五六八上

《魏書》曰：曹公越北塞，歷白檀，破烏丸於柳城。

《太平御覽》卷一六二《州郡部八·檀州》頁七八八下

《魏志》曰：曹公北征烏丸，田疇自盧龍道引軍出盧龍塞，塹山堙谷五百餘里，經白檀，歷平岡，登白狼，望柳城。道今在盧龍縣。

《太平御覽》卷一六二《州郡部八·平州》頁七八九上

又曰：曹公既克鄴，袁尚、熙遂奔遼東，眾有數千。初，遼東太守公孫康恃遠不服。曹公破烏丸，或說公遂征之，尚、熙可擒。公曰："吾方使康斬送其首，不煩兵矣。"公引兵還，康果斬送尚、熙，傳其首。諸將或問曰："公還，而康斬尚、熙何也？"公曰："彼素畏尚、熙，其急之則并力，緩之則相圖，其勢然也。"

又曰：曹公討鮮卑 [①]，出盧龍，塞外道絕不通，乃塹山堙谷五百餘里，經白檀，歷剛平，涉鮮卑庭，東陷柳城。未至二百里，虜乃知之。將數萬騎逆軍，登白狼山，卒與虜遇，眾甚盛。公登高，觀虜陣不整，縱兵擊之，使張遼爲先鋒，虜大敗。

《太平御覽》卷二八五《兵部一六·機略四》頁一三一九上

《魏志》曰：田疇，字子泰，右北平人。太祖北征烏丸，軍次無終，夏水路不通。疇將其眾爲鄉導，出盧龍塞，虜乃驚。太祖與戰，遂大斬獲。軍還，論功封疇爲亭侯，疇上疏陳誠以死自誓。太祖不聽，欲引拜之，至于數四，疇終不受。

《太平御覽》卷四二四《人事部六五·讓下》頁一九五四下

---

①此處之"討鮮卑"應是"討烏桓"之訛誤。

　　太祖北征烏丸，未至，先遣使辟田疇，又命田豫喻指。疇戒其門下趨治裝。門人謂曰："昔袁公慕君，禮命五至，君義不屈；今曹公使一來，而君若恐弗及者，何也？"疇嘆而應之曰："此非君所識。"遂隨使者到軍，署司空戶曹掾，引見諮談。明日出令曰："田子泰非吾所宜吏者。"即舉茂才，隨軍。

　　《太平御覽》卷四七四《人事部一一五·禮賢》頁二一七五下

　　《英雄記》曰：建安中，曹操於南皮攻袁譚，斬之。操作鼓吹，自稱萬歲，於馬上舞。十二年，攻烏桓蹋頓，一戰斬蹋頓首，繫馬鞍，於馬上抃舞。

　　《太平御覽》卷五七四《樂部一二·舞》頁二五九二下

　　《通禮義纂》曰：長鳴，角也。按：蚩尤師蝄蜽與黃帝戰於涿鹿。帝命吹角爲龍鳴以禦之。魏武帝征烏桓，軍士思歸，乃減角爲中鳴，其聲尤悲，以應胡笳。晉、宋以降，沿襲用之，有長鳴。唐禮大駕陳一百二十具，是承晉、魏之制也。

　　《太平御覽》卷五八四《樂部二二·角》頁二六三三下

　　《魏志》云："曹公北征烏丸，田疇自盧龍道引軍出盧龍塞，塹山堙谷五百餘里，逕白檀，歷平岡，登白狼，望柳城。"即此道也。一謂之盧龍塞，在今郡城西北二百里。

　　《太平寰宇記》卷之七十《河北道十九·平州》頁一四二〇

又《魏書》云："曹公越北塞,歷白檀,破烏丸于柳城。"

《太平寰宇記》卷之七十一《河北道二十·檀州》頁一四三五

十一年,^① 曹公北征烏丸,先主說表襲許,表不能用。

《冊府元龜》卷一八三《閏位部·勳業一》頁二一九九上

閻柔爲烏丸校尉,從太祖征三郡烏丸,以功封關內侯。太祖甚愛柔,每謂之曰："我視卿如子,亦欲卿視我如父也。"

《冊府元龜》卷三七六《將帥部·褒異二》頁四四七六上

公孫康嗣父永寧鄉侯,太祖征三郡烏丸,屠柳城,袁尚等奔遼東,康斬送尚首,封康襄平侯,拜左將軍。

《冊府元龜》卷三七六《將帥部·褒異二》頁四四七六上

牽招,初爲太祖軍謀掾,從討烏丸至柳城,拜護烏丸校尉。

《冊府元龜》卷三七六《將帥部·褒異二》頁四四八三下

改《巫山高》爲《屠柳城》,言曹公越北塞,歷白檀,破三郡烏桓於柳城也。

《冊府元龜》卷五六五《掌禮部·作樂一》頁六七九二上

---

① 據《三國志·武帝紀》等卷可知,曹操北征烏丸當於建安十二年。

　　將北征三郡烏丸，諸將皆曰："袁尚亡虜爾，夷狄貪而無親，豈能爲尚用？今深入征之，劉備必説劉表以襲許，萬一爲變，事不可悔。"惟嘉策表必不能任備，勸太祖行。

　　　　《册府元龜》卷七一七《幕府部・智識》頁八五三六上

　　太祖將征袁尚及三郡烏丸，諸下多懼劉表使劉備襲許以討太祖，嘉曰："公雖威震天下，胡恃其遠，必不設備，因其無備，卒然擊之，可破滅也。且袁紹有恩於民夷，而尚兄弟生存，今四州之民，徒以威附，德施未加，舍而南征，尚因烏丸之資，招其死主之臣，胡人一動，民夷俱應，以生蹋頓之心，成覬覦之計，恐青冀非己之有也。表坐談客耳，自知才不足以御備，重任之則恐不能制，輕任之則備不爲用，雖虛國遠征，公無憂矣。"太祖遂行。至易，嘉言曰："兵貴神速，今千里襲人，輜重多難以趨利，且彼聞之必爲備，不如留輜重，輕兵兼道以出，掩其不意。"大祖乃密出盧龍塞，直指單于庭。虜卒聞太祖至，惶怖合戰，大破之，斬蹋頓及名王已下，尚及兄熙走遼東。

　　　　《册府元龜》卷七二〇《幕府部・謀畫一》頁八五七三下

　　（牽）招既事袁尚，後歸太祖，從討烏丸，至柳城，拜護烏丸校尉。

　　　　《册府元龜》卷八〇二《總録部・義二》頁九五二五上

　　魏田疇右北平人，常忿烏丸昔多賊殺其郡冠蓋，有欲討之意，會太祖北征烏丸，舉疇爲蓨令，不之官。隨軍次無終，時方夏雨，而濱海洿下，軍不得進。太祖患之，以問疇，疇曰：
"舊北平郡，道出盧龍，達于柳城，尚有微徑可從，路近而便，
掩其不備，可不戰而禽也。"太祖令疇將其衆爲鄉導，上徐無
山，出盧龍，歷平岡，登白狼堆，去柳城二百餘里。虜乃驚覺，
單于親自臨陣，太祖與交戰，遂大斬獲，追奔逐北，至柳城，軍
還入塞。論功行封，封疇亭侯，邑五百戶，疇自以始爲居難，
率衆遁逃，志義不立，反以爲利，非本意也，固讓。太祖知其
至心，許而不奪。

　　　《册府元龜》卷八〇七《總録部·辭賞》頁九六〇〇下

　　魏田疇字子泰，漢末率宗族入徐無山中，疇常忿烏丸昔
多殺賊其郡冠蓋，有欲討之意，而力未能。建安十二年，太祖
北征烏丸，未至先遣使辟疇。

　　　《册府元龜》卷八四九《總録部·謀畫》頁一〇〇九六上

　　曹公擊袁尚、袁熙至遼西，尚、熙與烏丸逆軍戰敗，走奔遼
東，公孫康誘斬之送其首。尚爲人有勇力，欲奪取康衆，與熙謀曰：
"今到，康必相見，欲與兄手擊之，有遼東猶可以自廣也。"康亦心計曰：
"今不取熙、尚，無以爲悦於國家。"乃先置其精勇於厩中，然後請熙、尚
入，康伏兵出皆縛之，坐於地。尚寒求席曰："未死之間，寒不可忍，可相
與席。"熙曰：頭尚方行萬里，何席之爲？"遂斬首，譚字顯思、熙字顯雍。

　　　《册府元龜》卷九四二《總録部·禍敗》頁一一〇九八上

　　時烏桓、鮮卑强盛，後太祖乃破烏桓，徙其餘種於中國。
　　　《册府元龜》卷九五六《外臣部·總序》頁一一二三九下

　　獻帝建安十二年八月，司空曹公大破烏桓於柳城，斬其
蹋頓。蹋頓，匈奴王號。柳城今營州縣。時蹋頓驍武，邊長老皆
比之冒頓。恃其阻遠，敢受亡命，以雄百蠻。公潛師北伐，出
其不意，一戰而定，夷狄懾服，威振朔土。遂引烏桓之衆，服
從征討，而邊民得用安息。初，公之北征三郡烏桓，五月至無
終，七月大水，傍海道不通。田疇請爲鄉導，公從之，引軍出
盧龍塞。塞外道絕不通，乃塹山堙谷五百餘里，經白檀，歷平
剛，涉鮮卑庭，東指柳城，未至二百里，虜乃知之。尚、熙與
蹋頓、遼西單于樓班、右北平單于能臣抵之等將數萬騎，逆軍
八百里，登白狼山，卒與虜遇，衆甚盛。公車重，在後，被甲者
少，左右皆懼。公登高望虜陣不整，乃縱兵擊之。使張遼爲
先鋒，虜衆大潰，斬蹋頓，其名王已下胡漢降者二十餘萬口，
遼東單于速僕丸及遼西、北平諸豪棄其種人，與尚、熙奔遼
東，衆尚有數千騎。

　　《册府元龜》卷九八三《外臣部·征討二》頁一一五五一
上至一一五五一下

　　是時，曹公破三郡烏丸，還至易水。代郡烏丸行單于普
富盧、上郡烏丸行單于那樓將其名王來賀。

　　《册府元龜》卷九九九《外臣部·入覲》頁一一七一七下

　　獻帝建安中，烏丸、鮮卑稍更强盛，亦因漢末之亂，中國
多事，不遑外討，故得擅漠南之地，寇暴城邑，殺掠人民，北邊
仍受其困。會袁紹兼河北，乃撫有三郡烏丸，寵其名王，而收
其精騎。其後尚、熙又逃于蹋頓，蹋頓又驍武，邊長老皆比之

冒頓。恃其阻遠，敢受亡命，以雄百蠻。右北平烏延，衆八百餘落，自稱汗魯王，并勇健而多計策。

《册府元龜》卷一〇〇〇《外臣部·强盛》頁一一七三一上至一一七三一下

魏，烏桓王蹋頓，漢建安十一年，[①]太祖自征蹋頓於柳城，潛軍詭道，未至百餘里，虜乃覺。蹋頓將衆逆戰，太祖擊破之，臨陣斬蹋頓，死者被野，速附丸、樓班、烏延等走遼東。遼東悉斬傳首，其遺迸皆降，烏桓萬餘落，悉徙其族居中國。

《册府元龜》卷一〇〇〇《外臣部·亡滅》頁一一七三八下

曹操將擊烏桓。諸將皆曰："袁尚亡虜耳，夷狄貪而無親，豈能爲尚用。今深入征之，劉備必説劉表以襲許，説，輸芮翻。萬一爲變，事不可悔。"郭嘉曰："公雖威震天下，胡恃其遠，必不設備，因其無備，卒破【章：甲十一行本"破"作"然"；乙十一行本同；孔本同；張校同。】擊之，可破滅也。卒，讀曰猝。且袁紹有恩於民夷，而尚兄弟生存。今四州之民，徒以威附，德施未加，施，式豉翻。舍而南征，舍，讀曰捨。尚因烏桓之資，招其死主之臣，言欲爲其主致死，而留滯不得逞者。胡人一動，民夷俱應，以生蹋頓之心，成覬覦之計，覬，音冀。覦，音俞。恐青、冀非己之有也。表坐談客耳，自知才不足以御備，重任之則恐不能制，輕任之則備不爲用，雖虛國遠征，公無憂矣。"操從之。行

①曹操北征烏丸時間，《三國志·武帝紀》等皆作建安十二年。

至易，易縣，前漢屬涿郡，後漢省。宋白曰：漢易縣故城，在今涿州歸義縣東南十五里，大易故城是。郭嘉曰："兵貴神速。今千里襲人，輜重多，難以趨利，重，直用翻；下同。趨，七喻翻。且彼聞之，必爲備；不如留輜重，輕兵兼道以出，掩其不意。"

《資治通鑑》卷六十五《漢紀五十七・獻帝建安十二年》頁二〇七〇

　　初，袁紹數遣使召田疇於無終，疇保無終，見六十卷初元四年。數，所角翻。又即授將軍印，使安輯所統，疇皆拒之。及曹操定冀州，河間邢顒謂疇曰："黃巾起來，二十餘年，海內鼎沸，百姓流離。今聞曹公法令嚴。民厭亂矣，亂極則平，請以身先。"遂裝還鄉里。顒，魚容翻。顒從疇游，積五年乃歸。先，悉薦翻。疇曰："邢顒，天民之先覺者也。"伊尹曰：予，天民之先覺者也。此以道自任者也。若邢顒之先覺，特見幾耳。操以顒爲冀州從事。疇忿烏桓多殺其本郡冠蓋，謂郡中名勝之士。意欲討之而力未能。操遣使辟疇，疇戒其門下趣治嚴。趣，讀曰促。嚴即裝也。自東都避明帝諱，改裝曰嚴，後遂因之。門人曰："昔袁公慕君，禮命五至，君義不屈；今曹公使一來而君若恐弗及者，何也？"使，疏吏翻；下同。疇笑曰："此非君所識也。"遂隨使者到軍，拜爲蓨令，蓨縣，前漢屬信都，後漢屬勃海。師古曰：蓨，音條。隨軍次無終。

　　時方夏水雨，而濱海洿下，洿，汪胡翻。濘滯不通，虜亦遮守蹊要，蹊，逕路也；蹊要，徑路要處也。濘，乃定翻。軍不得進。操患之，以問田疇。疇曰："此道，秋夏每常有水，淺不通車馬，深不載舟船，爲難久矣。舊北平郡治在平岡，道出盧龍，達于柳城；前漢右北平郡治平岡縣，後漢省平岡縣，改治土垠縣。垠，音銀。
賢曰：土垠故城，在今平州西南。《水經注》曰：自無終東出盧龍塞，又東
越青陘至凡城二百許里。自凡城東北出，趣平岡，可百八十里，向黃龍則
五百里。故田疇引軍出盧龍塞，塹山堙谷，五百餘里，逕白檀，歷平岡，
登白狼山，望柳城也。自建武以來，陷壞斷絶，垂二百載，載，子亥
翻。而尚有微逕可從。今虜將以大軍當由無終，不得進而退，
懈弛無備。若嘿回軍，從盧龍口越白檀之險，出空虛之地，路
近而便，掩其不備，蹋頓可不戰而禽也。”操曰：“善！”乃引
軍還，而署大木表於水側路傍曰：“方今夏暑，道路不通，且俟
秋冬，乃復進軍。”復，扶又翻。虜候騎見之，誠以爲大軍去也。
騎，奇寄翻。

　　操令疇將其衆爲鄉導，將，即亮翻。鄉，讀曰嚮。上徐無山，
《史記正義》：徐無山，在右北平徐無縣西北。徐無山，即田疇所保聚處。
塹山堙谷，五百餘里，經白檀，歷平岡，涉鮮卑庭，白檀縣，屬右
北平郡。宋白曰：白檀故城，在檀州燕樂縣界。此時鮮卑庭已在右北平
郡界，蓋慕容廆之先也。塹，七艷翻。東指柳城。未至二百里，虜
乃知之。尚、熙與蹋頓及遼西單于樓班、樓班，丘力居之子也。
右北平單于能臣抵之等右北平單于曰烏延。能臣抵之，或者烏延之
異名歟！將數萬騎逆軍。八月，操登白狼山，《水經注》：白狼山，
在右北平石城縣西。《烏丸傳》：逆戰於凡城，則白狼山蓋在凡城。卒與
虜遇，卒，讀曰猝。衆甚盛。操車重在後，車重，即輜重。重，直用
翻。被甲者少，左右皆懼。被，皮義翻。少，詩沼翻。操登高，望
虜陣不整，乃縱兵擊之，使張遼爲前鋒，虜衆大崩，斬蹋頓及
名王已下，胡、漢降者二十餘萬口。降，户江翻。

　　遼東單于速僕丸速僕丸，即蘇僕延，語有輕重耳。與尚、熙奔

遼東太守公孫康，其衆尚有數千騎。或勸操遂擊之，操曰：
“吾方使康斬送尚、熙首，不煩兵矣。”九月，操引兵自柳城還。
公孫康欲取尚、熙以爲功，乃先置精勇於厩中，然後請尚、熙
入，未及坐，康叱伏兵禽之，遂斬尚、熙，并速僕丸首送之。諸
將或問操：“公還而康斬尚、熙，何也？”操曰：“彼素畏尚、熙，
吾急之則并力，緩之則自相圖，其勢然也。”操梟尚首，梟，古堯
翻。令三軍：“敢有哭之者斬！”牽招獨設祭悲哭，牽招先爲袁氏
從事，故祭哭之。操義之，舉爲茂才。

　　時天寒且旱，二百里無水，軍又乏食，殺馬數千匹以爲
糧，鑿地入三十餘丈方得水。既還，科問前諫者，科，條也。問
前諫者，科具其姓名也。衆莫知其故，人人皆懼。操皆厚賞之，
曰：“孤前行，乘危以徼倖，徼，堅堯翻。雖得之，天所佐也，顧不
可以爲常。諸君之諫，萬安之計，是以相賞，後勿難言之。”
　　《資治通鑑》卷六十五《漢紀五十七·獻帝建安十二年》
頁二〇七一至二〇七三

　　十一月，曹操至易水，烏桓單于代郡普富盧、上郡那樓皆
來賀。
　　《資治通鑑》卷六十五《漢紀五十七·獻帝建安十二年》
頁二〇七三

　　十二年秋八月，曹操大破烏桓於柳城，斬其蹋頓。
　　《通志》卷六下《後漢紀六下·孝獻皇帝》頁一三五上

　　將北征三郡烏丸，諸將皆曰：“袁尚，亡虜耳，夷狄貪而

無親,豈能爲尚用？今深入征之,劉備必說劉表以襲許。萬
一爲變,事不可悔。"惟郭嘉策表必不能任備,勸太祖行。夏
五月,至無終。秋七月,大水,傍海道不通,田疇請爲鄉導,太
祖從之。引軍出盧龍塞,塞外道絕不通,乃塹山堙谷五百餘
里,經白檀,歷平剛,涉鮮卑庭,東指柳城。未至二百里,虜乃
知之。尚、熙與蹋頓、遼西單于樓班、右北平單于能臣抵之等
將數萬騎逆軍。八月,登白狼山,卒與虜遇,眾甚盛。太祖車
重在後,被甲者少,左右皆懼。太祖登高,望虜陣不整,乃縱
兵擊之,使張遼爲先鋒,虜眾大崩,斬蹋頓及名王已下,胡、漢
降者二十餘萬口。遼東單于速僕丸及遼西、北平諸豪,棄其
種人,與尚、熙奔遼東,眾尚有數千騎。初,遼東太守公孫康
恃遠不服。及太祖破烏丸,或說太祖遂征之,尚兄弟可禽也。
太祖曰:"吾方使康斬送尚、熙首,不煩兵矣。"九月,太祖引
兵自柳城還,康即斬尚、熙及速僕丸等,傳其首。諸將或問太
祖:"還而康斬送尚、熙,何也？"太祖曰:"彼素畏尚等,吾急
之則并力,緩之則自相圖,其勢然也。"十一月至易水,代郡烏
丸行單于普富盧、上郡烏丸行單于那樓將其名王來賀。

　　《通志》卷七《魏紀七·太祖武皇帝》頁一四〇下至一四
一上

　　十二年,曹公北征烏丸,先主說表襲許,表不能用。
　　　　　　《通志》卷八《蜀紀八·先主》頁一五五下

　魏曰《屠柳城》,言曹公破三郡烏丸於柳城也
　　　　　　《通志》卷四十九《樂略一》頁六二六下

其後，魏武帝北征烏桓，越涉沙漠，軍士聞之悲思，於是減爲中鳴，尤更悲矣。

　　　　《通志》卷四十九《樂略一》頁六二七下

及北征三郡，純步騎獲單于蹋頓。

　　　　《通志》卷七十九《宗室傳二·曹純》頁九四八中

後操討烏桓，又嘲之曰：“大將軍遠征，蕭條海外。昔肅慎不貢楛矢，丁零盜蘇武牛羊，可并案也。”

　　《通志》卷一百十三上《列傳二十六上·孔融》頁一六七八下

十二年，曹操征遼西，擊烏桓。尚、熙與烏桓逆操軍，戰敗走，乃與親兵數千人奔公孫康於遼東。

　　《通志》卷一百十三下《列傳二十六下·袁紹》頁一六九三下

十二年，太祖征三郡烏丸，屠柳城。袁尚等奔遼東，康斬送尚首。語在《武紀》。

　　《通志》卷一百十四《列傳二十七·公孫康》頁一六九九下

（張繡）從征烏丸於柳城，未至，薨，謚定侯。

　　《通志》卷一百十四《列傳二十七·張繡》頁一七〇〇中

　　太祖將征袁尚及三郡烏丸,諸將多懼劉表使劉備襲許以討太祖,嘉曰:"公雖威震天下,胡恃其遠,必不設備。因其無備,卒然擊之,可破滅也。且袁紹有恩於民夷,而尚兄弟生存。今四州之民,徒以威附,德施未加,舍而南征,尚因烏丸之資,招其死難之臣,胡人一動,民夷俱應,以生蹋頓之心,成覬覦之計,恐青、冀非己之有也。表,坐談客耳,自知才不足以御備,重任之則恐不能制,輕任之則備不爲用,雖虛國遠征,公無憂矣。"太祖遂行。至易,嘉曰:"兵貴神速。今千里襲人,輜重多,難以趨利,且彼聞之,必爲備;不如留輜重,輕兵兼道以出,掩其不意。"太祖乃密出盧龍塞,直指單于庭。虜卒聞太祖至,惶怖合戰。遂大破之,斬蹋頓及名王已下。尚及兄熙走遼東。

　　《通志》卷一百十五上《列傳二十八上·郭嘉》頁一七二〇下至一七二一上

　　從征袁尚於柳城,卒與虜遇,遼勸太祖戰,氣甚奮,太祖壯之,自以所持麾授遼。遼突擊,大破之,斬單于蹋頓。

　　《通志》卷一百十五下《列傳二十八下·張遼》頁一七三六上

　　太祖滅譚於南皮,署招軍謀掾,從討烏丸。至柳城,拜護烏丸校尉。

　　《通志》卷一百十七《列傳三十·牽招》頁一七六四下

　　疇常忿烏丸昔多賊殺其郡冠蓋,有欲討之意而力未能。

建安十二年，太祖北征烏丸，未至，先遣使辟疇，又命田預喻指。疇戒其門下趣治嚴。門人謂曰："昔袁公慕君，禮命五至，君義不屈；今曹公使一來而君若恐弗及者，何也？"疇笑而應之曰："此非君所識也。"遂隨使者至軍，署司空戶曹掾，引見諮議。明日出令曰："田子泰非吾所宜吏者。"即舉茂才，拜爲蓨令，不之官，隨軍次無終。方夏水雨，而濱海洿下，濼滯不通，虜亦遮守蹊要，軍不得進。太祖患之，以問疇。疇曰："此道，秋夏每常有水，淺不通車馬，深不載舟船，爲難久矣。舊北平郡治在平岡，道出盧龍，達於柳城；自建武以來，陷壞斷絶，垂二百載，而尚有微徑可從。今虜將謂大軍由無終，不得進而退，已懈弛無備。若嘿回軍，從盧龍口越白檀之嶮，出空虛之地，路近而便，掩其不備，蹋頓之首可不戰而禽也。"太祖曰："善。"乃引軍還，而署大木表於水側路傍曰："方今暑夏，道路不通，且須秋冬，乃復進軍。"虜候騎見之，誠以爲大軍去也。太祖令疇將其衆爲鄉導，上徐無山，出盧龍，歷平岡，登白狼堆，去柳城二百餘里，虜乃驚覺。單于身自臨陣，太祖與交戰，遂大斬獲，追奔逐北，至柳城。軍還入塞，論功行封，封疇都亭侯，邑五百戶。

　　《通志》卷一百六十八《獨行傳一·田疇》頁二七二二下至二七二三上

　　其後魏武北征烏丸，越沙漠，而軍士多思，於是減爲半鳴，而尤更悲矣。

　　　　《文獻通考》卷一百二十九《樂二》頁一一四九上

陳氏《樂書》曰：胡角本應胡笳之聲，通長鳴、中鳴，凡有三部。魏武帝北征烏丸，越沙漠，軍士聞之，靡不動鄉關之思。於是武帝半減之爲中鳴，其聲尤更悲切。

《文獻通考》卷一百三十八《樂十一》頁一二二五中

屠柳城言曹公破三郡烏丸於柳城，代漢巫山高。

《文獻通考》卷一百四十一《樂十四》頁一二四七下

其後魏武帝北征烏桓，越涉沙漠，軍士聞之悲思，於是減爲中鳴，尤更悲矣。

《文獻通考》卷一百四十二《樂十五》頁一二五〇上

田疇，右北平無終人。太祖征烏丸，疇將衆爲向導，破虜，以功封亭侯，邑五百戶，固辭不受。

《文獻通考》卷二百七十《封建十一》頁二一四三中

檀州，武威軍，下，刺史。本燕漁陽郡地，漢爲白檀縣。《魏書》，曹公歷白檀，破烏丸於柳城。

《遼史》卷四十《志第十·地理志四·南京道》頁四九七

（曹操）命棗祇屯田許下，繕兵積穀，州郡皆置田官，所在倉廩皆滿，於是破袁紹，略烏桓，今北直廢大寧衛以北即烏桓地。兼幽、并，平關、隴，富强莫與之抗。

《讀史方輿紀要》卷二《歷代州域形勢二》頁八二

建安十一年，①曹操伐烏桓，還至易水，上郡、代郡烏桓皆來賀。

　　　　　《讀史方輿紀要》卷十《北直一》頁四二〇

白檀廢縣，在縣南。漢置，以縣有白檀山而名。後漢廢。建安中曹操歷白檀破烏桓於柳城，即白檀故城也。

　　　　　《讀史方輿紀要》卷十一《北直二》頁四八三

白檀山，縣南二十里。《漢書》：“李廣弭節白檀。”又曹操伐烏桓，田疇請從盧龍口越白檀之險，出空虛之地，掩其不備是也。

　　　　　《讀史方輿紀要》卷十一《北直二》頁四八五

徐無山，縣東北二十里。後漢末，田疇入徐無山，營深險平敞地而居之，百姓歸之至五千餘家。建安十一年曹操伐烏桓，令疇爲鄉導，上徐無山是也。今其山綿延深廣。

　　　　　《讀史方輿紀要》卷十一《北直二》頁四九七

後漢建安十一年曹操征烏桓，至易，留輜重，輕兵兼道而進。

　　　　　《讀史方輿紀要》卷十二《北直三》頁五一八

後漢末袁紹、公孫瓚角逐於前，曹操踵其後，從而并幽、

_____

①曹操北征烏丸時間，《三國志·武帝紀》等皆作建安十二年，《讀史方輿紀要》各卷皆作建安十一年，似誤，下不重注。

薊,平烏桓。

　　　　《讀史方輿紀要》卷十三《北直四》頁五五〇

　曹操出盧龍,平烏桓。

　　　　《讀史方輿紀要》卷十七《北直八》頁七四九

　盧龍塞,《通典》:"在平州城西北二百里。"《水經注》:"濡水東南逕盧龍塞。塞道自無終縣東出度濡水,向林蘭陘,東至青陘。盧龍之險,峻坂縈折,故有九峥之名。又有盧龍城,魏武征蹋頓時所築也。"《後漢紀》:"建安十一年曹操征烏桓,出盧龍塞,塹山堙谷五百餘里,後人亦謂之長塹。"

　　　　《讀史方輿紀要》卷十七《北直八》頁七五五

　柳城廢縣,即營州治也。章懷太子賢曰:"柳城故城,在今營州南。"漢置縣,屬遼西郡,西部都尉治焉。後漢縣廢。建安中遼西烏桓蹋頓據其地,曹操伐烏桓,田疇請出盧龍達柳城是也。

　　　　《讀史方輿紀要》卷十八《北直九》頁八三〇

　白狼城,在營州西南。漢縣,屬右北平郡,後漢省。建安中魏公操伐烏桓,歷平岡,登白狼堆,去柳城二百餘里,即故白狼地也。

　　　　《讀史方輿紀要》卷十八《北直九》頁八三二

　平剛城,營州西南五百里。漢縣,爲右北平郡治。剛,一作"岡",或作"崗"。後漢移郡治土垠縣,遂廢。建安十一年,曹操擊烏桓,至無終，時方夏水雨，濱海洿下，濘滯不通，彼亦遮守蹊要，軍不得進。田疇進曰：“舊北平郡治在平剛，道出盧龍達于柳城，自建武以來陷壞斷絶，而尚有微徑可從，若嘿回軍從盧龍口越白檀之險，出空虛之地，路近而便，掩其不備，蹋頓可不戰而擒。”操從之。疇引軍上徐無山，塹山堙谷五百餘里，經白檀，歷平剛，涉鮮卑庭東指柳城，果平烏桓。《水經注》：“自無終東出盧龍塞，又東至凡城，又東北趣平剛，此爲正道。”今自徐無轉而西北，改經白檀乃歷平剛，所謂行兵無人之地也。自徐無至平剛路迂而險，自平剛至柳城則近而便矣。

《讀史方輿紀要》卷十八《北直九》頁八三二至八三三

白狼山，在營州西南。志云：近故凡城界，漢白狼縣以此名。曹操伐烏桓，登白狼山望營州，卒與敵遇，操縱擊，大敗之。或謂之白鹿山。

《讀史方輿紀要》卷十八《北直九》頁八四一

饒樂河，在衛北。源亦出馬盂山，其下流東北入于潢河。志云：魏武北征烏桓之後，厙莫奚建牙于此。

《讀史方輿紀要》卷十八《北直九》頁八四三

胡氏曰：“漕渠即曹操伐烏桓時所開平虜渠也。”

《讀史方輿紀要》卷十八《北直九》頁八四六

肥如有盧龍塞，魏武北征烏丸，田疇引軍出此塞。有盧龍城，征蹋頓所築。

《三國會要》卷八《方域下·右冀州》頁一〇九

《晉志》:魏武征烏丸,越沙漠而軍士思歸,於是減爲中鳴而更悲矣。

《三國會要》卷十四《樂》頁二六四

漢第七曲《巫山高》,今第七曲《屠柳城》,言曹公越北塞,歷白檀,破三郡烏桓於柳城也。

《三國會要》卷十四《樂》頁二六八

公元二〇八年　　東漢獻帝建安十三年

（劉）表以粲貌寢而體弱通侻,不甚重也。〔一〕表卒。粲勸表子琮,令歸太祖。〔二〕

〔一〕臣松之曰:貌寢,謂貌負其實也。通侻者,簡易也。

〔二〕《文士傳》載粲說琮曰:"僕有愚計,願進之於將軍,可乎?"琮曰:"吾所願聞也。"粲曰:"天下大亂,豪杰並起,在倉卒之際,强弱未分,故人各各有心耳。當此之時,家家欲爲帝王,人人欲爲公侯。觀古今之成敗,能先見事機者,則恒受其福。今將軍自度,何如曹公邪?"琮不能對。粲復曰:"如粲所聞,曹公故人杰也。雄略冠時,智謀出世,摧袁氏於官渡,驅孫權於江外,逐劉備於隴右,破烏丸於白登,其餘梟夷蕩定者,往往如神,不可勝計。今日之事,去就可知也。將軍能聽粲計,卷甲倒戈,應天順命,以歸曹公,曹公必重德將軍。保己全宗,長享福祚,垂之後嗣,此萬全之策也。粲遭亂流離,託命此州,蒙將軍父子重顧,敢不盡言!"琮納其言。

臣松之案:孫權自此以前,尚與中國和同,未嘗交兵,何云"驅權於江外"乎?魏武以十三年征荆州,劉備却後數年方入蜀，備身未嘗涉於關、隴。而於征荆州之年，便云逐備於隴右，既已乖錯；又白登在平城，亦魏武所不經，北征烏丸，與白登永不相豫。以此知張騭假僞之辭，而不覺其虛之自露也。凡騭虛僞妄作，不可覆疏，如此類者，不可勝紀。

《三國志》卷二十一《魏書·王衛二劉傅傳第二十一·王粲》頁五九八至五九九

（王）粲復曰：“如粲所聞，曹公故人杰也。雄略冠時，智謀出世，摧袁氏於官渡，驅孫權於江外，逐劉備於隴右，破烏丸於白登，其餘梟夷蕩定者，往往如神，不可勝計……”

《册府元龜》卷八九一《總錄部·游説六》頁一〇五四五下

公元二一一年　東漢獻帝建安十六年

獻帝建安十六年七月，曹公西征關中，田銀反河間，鮮卑軻比能將三千餘騎隨烏丸校尉閻柔擊破銀。

《册府元龜》卷九七三《外臣部·助國討伐》頁一一四三一上

公元二一三年　東漢獻帝建安十八年

烏丸三種，崇亂二世，袁尚因之，逼據塞北，束馬縣車，一征而滅，此又君之功也。

《三國志》卷一《魏書·武帝紀第一》頁三八

烏桓三種[七]，崇亂二世，袁尚因之，逼處塞北，束馬懸車，一征而滅,此又君之功也。

　〔七〕即三郡烏桓也。

《後漢紀校注》卷三十《後漢孝獻皇帝紀卷第三十》頁
八四九至八五〇

　　烏丸三種,崇亂二世,袁尚因之,逼據塞北,束馬縣車,一
征而滅,此又君之功也。

　　　　　　《通志》卷七《魏紀七・太祖武皇帝》頁一四二上

公元二一六年　　東漢獻帝建安二十一年

（夏五月）代郡烏丸行單于普富盧與其侯王來朝。

　　　　　　　　《三國志》卷一《魏書・武帝紀第一》頁四七

（夏五月）代郡烏桓行單于普富盧與其侯王來朝。

　　　　　　《通志》卷七《魏紀七・太祖武皇帝》頁一四三上

　　建安二十一年夏,代郡烏丸行單于普富盧與其侯王
來朝。

　　　　　　《三國會要》卷十二《禮中・賓禮》頁二三六

　　時代郡大亂,以潛爲代郡太守。烏丸王及其大人,凡三
人,各自稱單于,專制郡事。前太守莫能治正,太祖欲授潛精
兵以鎮討之。潛辭曰:“代郡戶口殷衆,士馬控弦,動有萬數。
單于自知放橫日久,內不自安。今多將兵往,必懼而拒境,少
將則不見憚。宜以計謀圖之,不可以兵威迫也。”遂單車之

郡。單于驚喜。潛撫之以静。單于以下脱帽稽顙，悉還前後所掠婦女、器械、財物。潛案誅郡中大吏與單于爲表裏者郝溫、郭端等十餘人，北邊大震，百姓歸心。在代三年，還爲丞相理曹掾，太祖褒稱治代之功，潛曰："潛於百姓雖寬，於諸胡爲峻。今計者必以潛爲理過嚴，而事加寬惠；彼素驕恣，過寬必弛，既弛又將攝之以法，此訟爭所由生也。以勢料之，代必復叛。"於是太祖深悔還潛之速。後數十日，三單于反問至，乃遣鄢陵侯彰爲驍騎將軍征之。

《三國志》卷二十三《魏書·和常楊杜趙裴傳第二十三·裴潛》頁六七二

　　時代郡大亂，以潛爲代郡太守。烏丸王及其大人，凡三人，各自稱單于，專制郡事。前太守莫能治正，太祖欲授潛精兵以鎮討之。潛辭曰："代郡户口殷衆，士馬控弦，動有萬數。單于自知放横日久，内不自安。今多將兵往，必懼而拒境，少將則不見憚。宜以計圖之，不可以兵威迫也。"遂單車之郡。單于驚喜。潛撫之以静。單于以下脱帽稽顙，悉還前後所略婦女、器械、財物。潛按誅郡中大吏與單于爲表裏者郝溫、郭端等十數人，北邊大震，百姓歸心。在代三年，還爲丞相理曹掾，太祖褒稱治代之功，潛曰："潛於百姓雖寬，於諸胡爲峻。今繼者必以潛爲理過嚴，而事加寬惠；彼素驕恣，過寬必弛，既弛又將攝之以法，此忿爭所由生也。以勢料之，代必復叛。"於是太祖深悔還潛之速。後數十日，三單于果反，乃遣鄢陵侯彰爲驃騎將軍征之。

《通志》卷一百十六《列傳二十九·裴潛》頁一七五二下

代郡烏桓三大人皆稱單于，代郡烏桓單于：其一曰普盧，其二曰無臣氐，其三則未之聞也。恃力驕恣，太守不能治。魏王操以丞相倉曹屬裴潛爲太守，漢公府有倉曹，有掾，有屬，主倉穀事。欲授以精兵。潛曰："單于自知放橫日久，橫，户孟翻。今多將兵往，必懼而拒境，少將則不見憚，宜以計謀圖之。"遂單車之郡，單于驚喜。潛撫以恩威，單于讋服。讋，質涉翻。

《資治通鑑》卷六十七《漢紀五十九·獻帝建安二十一年》頁二一四六

公元二一七年　東漢獻帝建安二十二年

後單于入侍，西北無虞，習之績也。[一]

〔一〕《魏略》曰：鮮卑大人育延，常爲州所畏，而一旦將其部落五千餘騎詣習，求互市。習念不聽則恐其怨，若聽到州下，又恐爲所略，於是乃許之，往與會空城中交市。遂敕郡縣，自將治中以下軍往就之。市易未畢，市吏收縛一胡。延騎皆驚，上馬彎弓圍習數重，吏民惶怖不知所施。習乃徐呼市吏，問縛胡意，而胡實侵犯人。習乃使譯呼延，延到，習責延曰："汝胡自犯法，吏不侵汝，汝何爲使諸騎驚駭邪？"遂斬之，餘胡破膽不敢動。是後無寇虜。至二十二年，太祖拔漢中，諸軍還到長安，因留騎督太原烏丸王魯昔，使屯池陽，以備盧水。昔有愛妻，住在晉陽。昔既思之，又恐遂不得歸，乃以其部五百騎叛還并州，留其餘騎置山谷間，而單騎獨入晉陽，盜取其妻。已出城，州郡乃覺；吏民又畏昔善射，不敢追。習乃令從事張景，募鮮卑使逐昔。昔馬負其妻，重騎行遲，未及與其衆合，而爲鮮卑所射死。始太祖聞昔叛，恐其爲亂於北邊；會聞已殺之，大喜，以習前後有策略，封爲關內侯。

《三國志》卷十五《魏書・劉司馬梁張温賈傳第十五・梁
習》頁四六九、四七〇

　　至太祖拔漢中，諸軍還到長安，因留騎督太原烏丸王魯
昔，使屯咸陽，以備盧水。昔有愛妻，住在晉陽。昔既思之，
又恐遂不得歸，乃以其部五百騎叛還并州，留其餘騎置山谷
間，而單騎獨入晉陽，盜取其妻。已出城，州郡乃覺，吏民又
畏昔善射，不敢追昔。習乃令從事張景，募鮮卑使逐昔。昔
馬負其妻，重騎行遲，未及與其衆合，而爲鮮卑所射死。始太
祖聞昔叛，恐其爲亂於北邊，會聞已殺之，大喜。以習前後有
策略，封爲關內侯。

《册府元龜》卷六九一《牧守部・智略》頁八二三五上

　　梁習爲并州刺史，烏丸王魯昔叛還并州，習令從事張景
募鮮卑逐昔，昔爲鮮卑所射死。始太祖聞昔叛，恐其爲亂於
北邊，會聞已殺之，大喜。以習前後有策略，封爲關內侯。

《册府元龜》卷六九三《牧守部・武功一》頁八二六四上

　　獻帝建安中，鮮卑素利、彌加、厥機因烏丸校尉閻柔上貢
獻通市。是時，梁習爲并州刺史，鮮卑大人育延常爲州所畏，
而一旦將其部落五千餘騎詣習求互市，習念不聽則恐其怨，
若聽到州下又恐爲所略，於是乃許之，往與會空城中交市。
遂敕郡縣自將治中以下軍往就之。

《册府元龜》卷九九九《外臣部・互市》頁一一七二六下

建安中,太祖定幽州,步度根與軻比能等,因烏丸校尉閻柔上貢獻。

《三國會要》卷二十二《四夷·鮮卑》頁三八八

公元二一八年　　東漢獻帝建安二十三年

夏四月,代郡、上谷烏丸無臣氏等叛,遣鄢陵侯彰討破之。〔一〕

〔一〕《魏書》載王令曰:"去冬天降疫癘,民有凋傷,軍興於外,墾田損少,吾甚憂之。其令吏民男女:女年七十已上無夫子,若年十二已下無父母兄弟,及目無所見,手不能作,足不能行,而無妻子父兄產業者,廩食終身。幼者至十二止,貧窮不能自贍者,隨口給貸。老耄須待養者,年九十已上,復不事,家一人。"

《三國志》卷一《魏書·武帝紀第一》頁五一

鄢陵侯彰北征烏丸,文帝在東宮,爲書戒彰曰:"爲將奉法,不當如征南邪! "

《三國志》卷九《魏書·諸夏侯曹傳第九·曹仁》頁二七六

二十三年,代郡烏丸反,以彰爲北中郎將,行驍騎將軍。臨發,太祖戒彰曰:"居家爲父子,受事爲君臣,動以王法從事,爾其戒之! "彰北征,入涿郡界,叛胡數千騎卒至。時兵馬未集,唯有步卒千人,騎數百匹。用田豫計,固守要隙,虜乃退散。彰追之,身自搏戰,射胡騎,應弦而倒者前後相屬。戰過半日,彰鎧中數箭,意氣益厲,乘勝逐北,至于桑乾,〔一〕

去代二百餘里。長史諸將皆以爲新涉遠，士馬疲頓，又受節度，不得過代，不可深進，違令輕敵。彰曰："率師而行，唯利所在，何節度乎？胡走未遠，追之必破。從令縱敵，非良將也。"遂上馬，令軍中："後出者斬。"一日一夜與虜相及，擊，大破之，斬首獲生以千數。彰乃倍常科大賜將士，將士無不悦喜。時鮮卑大人軻比能將數萬騎觀望强弱，見彰力戰，所向皆破，乃請服。北方悉平。

〔一〕臣松之案桑乾縣屬代郡，今北虜居之，號爲索干之都。

《三國志》卷十九《魏書·任城陳蕭王傳第十九·任城威王彰》頁五五五至五五六

鄢陵侯彰征代郡，以豫爲相。軍次易北，虜伏騎擊之，軍人擾亂，莫知所爲。豫因地形，回車結圜陳，弓弩持滿於内，疑兵塞其隙。胡不能進，散去。追擊，大破之，遂前平代，皆豫策也。

《三國志》卷二十六《魏書·滿田牽郭傳第二十六·田豫》頁七二六

後代郡烏丸反，比能復助爲寇害，太祖以鄢陵侯彰爲驍騎將軍，北征，大破之。比能走出塞，後復通貢獻。

《三國志》卷三十《魏書·烏丸鮮卑東夷傳第三十·鮮卑》頁八三八

灅水又東北逕桑乾縣故城西，又屈逕其城北，王莽更名之曰安德也。《魏土地記》曰：代城北九十里有桑乾城，城西渡桑乾水，去城十里，有溫湯，療疾有驗，《經》言出南，非也，蓋誤證矣。魏任城王彰以建安二十三年伐烏丸，入涿郡，逐北遂至桑乾，正于此也。

《水經注校證》卷十三《㶟水》頁三一七

（曹）彰北征烏丸，文帝在東宮，爲書戒彰曰："爲將奉法，不當如征南耶！"

《太平御覽》卷二三九《職官部三七·征南將軍》頁一一三〇下

《魏志》曰：代郡烏丸反，以曹彰爲北中郎將。臨發，太祖誡之曰："居家爲父子，受事爲君臣。"

《太平御覽》卷二四一《職官部三九·北中郎將》頁一一四二下

代郡烏桓反，以任城王彰爲北中郎將，行驍騎將軍。臨發，太祖誡彰曰："居家爲父子，受事爲君臣，動以王法從事，爾其誡之！"彰北征，入涿郡界，叛胡數千騎卒至。時兵馬未集，唯有步卒千人，騎數百匹。用田豫計，固守要陳，虜乃散退。彰追之，身自戰，射胡騎，應弦而倒者前後相屬。戰過半日，彰鎧中數箭，意氣益廣，乘勝逐北，至于乘乾，臣松之案乘乾縣名，屬代郡，今北虜居之，號爲索干都。去代二百餘里。長史諸將皆以爲新涉遠，士馬疲，又受節度，不得過代，不可深進，違令輕敵。彰曰："率師專行，唯利所在，何節度乎？胡走未遠，追之必破。從令縱敵，非良將也。"遂上馬，令軍中："後出者斬。"一日一夜與虜相及，擊，大破之，斬首獲生以千數。彰乃倍常科大賜將士，將士無不悦喜。時鮮卑大人軻比能將數萬騎觀望强弱，見彰力戰，所向皆破，乃請服。北方悉平。

《太平御覽》卷三一二《兵部四三·決戰中》頁一四三四下至一四三五上

又曰：任城王彰爲北中郎將，討烏桓有功，歸。太祖喜，将彰鬚曰："黃鬚兒，定大奇！"

《太平御覽》卷三七四《人事部一五·鬚髯》頁一七二五上

任城王性剛勇而黃鬚。北伐烏丸，王聞之曰："我黃鬚，定可使。"

《太平御覽》卷三七四《人事部一五·鬚髯》頁一七二五上

建安中，烏桓反，軻比能動爲寇害。太祖以鄢陵侯彰爲驍騎將軍北征，大破之。

《太平御覽》卷八〇一《四夷部二二·軻比能》頁三五五六下

文帝初爲太子，任城王彰之討烏丸，力戰而勝，北方悉平。

《册府元龜》卷四六《帝王部·智識》頁五二一上

又代郡烏丸反，以鄢陵侯彰爲北中郎將，行驍騎將軍。臨發，太祖戒彰曰："居家爲父子，受事爲君臣。動以王法從事，爾其戒之。"

《册府元龜》卷一五六《帝王部·誡勵一》頁一八八六下至一八八七上

魏任城王彰，大祖子。漢末代郡烏桓反，彰行驍騎將軍，討之，悉平。

《册府元龜》卷二六九《宗室部·將兵》頁三一八七上

（曹）彰北征入涿郡界，叛胡數千騎卒至。時兵馬未集，唯有步卒千人，騎數百匹。用田豫計，固守要隙，虜乃退散。彰追之，身自搏戰，胡騎應弦而倒者前後相屬，戰過半日，彰鎧中數箭，意氣益厲。乘勝逐北至於桑乾，桑乾縣，屬代郡，今北虜居之，號索干都。去代二百餘里。長史諸將皆以爲新涉遠士馬疲頓，又受節度不得過代，不可深進，違令輕敵，彰曰："率師而行，唯利所在，何節度乎！胡走未遠，追之必破，從令縱敵非良將也。"遂上馬令軍中後出者斬，一日一夜與虜相及，擊大破之，斬首獲生以千數。彰乃倍常科，大賜將士，將士無不喜悅。時鮮卑大人軻比能將數萬騎觀望强弱，見彰力戰，所向皆破，乃請服。北方悉平。

《册府元龜》卷二七一《宗室部·武勇》頁三二〇七上

鄢陵侯彰北征烏丸，文帝在東宫，爲書戒彰曰："爲將奉法，不當如征南邪！"

《册府元龜》卷二七五《宗室部·褒寵一》頁三二五五上

　　魏任城王彰，太祖子。漢末封鄢陵侯，建安二十三年，代郡烏丸反，以彰爲北中郎將，行驍騎將軍討之。彰北征入涿郡界，叛胡數千騎卒至。時兵馬未集，唯有步卒千人，騎數百匹。用田豫計，固守要隙，虜乃退散。彰追之，身自搏戰，射胡騎，應弦而倒者前後相屬。戰過半日，彰鎧中數箭，意氣益厲，乘勝逐北，至桑乾，去代二百餘里。長史諸將皆以爲新涉遠，士馬疲頓，又受節度，不得過代，不可深進，違令輕敵。彰曰："率師而行，唯利所在，何節度乎？胡走未遠，追之必破。從令縱敵，非良將也。"遂上馬，令軍中："後出者斬。"一日一夜與虜相及，擊，大破之，斬首獲生以千數。彰乃倍常科大賜將士，將士無不悦喜。時鮮卑大人軻比能將數萬騎觀望强弱，見彰力戰，所向皆破，乃請服。北方悉平。

　　　　《册府元龜》卷二九〇《宗室部・立功一》頁三四一一上

　　鄢陵侯彰北征烏丸，文帝在東宫，爲書戒彰曰："爲將奉法，不當如征南邪！"

　　　　《册府元龜》卷三七六《將帥部・褒異二》頁四四七七上

　　魏任城威王彰，漢末爲北中郎將、行驍騎將軍，討烏丸九戰而勝，北方悉平。

　　　　《册府元龜》卷四三一《將帥部・讓功》頁五一三〇下

　　二十三年四月，代郡、上谷烏桓無臣氏等叛，魏王曹公遣鄢陵侯彰討破之。

　　　　《册府元龜》卷九八三《外臣部・征討二》頁一一五五一下

　　夏，四月，代郡、上谷烏桓無臣氐等反。先是，魏王操召代郡太守裴潛爲丞相理曹掾，先，悉薦翻。掾，于絹翻。操美潛治代之功，治，直之翻。潛曰：“潛於百姓雖寬，於諸胡爲峻。今繼者必以潛爲治過嚴而事加寬惠。治，直吏翻。彼素驕恣，過寬必弛；既弛，【章：甲十一行本“弛”下有“又”字；乙十一行本同；張校同。】將攝之以法，攝，持也，整也。此怨叛所由生也。以勢料之，代必復叛。”後魏陸俟治高車，與潛異世而同轍。復，扶又翻。於是操深悔還潛之速。後數十日，三單于反問果至。操以其子鄢陵侯彰行驍騎將軍，鄢陵縣，屬潁川郡。驍騎將軍，始於漢武帝，以命李廣。陸德明曰：鄢，謁晚翻，又於建翻。《漢書》作“傿”。師古曰：音偃。使討之。彰少善射御，膂力過人。少，詩照翻。操戒彰曰：“居家爲父子，受事爲君臣，動以王法從事，爾其戒之！”

　　《資治通鑑》卷六十八《漢紀六十·獻帝建安二十三年》頁二一五四至二一五五

　　曹彰擊代郡烏桓，身自搏戰，鎧中數箭，鎧，可亥翻。中，竹仲翻。意氣益厲；乘勝逐北，至桑乾之北，桑乾縣，屬代郡。宋白曰：今雲州東至桑乾督帳一百五十里。孟康曰：乾，音干。大破之，斬首、獲生以千數。時鮮卑大人軻比能軻比能本小種鮮卑，以勇健不貪，斷法平端，衆推之爲大人。將數萬騎觀望彊弱，見彰力戰，所向皆破，乃請服，北方悉平。

　　《資治通鑑》卷六十八《漢紀六十·獻帝建安二十三年》頁二一五六

　　夏四月，代郡、上谷烏丸無臣氐等叛，遣鄢陵侯彰討破之。

　　　　《通志》卷七《魏紀七・太祖武皇帝》頁一四三中

　　鄢陵侯彰北征烏丸，文帝在東宮，以書戒彰曰："爲將奉法，不當如征南邪！"

　　　　《通志》卷七十九《宗室傳二・曹仁》頁九四八中

　　二十三年，代郡烏丸反，以彰爲北中郎將，行驍騎將軍。臨發，太祖戒彰曰："居家爲父子，受事爲君臣，動以王法從事，爾其戒之！"彰北征，入涿郡，叛胡數千騎卒至。時兵馬未集，唯有步卒千人，騎數百匹。用田豫計，固守要隙，虜乃散退。彰追之，身自搏戰，射胡騎，胡騎應弦而倒者前後相屬。戰過半日，彰鎧中數箭，意氣愈厲，乘勝逐北，至于桑乾，去代二百餘里。長史諸將皆以爲士馬疲頓，又受節度，不得過代，不可深進，違令輕敵。彰曰："率師而行，唯利所在，何節度乎？胡走未遠，追之必破。從令縱敵，非良將也。"遂上馬，令軍中："後出者斬。"一日一夜與虜相及，擊，大破之，斬首獲生以千數。彰乃倍常利大賜將士，將士無有不悦者。時鮮卑大人軻比能將數萬騎觀望强弱，見彰力戰，所向皆破，乃請服。北方悉平。

　　　　《通志》卷七十九《宗室傳二・任城威王彰》頁九五二上至九五二中

　　鄢陵侯彰征代郡，以豫爲相。軍次易北，虜伏騎擊之，軍人擾亂，莫知所爲。豫因地形，回車結圜陣，弓弩持滿於內，疑兵塞其隙。胡不能進，散去。追擊，大破之，遂前平代，皆豫策也。

《通志》卷一百十七《列傳三十・田豫》頁一七六三下

後與烏桓寇邊，鄢陵侯彰北征，大破之。比能走出塞，後復通貢。

《文獻通考》卷三百四十二《四裔十九・軻比能》頁二六八二中至二六八二下

二十年 ① 代郡烏桓三單于反，曹彰擊平之，自是衰弱，服于鮮卑。

《讀史方輿紀要》卷十八《北直九》頁八六二

桑乾城，府東百五十里。漢縣，爲代郡治。後漢仍屬代郡。建安二十三年曹操遣子彰擊代郡烏桓，彰乘勝逐北，至桑乾之北，即此。後廢。亦謂之桑乾川。

《讀史方輿紀要》卷四十四《山西六》頁二〇〇〇

曹彰爲北中郎將，伐烏丸。

《三國會要》卷十《職官下・武秩》頁一七一

《曹彰傳》：代郡烏丸反，以爲北中郎將。時鮮卑大人軻

① 曹彰擊破代郡烏桓，應作建安二十三年。

比能將數萬騎,觀望强弱,見彰力戰,所向皆破,乃請服;北方悉平。

　　《三國會要》卷二十一《庶政下・貢獻歸附》頁三八二

　　建安中,太祖定幽州,步度根與軻比能等因烏丸校尉閻柔上貢獻。後代郡烏丸能臣氏等叛,求屬扶羅韓,扶羅韓將萬餘騎迎之。到桑乾,氏等議,以爲扶羅韓部威禁寬緩,恐不見濟,更遣人呼軻比能。比能即將萬餘騎到,當共盟誓。比能便於會上殺扶羅韓,扶羅韓子泄歸泥及部衆悉屬比能。

　　《三國志》卷三十《魏書・烏丸鮮卑東夷傳第三十・鮮卑》頁八三五至八三六

　　後代郡烏丸能臣氏等叛,求屬扶羅韓,扶羅韓將萬餘騎迎之。到桑乾,氏等議以爲扶羅韓部威禁寬緩,恐不見濟,更遣人呼軻比能,比能即將萬餘騎到,當共盟誓。

　　《册府元龜》卷一〇〇〇《外臣部・讎怨》頁一一七三五上

　　建安中,曹操定幽州,步度根與軻比能等因烏桓校尉閻柔上貢獻。後代郡烏桓能臣氏等叛,求屬扶羅韓,扶羅韓將萬餘騎迎之。到桑乾,氏等議,以爲扶羅韓部威禁寬緩,恐不見濟,更遣人呼軻比能。比能即將萬餘騎到,當共盟誓。比能便於會上殺扶羅韓,扶羅韓子泄歸泥及部衆悉屬比能。

　　《通志》卷二百《四夷傳七・北國下・鮮卑》頁三二〇一下

建安中,因烏桓校尉閻柔上貢獻。

《通志》卷二百《四夷傳七·北國下·軻比能》頁三二〇
二上

公元二二一年　魏文帝黃初二年

文帝初,北狄强盛,侵擾邊塞,乃使豫持節護烏丸校尉,
牽招、解儁并護鮮卑。自高柳以東,濊貊以西,鮮卑數十部,
比能、彌加、素利割地統御,各有分界;乃共要誓,皆不得以馬
與中國市。豫以戎狄爲一,非中國之利,乃先構離之,使自爲
讎敵,互相攻伐。素利違盟,出馬千匹與官,爲比能所攻,求
救於豫。豫恐遂相兼并,爲害滋深,宜救善討惡,示信衆狄。
單將銳卒,深入虜庭,胡人衆多,鈔軍前後,斷截歸路。豫乃
進軍,去虜十餘里結屯營,多聚牛馬糞然之,從他道引去。胡
見烟火不絕,以爲尚在,去,行數十里乃知之。追豫到馬城,
圍之十重,豫密嚴,使司馬建旌旗,鳴鼓吹,將步騎從南門出,
胡人皆屬目往赴之。豫將精銳自北門出,鼓譟而起,兩頭俱
發,出虜不意,虜衆散亂,皆棄弓馬步走,追討二十餘里,僵尸
蔽地。又烏丸王骨進桀黠不恭,豫因出塞案行,單將麾下百
餘騎入進部。進逆拜,遂使左右斬進,顯其罪惡以令衆。衆
皆怖慴不敢動,便以進弟代進。自是胡人破膽,威震沙漠。
山賊高艾,衆數千人,寇鈔,爲幽、冀害,豫誘使鮮卑素利部斬
艾,傳首京都。封豫長樂亭侯。爲校尉九年,其御夷狄,恒撝
抑兼并,乖散强猾。凡逋亡姦宄,爲胡作計不利官者,豫皆構
刺攪離,使凶邪之謀不遂,聚居之類不安。事業未究,而幽州

刺史王雄支黨欲令雄領烏丸校尉，毀豫亂邊，爲國生事。遂轉豫爲汝南太守，加殄夷將軍。

《三國志》卷二十六《魏書·滿田牽郭傳第二十·田豫》頁七二七至七二八

文帝踐阼，田豫爲烏丸校尉，持節并護鮮卑，屯昌平。

《三國志》卷三十《魏書·烏丸鮮卑東夷傳第三十·鮮卑》頁八三六

文帝初，北狄强盛，侵擾邊塞，乃使田豫持節護烏丸校尉。

《太平御覽》卷二八五《兵部一六·機略四》頁一三二一上

田豫爲護烏丸校尉。

《册府元龜》卷三四九《將帥部·立功二》頁四一四一上

文帝初，北狄强盛，侵擾邊塞。使豫持節、護烏丸校尉。

《册府元龜》卷三六二《將帥部·機略二》頁四二九七上

田豫，文帝時使持節、護烏丸校尉。

《册府元龜》卷三七六《將帥部·褒異二》頁四四八三下

田豫，文帝初爲護烏丸校尉，烏丸王骨進桀黠不恭，豫因出塞案行，軍將麾下百餘騎入進部。進逆拜，遂使左右斬進，顯其罪惡以令衆。衆皆怖懾不敢動，使以進弟代進。自是胡人破膽,威震沙漠。

《册府元龜》卷三九四《將帥部‧勇敢一》頁四六七五上

田豫字國讓,漁陽雍奴人也。文帝初,北狄强盛,侵擾邊塞,乃使持節護烏桓校尉。爲校尉九年,其御夷狄,常摧抑兼并,乖散强猾。凡逋亡姦宄,爲詐計不利官者,豫皆構刺攪離,使凶邪之謀不遂。

《册府元龜》卷四二九《將帥部‧守邊》頁五一〇八上

田豫爲護烏丸、鮮卑校尉,後爲護匈奴中郎將、并州刺史。豫清約儉素,賞賜皆散之將士,每胡狄私遺,悉簿藏官不入家,家常貧匱,雖殊類咸高豫節。

《册府元龜》卷四三三《將帥部‧輕財》頁五一四九上

初,太祖既克蹋頓,事見六十五卷漢獻帝建安十二年。蹋,徒臘翻。而烏桓浸衰,鮮卑大人步度根、軻比能、素利、彌加、厥機等因閻柔上貢獻,求通市,通關市,以其土物與中國互市也。上,時掌翻。太祖皆表寵以爲王。軻比能本小種鮮卑,種,章勇翻。以勇健廉平爲衆所服,由是能威制諸部,最爲强盛,徒勇健而不廉平,未必能制諸部也。自雲中、五原以東抵遼水,皆爲鮮卑庭,軻比能與素利、彌加割地統御,各有分界。分,扶問翻。軻比能部落近塞,近,其靳翻。中國人多亡叛歸之;素利等在遼西、右北平、漁陽塞外,道遠,故不爲邊患。帝以平虜校尉牽招爲護鮮卑校尉,南陽太守田豫爲護烏桓校尉,使鎮撫之。

《資治通鑑》卷六十九《魏紀一‧文帝黄初二年》頁二一九九

　　文帝初，北狄强盛，侵擾邊塞，乃使豫持節護烏丸校尉，牽招、解儁并護鮮卑。自高柳以東，濊貊以西，鮮卑數十部，比能、彌加、素利割地統御，各有分界；乃共誓要，皆不得以馬與中國市。豫以戎狄爲一，非中國之利，乃先構離之，使爲讎敵，互相攻伐。素利違盟，出馬千匹與官，爲比能所攻，求救於豫。豫恐遂相兼并，爲害滋深，宜救善討惡，示信衆狄。單將鋭卒，深入虜庭，胡人衆多，鈔軍前後，截斷歸路。豫乃進軍，去虜十餘里結屯營，多聚牛馬糞然之，從他道引去。胡見烟火不絶，以爲尚在，去，行數十里乃知之。追豫到馬城，圍之十重，豫密嚴，使司馬建旌旗，鳴鼓吹，將步騎從南門出，胡人皆屬目往赴之。豫將精鋭自北門出，鼓譟而起，兩頭俱發，出虜不意，虜衆散亂，皆棄弓馬步走，追討二十餘里，僵尸蔽地。又烏丸王骨進桀黠不恭，豫因出塞案行，單將麾下百餘騎入進部。進逆拜，遂使左右斬進，顯其罪惡以令衆。衆皆怖慴不敢動，便以進弟代進。自是胡人破膽，威震沙漠。山賊高艾，衆數千人，寇鈔，爲幽、冀害，豫誘使鮮卑素利部斬艾，傳首京師。封豫長樂亭侯。爲校尉九年，其御夷狄，常摧抑兼并，乖散强猾。凡逋亡姦宄，爲胡作計不利官者，豫皆構刺攪離，使凶邪之謀不遂，聚居之類不安。事業未究，而幽州刺史王雄支黨欲令雄領烏丸校尉，毀豫亂邊，爲國生事。遂轉豫爲汝南太守，加殄夷將軍。

　　《通志》卷一百十七《列傳三十·田豫》頁一七六三下至一七六四上

魏文帝踐阼，田豫爲烏桓校尉，持節并護鮮卑，屯昌平。

《通志》卷二百《四夷傳七·北國下·鮮卑》頁三二〇二上

三國魏黃初中，拜田豫爲烏桓校尉，持節并護鮮卑，屯昌平。

《讀史方輿紀要》卷十一《北直二》頁四七四

《田豫傳》：自高柳以東，濊貊以西，鮮卑數十部，比能、彌加、素利割地統御，各有分界，乃共要誓，不以馬與中國市；豫以戎狄爲一，非中國之利，乃構離之，使自讎敵，互相攻伐。素利違盟，出馬與官，爲比能所攻，求救於豫；豫恐相并，爲害滋深，宜救善討惡，示信夷狄，單將銳卒，深入虜庭。烏丸王骨進，桀黠不恭，豫因出塞按行，單將麾下入進部，進逆拜，遂斬進，顯其罪以令衆，皆不敢動。

《三國會要》卷二十一《庶政下·貢獻歸附》頁三八二

文帝踐阼，田豫爲烏丸校尉，持節，并護鮮卑，屯昌平，步度根遣使獻馬，拜爲王……

《三國會要》卷二十二《四夷·鮮卑》頁三八八

公元二二二年　魏文帝黃初三年

明年，比能帥部落大人小子代郡烏丸修武盧等三千餘騎，驅牛馬七萬餘口交市，遣魏人千餘家居上谷。

《三國志》卷三十《魏書·烏丸鮮卑東夷傳第三十·鮮卑》頁八三八至八三九

　　黃初三年，軻比能率部落，與代郡烏丸等三十餘口交市，遣魏人千餘家居上谷。後與東部鮮卑大人素利及步度根三部爭鬥，烏桓校尉田豫和之，使不得相侵。

　　《太平御覽》卷八〇一《四夷部二二·軻比能》頁三五五七上

　　魏文帝黃初中，鮮卑軻比能與東部鮮卑大人素利及步度根三部爭鬥，更相攻擊。烏丸校尉田豫和合，使不得相侵。

　　《册府元龜》卷九九五《外臣部·交侵》頁一一六八三下

　　魏文帝黃初三年，鮮卑軻比能帥部落大人、小子，代郡烏丸修武盧等三千餘騎，驅牛馬七萬餘口交市。

　　《册府元龜》卷九九九《外臣部·互市》頁一一七二六下

公元二二四年　魏文帝黃初五年前 ①

　　大軍欲征吳，召招還，至，值軍罷，拜右中郎將，出爲雁門太守。郡在邊陲，雖有候望之備，而寇鈔不斷。招既教民戰陳，又表復烏丸五百餘家租調，使備鞍馬，遠遣偵候。虜每犯塞，勒兵逆擊，來輒摧破，於是吏民膽氣日鋭，荒野無虞。又構閒離散，使虜更相猜疑。鮮卑大人步度根、泄歸泥等與軻比能爲隙，將部落三萬餘家詣郡附塞。敕令還擊比能，殺比

────────────

①黃初五年，軻比能與輔國將軍鮮于輔書曰：步度根數數鈔盜，又殺我弟。"由此可知，軻比能之弟苴羅侯當死於黃初五年之前。

能弟苴羅侯,及叛烏丸歸義侯王同、王寄等,大結怨讎。

《三國志》卷二十六《魏書·滿田牽郭傳第二十六·牽招》頁七三一至七三二

大軍欲征吳,召招還,至,值軍罷,拜右中郎將,出爲雁門太守,郡多寇鈔。招教民戰陣,又表復烏丸五百餘家租調,使備鞍馬,遠遣偵候。虜每犯塞,勒兵逆擊,來輒摧破,於是吏民膽氣日銳,荒野無虞。又構間離散,使虜更相猜貳。鮮卑大人步度根、泄歸泥等與軻比能爲隙,將部落三萬餘家詣郡附塞。敕令還擊比能,殺比能弟苴羅侯,及叛烏丸歸義侯王同、王寄等,大結怨讎。

《通志》卷一百十七《列傳三十·牽招》頁一七六四下

牽招爲雁門太守,招既教民戰陣,又表復烏桓五百餘家租庸調,使備鞍馬。

《册府元龜》卷四二九《將帥部·守邊》頁五一〇八上

《牽招傳》:表復烏丸五百餘家租調,使備鞍馬,遠遣偵候。

《三國會要》卷二十一《庶政下·貢獻歸附》頁三八三

公元二二四年　魏文帝黃初五年

五年,軻比能復擊鮮卑,豫帥輕騎徑進倚其後。比能使別小帥瑣奴拒豫,進討破之,由是懷貳,乃與輔國將軍鮮于輔書曰:"夷狄不識文字,故校尉閻柔保我於天子。我與烏丸爲讎，往年攻擊之，而田校尉助素利。烏丸也。我臨陣使瑣奴往，聞使君來，即引軍退，步度根數數鈔盜，又殺我弟，而誣我以鈔盜。我夷狄，雖不知禮義，兄弟子孫受天子印綬，牛馬尚知美水草，況我有人心耶？將軍當保明我於天子。”

《太平御覽》卷八〇一《四夷部二二·軻比能》頁三五五七上

鮮卑軻比能誘步度根兄扶羅韓殺之，誘，音酉。步度根由是怨軻比能，更相攻擊。更，工衡翻。步度根部衆稍弱，將其衆萬餘落保太原、雁門；是歲，詣闕貢獻。步度根，檀石槐之孫也。而軻比能衆遂强盛，出擊東部大人素利，護烏丸校尉田豫乘虛掎其後；掎，魚豈翻。軻比能使別帥瑣奴拒豫，帥，所類翻。豫擊破之。

《資治通鑑》卷七十《魏紀二·文帝黃初五年》頁二二二一至二二二二

（令狐）愚字公治，本名浚，黃初中，爲和戎護軍。烏丸校尉田豫討胡有功，[1] 小違節度，愚以法繩之。

《三國志》卷二十八《魏書·王毌丘諸葛鄧鍾傳第二十八·王淩》裴松之注引王沈《魏書》頁七五九

令狐愚爲和戎護軍，烏丸校尉田豫小違節度，愚以法

---

[1]令狐愚以法繩田豫之事，時間不詳，今繫於田豫擊破瑣奴一事之後，與“討胡有功相合”。

繩之。

《三國會要》卷十《職官下·武秩》頁一七三至一七四

公元二二八年　魏明帝太和二年

《魏氏春秋》曰：烏丸校尉田豫帥西部鮮卑泄歸尼等出塞，討軻比能、智鬱築鞬，破之，還至馬邑故城，比能帥三萬騎圍豫。帝聞之，計未有所出，如中書省以問監、令。令孫資對曰："上谷太守閻志，柔弟也，爲比能素所歸信。令馳詔使説比能，可不勞師而自解矣。"帝從之，比能果釋豫而還。

《三國志》卷十四《魏書·程郭董劉蔣劉傳第十四·劉放附孫資》裴松之注引《魏氏春秋》頁四五八

太和二年，護烏丸校尉田豫出塞，爲軻比能所圍於故馬邑城，移招求救。招即整勒兵馬，欲赴救豫。

《三國志》卷二十六《魏書·滿田牽郭傳第二十六·牽招》頁七三二

牽招，明帝時爲雁門太守，護烏丸校尉田豫出塞，爲軻比能所圍於故馬邑城，移招求救，招即整勒兵馬，欲赴救豫。

《册府元龜》卷四一四《將帥部·赴援》頁四九二一上

田豫爲護烏丸校尉。豫出塞，爲鮮卑軻比能所圍於故馬邑城。移雁門太守牽招求救。招自表輒行乂，并馳布羽檄，稱陳形勢，虜即恐怖，種類離散。

《册府元龜》卷四三〇《將帥部·乞師》頁五一二〇下

又烏丸校尉田豫帥西部鮮卑泄歸尼等出塞，討軻比能、智鬱築鞬，破之，還至馬邑故城，比能帥三萬騎圍豫。帝聞之，計未有所出，如中書省以問監、令。資對曰：“上谷太守閻志，柔弟也，爲比能素所歸信。令馳詔使説比能，可不勞師而自解矣。”帝從之，比能果釋豫而還。

　　　　《册府元龜》卷四七七《臺省部·謀畫》頁五六九四下

　　護烏桓校尉田豫擊鮮卑鬱築鞬，鬱築鞬妻父軻比能救之，以三萬騎圍豫於馬城。馬城縣，漢屬代郡，魏、晉省，蓋城邑殘破，已棄爲荒外之地矣。鞬，居言翻。上谷太守閻志，柔之弟也，素爲鮮卑所信，自漢建安時，閻柔已護烏桓，故其兄弟爲二虜所信。往解諭之，乃解圍去。

　　　　《資治通鑑》卷七十一《魏紀三·明帝太和二年》頁二二四七

　　太和二年，護烏丸校尉田豫出塞，爲軻比能所圍於故馬邑城，移招求救。招即整勒兵馬，欲赴救豫。

　　　　《通志》卷一百十七《列傳三十·牽招》頁一七六五上

　　又魏明帝太和二年鮮卑軻比能圍護烏桓校尉田豫於馬城，即此。

　　　　《讀史方輿紀要》卷四十四《山西六》頁二〇〇二

　　《牽招傳》：護烏丸校尉田豫出塞，爲軻比能所圍於故馬邑城，移招求救。

　　　　《三國會要》卷十《職官下·雜録》頁一八一

公元二三七至二三八年　魏明帝景初元年至二年

初，權遣使浮海與高句驪通，欲襲遼東。遣幽州刺史毌丘儉率諸軍及鮮卑、烏丸屯遼東南界，璽書徵公孫淵。淵發兵反，儉進軍討之，會連雨十日，遼水大漲，詔儉引軍還右北平。烏丸單于寇婁敦、遼西烏丸都督王護留等居遼東，率部衆隨儉內附。

《三國志》卷三《魏書·明帝紀第三》頁一〇九

青龍中，帝圖討遼東，以儉有幹策，徙爲幽州刺史，加度遼將軍，使持節，護烏丸校尉。率幽州諸軍至襄平，屯遼隧。右北平烏丸單于寇婁敦、遼西烏丸都督率衆王護留等，昔隨袁尚奔遼東者，率衆五千餘人降。寇婁敦遣弟阿羅槃等詣闕朝貢，封其渠率二十餘人爲侯、王，賜輿馬繒彩各有差。公孫淵逆與儉戰，不利，引還。

《三國志》卷二十八《魏書·王毌丘諸葛鄧鍾傳第二十八·毌丘儉》頁七六二

景初中，大興師旅，誅淵，又潛軍浮海，收樂浪、帶方之郡，而後海表謐然，東夷屈服。其後高句麗背叛，又遣偏師致討，窮追極遠，踰烏丸、骨都，過沃沮，踐肅慎之庭，東臨大海。

《三國志》卷三十《魏書·烏丸鮮卑東夷傳第三十·鮮卑》頁八四〇

《魏略》曰：毌丘儉，字仲恭，爲荆、幽二州刺史，持節，領護烏桓校尉。

《太平御覽》卷二四二《職官部四〇·護烏桓校尉》頁一一四六下

明帝圖討遼東，以儉有幹策，徙爲幽州刺史加度遼將軍、使持節、護烏丸校尉，率幽州諸軍。公孫淵遂與儉戰，不利引還。

《册府元龜》卷三七六《將帥部·褒異二》頁四四八五上

景初元年，幽州刺史毌丘儉討遼東。是時，右北平烏丸單于寇婁敦、遼西烏丸都督率衆王護留栗聞儉軍至，率衆五千餘人降，寇婁敦遣弟阿羅槃等詣闕朝貢，封其渠帥三十餘人爲王。

《册府元龜》卷九六三《外臣部·封册一》頁一一三二八下至一一三二九上

景初元年七月，遣幽州刺史毌丘儉率衆軍討遼東。右北平烏丸單于寇婁敦遣弟阿羅槃等詣闕朝貢。

《册府元龜》卷九六八《外臣部·朝貢一》頁一一三七九下

明帝景初元年，右北平烏丸單于寇婁敦、遼西烏丸都督王護留等居遼東，率部衆隨度遼將軍毌丘儉內附。

《册府元龜》卷九七七《外臣部·降附》頁一一四七六下

景初元年秋,遣幽州刺史毌丘儉率衆軍討遼東。右北平烏丸單于寇婁敦、遼西烏丸都督率衆王護留等,昔隨袁尚奔遼西,聞儉軍至,率衆五千餘人降,寇婁敦遣弟阿羅槃等詣闕朝貢,封其渠帥三十餘人爲王侯。

《册府元龜》卷九八三《外臣部·征討二》頁一一五五二上

公孫淵數對國中賓客出惡言,數,所角翻。帝欲討之,以荆州刺史【章:甲十六行本"史"下有"河東"二字;乙十一行本同;張校同。】毌丘儉爲幽州刺史。毌丘,複姓。毌,音無。儉上疏曰:"陛下即位以來,未有可書。吳、蜀恃險,未可卒平,卒,讀曰猝。聊可以此方無用之士克定遼東。"鄭玄曰:聊,且略之辭。光禄大夫衛臻曰:"儉所陳皆戰國細術,非王者之事也。吳頻歲稱兵,稱,舉也。寇亂邊境,而猶按甲養士,未果致討者,誠以百姓疲勞故也。淵生長海表,相承三世,度、康、淵,凡三世。長,知兩翻。外撫戎夷,内脩戰射,而儉欲以偏軍長驅,朝至夕卷,卷,讀曰捲。知其妄矣。"帝不聽,使儉帥諸軍及鮮卑、烏桓屯遼東南界,帥,讀曰率。璽書徵淵。淵遂發兵反,逆儉於遼隧。遼隧縣,二漢屬遼東郡;《晉志》無其地,蓋在遼水東岸。《水經注》:玄菟郡高句麗縣有遼山,小遼水所出,西南至遼隧縣,入于大遼水。璽,斯氏翻。

《資治通鑑》卷七十三《魏紀五·明帝景初元年》頁二三一九

初,權遣使浮海與高句驪通,欲襲遼東。遣幽州刺史毌邱儉率諸軍及鮮卑、烏丸屯遼東南界,璽書徵公孫淵。淵發兵反，儉進軍討之，會連雨十日，遼水大漲，詔儉引軍還。右北平烏丸單于寇婁敦、遼西烏丸都督王護留等居遼東，率部衆隨儉內附。

《通志》卷七《魏紀七·明皇帝》頁一四七下

青龍中，帝圖討遼東，以儉有幹策，徙爲幽州刺史，加度遼將軍，使持節，護烏丸校尉。率幽州諸軍至襄平，屯遼隧。右北平烏丸單于寇婁敦、遼西烏丸都督率衆王護留等，昔隨袁尚奔遼東者，率衆五千餘人降。寇婁敦遣弟阿羅槃等詣闕朝貢，封其渠帥二十餘人爲侯、王，賜輿馬繒彩各有差。公孫淵逆與儉戰，不利，引還。

《通志》卷一百十七《列傳三十·毌丘儉》頁一七七〇上

《毌邱儉傳》：青龍中，討遼東，烏丸單于婁寇敦降，遣弟詣闕朝貢，封其渠率二十餘人爲侯王。

《三國會要》卷二十一《庶政下·貢獻歸附》頁三八〇

景初元年，烏丸都督王護留等居遼東，率部衆內附。

《三國會要》卷二十一《庶政下·貢獻歸附》頁三八一

公元二四九年　魏邵陵厲公嘉平元年

恕在朝廷，以不得當世之和，故屢在外任。復出爲幽州刺史，加建威將軍，使持節，護烏丸校尉。

《三國志》卷十六《魏書·任蘇杜鄭倉傳第十六·杜恕》頁五〇五

杜恕出爲幽州刺史、護烏桓校尉。

《册府元龜》卷四四〇《將帥部·忌害》頁五二二二上

魏樂詳河東人杜恕,以齊王嘉平初爲幽州刺史,持節,護烏丸校尉。

《册府元龜》卷八七四《總録部·訟冤三》頁一〇三五二上

恕在朝廷,以不得當世之知,故屢在外任。復出爲幽州刺史,加建威將軍,使持節,護烏丸校尉。

《通志》卷一百十五下《列傳二十八下·杜恕》頁一七三四中

公元二六五年　西晉武帝泰始元年後 [①]

武帝欲以琦爲佐著作郎,問琦族人尚書郭彰。彰素疾琦,答云:"不識。"帝曰:"若如卿言,烏丸家兒能事卿,即堪爲郎矣。"遂決意用之。

《晉書》卷九十四《列傳第六十四·隱逸·郭琦》頁二四三六

王隱《晉書》曰:武帝欲以郭琦爲佐著作郎,問尚書郭彰。彰憎琦不附已,答詔:"不識。"上曰:"若如卿言,烏丸家

---

① 晉武帝任用郭琦一事,史書不記其年。本書將此事繫於泰始元年（265）晉武帝即位之後。

兒能事卿，即堪郎矣。"

《太平御覽》卷二三四《職官部三二・著作佐郎》頁一一
一一上

（晉武帝）又嘗欲以郭琦爲佐著作郎，問琦族人郭彰。彰
素嫉琦，答云："不識。"帝曰："若如卿言，烏丸家兒能事卿，
即堪爲郎矣。"遂決意用之。

《冊府元龜》卷五七《帝王部・英斷》頁六三三上至六三
三下

武帝欲以琦爲佐著作郎，問琦族人尚書郭彰。彰素疾
琦，答云："不識。"帝曰："若如卿言，烏丸家兒能事卿，即堪
爲郎矣。"遂決意用之。

《通志》卷一百七十七《隱逸傳一・郭琦》頁二八四〇中

公元二六九年　　西晉武帝泰始五年後 ①

泰始初，轉征東將軍，進爵爲公，都督青州諸軍事、青州
刺史，加征東大將軍、青州牧。所在皆有政績。除征北大將
軍、都督幽州諸軍事、幽州刺史、護烏桓校尉。至鎮，表立平
州，後兼督之。

《晉書》卷三十六《列傳第六・衛瓘》頁一〇五七

---

①據《通鑑》可知，泰始五年（269），衛瓘任都督青州諸軍事，鎮臨淄。
其任護烏桓校尉當在該年之後。

泰始初,轉征東將軍,進爵爲公,都督青州諸軍事、青州刺史,加征東大將軍、青州牧。所在皆有政績。除征北大將軍、都督幽州諸軍事、幽州刺史、護烏桓校尉。至鎮,表立平州,後兼督之。

　　《通志》卷一百二十一下《列傳三十四下·衛瓘》頁一八六三中

公元二七七年　　西晉武帝咸寧三年

　　其年,始祖不豫。烏丸王庫賢,親近任勢,先受衛瓘之貨,故欲沮動諸部,因在庭中礪鉞斧,諸大人問欲何爲,答曰:"上恨汝曹讒殺太子,今欲盡收諸大人長子殺之。"大人皆信,各各散走。始祖尋崩。凡饗國五十八年,年一百四歲。

　　　　《魏書》卷一《序紀第一·始祖神元皇帝》頁五

　　其年,神元不豫。烏丸王庫賢親近任勢,先受衛瓘之貨,欲沮動諸部,因於庭中礪鉞斧,曰:"上恨汝曹讒殺太子,欲盡收諸大人長子殺之。"大人皆信,各各散走。神元尋崩,凡饗國五十八年,年一百四歲。

　　　　《北史》卷一《魏本紀第一·神元皇帝》頁三

　　既而力微疾篤,烏桓王庫賢親近用事,受衛瓘賂,欲擾動諸部,乃礪斧於庭,謂諸大人曰:"可汗恨汝曹讒殺太子,此時鮮卑君長已有可汗之稱。可,今讀從刊入聲。汗,音寒。欲盡收汝曹長子殺之。"長,知兩翻。諸大人懼,皆散走。力微以憂卒,時年一百四。

《資治通鑑》卷八十《晉紀二・武帝咸寧三年》頁二五
四八

其年，神元不豫。烏丸王庫賢親近任勢，先受衛瓘之貨，
欲沮動諸部，因於庭中礪鉞，謂諸大人曰："上恨汝曹讒殺太
子，欲盡收諸大人長子殺之。"大人皆信，各各散走。神元尋
崩，凡饗國五十八年，年一百四歲。

《通志》卷十五上《後魏紀十五上・神元皇帝》頁二六九
中至二六九下

公元二八〇年　西晉武帝太康元年後 ①

北虜侵掠北平，以彬爲使持節、監幽州諸軍事、領護烏丸
校尉、右將軍。

《晉書》卷四十二《列傳第十二・唐彬》頁一二一九

唐彬領護烏丸校尉，坐事檻車徵彬付廷尉，以事直見釋，
百姓追慕彬功德，生爲立碑作頌。

《册府元龜》卷四一二《將帥部・仁愛》頁四八九二上

唐彬爲翊軍校尉，時北虜侵掠北平，以彬爲使持節、監幽
州諸軍事、領護烏丸校尉、右將軍。

《册府元龜》卷四二九《將帥部・拓土》頁五一一五下

---

①唐彬任護烏丸校尉之年不詳，據《晉書・唐彬傳》可知當在西晉平
　吳之後。而張華任此職則又當在唐彬之後，武帝末年才返回洛陽。

晉唐彬，武帝時領護烏桓校尉、右將軍。

　　《冊府元龜》卷四三九《將帥部·擅命》頁五二一五上

　　唐彬爲使持節、監幽州諸軍事、領護烏桓校尉、右將軍。邊境獲安，無犬吠之警，坐事徵，百姓追慕彬功德，生爲立碑作頌。

　　《冊府元龜》卷八二〇《總録部·立祠》頁九七四三上

　　北虜侵掠北平，以彬爲使持節、監幽州諸軍事、領護烏丸校尉、右將軍。

　　《通志》卷一百二十二《列傳三十五·唐彬》頁一八八三上

　　乃出華爲持節、都督幽州諸軍事、領護烏桓校尉、安北將軍。

　　　　《晉書》卷三十六《列傳第六·張華》頁一〇七〇

　　張華爲都督幽州諸軍事、領護烏桓校尉、安北將軍。

　　《冊府元龜》卷三九七《將帥部·懷撫》頁四七一四上

　　晉張華爲都督幽州諸軍事、領護烏桓校尉、安北將軍。

　　《冊府元龜》卷四二九《將帥部·守邊》頁五一〇八下

　　乃出華爲持節、都督幽州諸軍事、領護烏桓校尉、安北將軍。

　　《通志》卷一百二十一下《列傳三四下·張華》頁一八六六中

公元二九四年　西晉惠帝元康四年

由是爲寧朔將軍、假節、監幽州諸軍事，領烏丸校尉，甚有威惠，寇盜屏迹，爲幽朔所稱。

　　　　《晉書》卷六十六《列傳第三十六·劉弘》頁一七六三

晉元康四年，君少子驍騎將軍平鄉侯弘，受命使持節監幽州諸軍事，領護烏丸校尉寧朔將軍……

　　　　《水經注校證》卷十四《鮑丘水》頁三四〇

劉弘爲寧朔將軍、假節、監幽州諸軍事，領烏桓校尉，爲幽朔所稱。

　　　　《冊府元龜》卷三七八《將帥部·襃異四》頁四五〇〇下

劉弘爲寧朔將軍、假節、監幽州諸軍事，鎮烏丸校尉，甚有威惠，寇盜屏迹，爲幽朔所稱。

　　　　《冊府元龜》卷三九二《將帥部·威名一》頁四六五二下

由是爲寧朔將軍、假節、監幽州諸軍事，領烏丸校尉，甚有威惠，寇盜屏迹，爲幽朔所稱。

　　　　《通志》卷一百二十六《列傳三十九·劉弘》頁一九六一上

公元二九五年　西晉惠帝元康五年

是歲，穆帝始出并州，遷雜胡北徙雲中、五原、朔方。又西渡河擊匈奴、烏桓諸部。自杏城以北八十里,迄長城原,夾道立碣,與晉分界。

《魏書》卷一《序紀第一・昭皇帝》頁六

是歲,穆帝始出并州,遷雜胡北徙雲中、五原、朔方。又西度河,擊匈奴、烏丸諸部。自杏城以北八十里迄長城原,夾道立碣,與晉分界。

《北史》卷一《魏本紀第一・昭帝》頁四

後晉封(猗盧)爲代王,置官屬,始出并州,遷雜胡北徙雲中、五原、朔方,又西渡河,擊匈奴、烏桓諸部。

《通典》卷第一百九十六《邊防十二・北狄三・拓跋氏》頁五三七四

其後晉封(猗盧)爲代王,置官屬,始出并州,遷雜胡北徙雲中、五原、朔方,又西渡河,擊匈奴、烏桓諸部。

《太平寰宇記》卷之一百九十三《四夷二十二・北狄五・托跋氏》頁三六九四

猗盧善用兵,西擊匈奴、烏桓諸部,皆破之。

《資治通鑑》卷八十二《晉紀四・惠帝元康五年》頁二六一四

是歲,穆帝始出并州,遷雜胡,北徙雲中、五原、朔方。又西度河,擊匈奴、烏丸諸部。自杏城以北八十里,迄長城原,夾道立碣，與晉分界。

《通志》卷十五上《後魏紀十五上·昭皇帝》頁二六九下

後晉封爲代王，置官屬，始出并州，遷雜胡北徙雲中、五
原、朔方。又西度河擊匈奴、烏桓諸部。

《文獻通考》卷三百四十二《四裔十九·托跋氏》頁二六
八三下至二六八四上

公元三○四年　西晉惠帝永安元年　西晉惠帝建武元年　西晉惠帝永興元年　漢光文帝元熙元年

八月戊辰，潁殺東安王繇。張方復入洛陽，廢皇后羊氏
及皇太子覃。匈奴左賢王劉元海反於離石，自號大單于。安
北將軍王浚遣烏丸騎攻成都王潁于鄴，大敗之。

《晉書》卷四《帝紀第四·惠帝》頁一○三

八月戊辰，潁殺東安王繇。張方復入洛陽，廢皇后羊氏
及太子覃。匈奴左賢王劉淵反畔於離石，自號大單于。安北
將軍王浚遣烏丸騎攻成都王潁于鄴，大敗之。

《通志》卷十上《晉紀十上·孝惠皇帝》頁一八六下

及趙王倫簒位，三王起義兵，浚擁衆挾兩端，遏絶檄書，
使其境內士庶不得赴義，成都王潁欲討之而未暇也。倫誅，
進號安北將軍。及河間王顒、成都王潁興兵內向，害長沙王
乂，而浚有不平之心。潁表請幽州刺史石堪爲右司馬，以右
司馬和演代堪，密使演殺浚，并其衆。演與烏丸單于審登謀

之,於是與浚期游薊城南清泉水上。薊城內西行有二道,演、浚各從一道。演與浚欲合鹵簿,因而圖之。值天暴雨,兵器霑溼,不果而還。單于由是與其種人謀曰:"演圖殺浚,事垂克而天卒雨,使不得果,是天助浚也。違天不祥,我不可久與演同。"乃以謀告浚。浚密嚴兵,與單于圍演。演持白幡詣浚降,遂斬之,自領幽州。大營器械,召務勿塵,率胡晉合二萬人,進軍討穎。以主簿祁弘爲前鋒,遇穎將石超於平棘,擊敗之。浚乘勝遂克鄴城,士衆暴掠,死者甚多。鮮卑大略婦女,浚命敢有挾藏者斬,於是沈於易水者八千人。黔庶荼毒,自此始也。

浚還薊,聲實益盛。東海王越將迎大駕,浚遣祁弘率烏丸突騎爲先驅。惠帝旋洛陽,轉浚驃騎大將軍、都督東夷河北諸軍事,領幽州刺史,以燕國增博陵之封。

《晉書》卷三十九《列傳第九·王浚》頁一一四六至一一四七

王浚都督幽州。和演欲殺浚,并其衆。演與烏丸單于審登謀之,於是與浚期遊薊城南清泉水上。薊城內西行有二道,演、浚各從一道,演與浚欲合鹵簿,因而圖之。值天暴雨,兵器霑濕,不果而還。單于由是與其種人謀曰:"演圖殺浚,事垂克而天卒雨,使不得果,是天助浚也。違天不祥,我不可久與演同。"乃以謀告浚,浚密嚴兵夜與單于圍演。演持白幡詣浚降,浚遂斬之。

《太平御覽》卷六八一《儀式部二·鹵簿》頁三〇三七下

洺水，本名漳水，源出縣西北三門山，山下去縣八十三里。《水經》云：^[五七]"洺水出易陽縣西山。"按《隋圖經》云："晉惠帝敗于湯陰之歲，烏桓、鮮卑掠鄴城婦女悉沈于洺水。"即此河也。

【校勘記】

〔五七〕水經　《庫》本同，萬本作"水經注"。按趙一清據本書補《水經·洺水注》作"水經注"，見王先謙《合校水經注》。

《太平寰宇記》卷之五十六《河北道五·磁州》頁一一六三、一一七二

及河間王顒、成都王穎興兵內向，害長沙王乂，而浚有不平之心。穎表請幽州刺史石堪爲右司馬，以右司馬和演代堪，密使演殺浚，并其衆。演與烏丸單于審登謀之，於是與浚期游薊城南清泉水上。薊城內西行有二道，演、浚各從一道。演與浚欲合鹵簿，因而圖之。值天暴雨，兵器霑濕，不果而還。單于由是與其種人謀曰："演圖殺浚，事垂克而天卒雨，使不得果，是天助浚也。違天不祥，我不可久與演同。"乃以謀告浚。浚密嚴兵，與單于圍演。演持白旛詣浚降，遂斬之。

《册府元龜》卷四五四《將帥部·專恣》頁五三八七上

初，三王之起兵討趙王倫也，事見上卷永寧元年。王浚擁衆挾兩端，禁所部士民不得赴三王召募。太弟穎欲討之而未能，使穎兄弟不自內相圖，聲浚之罪而討之，固有餘力矣，何未能邪！浚心亦欲圖穎。穎以右司馬和演爲幽州刺史，和演與穎謀起兵討

趙王倫,穎之腹心也。密使殺浚。演與烏桓單于審登謀與浚游薊城南清泉,因而圖之。單,音蟬。會天暴雨,兵器霑濕,不果而還。還,從宣翻,又如字;下同。審登以爲浚得天助,乃以演謀告浚。浚與審登密嚴兵,約并州刺史東瀛公騰共圍演,殺之,自領幽州營兵。幽州刺史營兵也。騰,越之弟也。太弟穎稱詔徵浚,浚與鮮卑段務勿塵、烏桓羯朱及東瀛公騰同起兵討穎,羯,居謁翻。穎遣北中郎將王斌及石超擊之。斌,音彬。

《資治通鑑》卷八十五《晉紀七・惠帝永興元年》頁二六九七

　　及趙王倫篡位,三王起義,浚擁衆挾兩端,遏絕檄書,使其境內士衆不得赴義,成都王穎欲討之而未暇也。倫誅,進號安北將軍。及河閒王顒、成都王穎興兵內向,害長沙王乂,而浚有不平之心。穎表請幽州刺史石堪爲右司馬,以右司馬和演代堪,密使演殺浚,并其衆。演與烏桓單于審登謀之,於是與浚期游薊城南清泉水上。薊城內西行有二道,演、浚各從一道。演與浚欲合鹵簿,因而圖之。值天暴雨,兵器霑濕,不果而還。單于由是與其種人謀曰:“演圖殺浚,事垂克而天卒雨,使不得果,其天助浚也。違天不祥,我不可久與演同。”乃以謀告浚。浚密嚴兵,與單于圍演。演持白幡詣浚降,遂斬之,自領幽州。大營器械,召務勿塵,率胡晉合二萬人,進軍討穎。以主簿祁弘爲前鋒,遇穎將石超於平棘,擊敗之。浚乘勝遂克鄴城,士衆暴掠,死者甚多。鮮卑大掠婦女,浚命敢有挾藏者斬,於是沈於易水者八千人。黔首荼毒,自此始也。

浚還薊，聲實益盛。東海王越將迎大駕，浚遣祁弘率烏丸騎爲先驅。惠帝旋洛陽，轉浚驃騎大將軍、都督東夷河北諸軍事，領幽州刺史，以燕國增博陵之封。

《通志》卷一百二十一下《列傳三十四下·王浚》頁一八六九上

安北將軍王浚、[一四]寧北將軍東嬴公騰殺穎所置幽州刺史和演，穎徵浚，浚屯冀州不進，與騰及烏丸、羯朱襲穎。[一五]候騎至鄴，穎遣幽州刺史王斌及石超、李毅等距浚，爲羯朱等所敗。鄴中大震，百僚奔走，士卒分散。穎懼，將帳下數十騎，擁天子，與中書監盧志單車而走，五日至洛。羯朱追至朝歌，不及而還。

【校勘記】

〔一四〕安北將軍王浚　“安北”原作“平北”，今據《王浚傳》、《惠紀》、《懷紀》、《劉淵載記》改。

〔一五〕羯朱　勞校：《水經·濁漳水注》作“渴末”。按：《王浚傳》亦作“渴末”。

《晉書》卷五十九《列傳第二十九·成都王穎》頁一六一八、一六二九

漳水又東逕梁期城南，《地理風俗記》曰：鄴北五十里有梁期城，故縣也。漢武帝元鼎五年，封任破胡爲侯國。晉惠帝永興元年，驃騎王浚遣烏丸渴末逕至梁期，候騎到鄴，成都王穎遣將軍石超討末，爲末所敗于此也。

《水經注校證》卷十《濁漳水》頁二六〇

王浚入鄴，士眾暴掠，死者甚眾。使烏桓羯朱追太弟穎，至朝歌，不及。

《資治通鑑》卷八十五《晉紀七‧惠帝永興元年》頁二七〇一

平北將軍王浚、寧北將軍東嬴公騰殺穎所置幽州刺史和演，穎徵浚，浚屯冀州不進，與騰及烏丸羯朱襲穎。候騎至鄴，穎遣幽州刺史王斌及石超、李毅等距浚，爲羯朱等所敗。鄴中大震，百僚奔走，士卒分散。穎懼，將帳下數十騎，擁天子，與中書監盧志單車而走，五日至洛。羯朱追至朝歌，不及而還。

《通志》卷八十《宗室傳三‧成都王穎》頁九八〇中

惠帝永興元年王浚自幽州遣烏丸渴末逕至梁期，敗成都王穎將石超於此。俗謂之兩期城。

《讀史方輿紀要》卷四十九《河南四》頁二三三三

（司馬）穎曰：“五部之眾可保發已不？縱能發之，鮮卑、烏丸勁速如風雲，何易可當邪？吾欲奉乘輿還洛陽，避其鋒銳，徐傳檄天下，以逆順制之。君意何如？”

《晉書》卷一百一《載記第一‧劉元海》頁二六四八

（司馬）穎曰：“五部之眾可保發否？鮮卑、烏丸勁速如風雲，何易可當？吾欲奉乘輿還洛陽，避其鋒銳，徐傳檄天下，以逆順制之。君意如何？”

《太平御覽》卷四三五《人事部七六‧勇三》頁二〇〇三下

　　（司馬）穎曰："五部之衆可保發以不？縱能發之，鮮卑、烏丸勁速如風雲，何易當耶？吾欲奉乘輿還雒陽，避其鋒鋭，徐傳檄天下，以逆順制之。君意何如？"

　　《册府元龜》卷二二一《僭僞部·勳伐一》頁二六四九下

　　（司馬）穎曰："五部之衆，果可發否？就能發之，鮮卑、烏桓，未易當也。易，以豉翻。"

　　《資治通鑑》卷八十五《晉紀七·惠帝永興元年》頁二六九九

　　（司馬）穎曰："五部之衆可保發已不？縱能發之，鮮卑、烏丸勁速如風雨，何易可當邪？吾欲奉乘輿還洛陽，避其鋒鋭，徐傳檄天下，以逆順制之。君意何如？"

　　《通志》卷一百八十六《載記一·前趙劉淵》頁二九七五上至二九七五中

　　（司馬）穎曰："五部之衆，可保發已不？縱能發之，鮮卑、烏丸，勁速如風雲，何易可當邪？吾欲奉乘輿還洛陽，避其鋒鋭，徐傳檄天下，以順逆制之。君意何如？"

　　　　《十六國春秋輯補》卷一《前趙録一·劉淵》頁四

　　劉宣等固諫曰："晉爲無道，奴隸御我，是以右賢王猛不勝其忿。屬晉綱未弛，大事不遂，右賢塗地，單于之恥也。今司馬氏父子兄弟自相魚肉，此天厭晉德，授之於我。單于積德在躬，爲晉人所服，方當興我邦族，復呼韓邪之業，鮮卑、烏丸可以爲援，奈何距之而拯仇敵！今天假手於我，不可違也。違天不祥，逆衆不濟；天與不取，反受其咎。願單于勿疑。”

《晉書》卷一百一《載記第一·劉元海》頁二六四八至二六四九

劉宣等固諫曰：“晉爲無道，奴隸禦我，是以右賢王猛不勝其忿。屬晉綱未弛，大事不遂，右賢塗地，單于之耻也。今司馬氏父子兄弟自相魚肉，此天厭晉德，授之於我。單于積德在躬，爲晉人所服，方當興我邦族，復呼韓邪之業，鮮卑、烏丸可以爲援，奈何距之而拯仇敵！今天假手于於我，不可違也。違天不祥，逆衆不濟；天與不取，反受其咎。願單于勿疑。”

《册府元龜》卷二二一《僭僞部·勸伐一》頁二六五〇上

（劉淵）將發兵擊鮮卑、烏桓，劉宣等諫曰：“晉人奴隸御我，今其骨肉相殘，是天棄彼而使我復呼韓邪之業也。鮮卑、烏桓，我之氣類，鮮卑、烏桓，東胡之種，與匈奴同稟北方剛強之氣，又同類也。可以爲援，奈何擊之！”

《資治通鑑》卷八十五《晉紀七·惠帝永興元年》頁二七〇一

劉宣等固諫曰：“晉爲無道，奴隸遇我，是以右賢王猛不勝其忿。屬晉綱未弛，大事不遂，右賢塗地，單于之耻也。今司馬氏父子兄弟自相魚肉，此天厭晉德，授之於我。單于積德在躬，爲晉人所服，方當興我邦族，復呼韓邪之業，鮮卑、烏丸可以爲援，奈何距之而拯仇敵！今天假手於我，不可違也。違天不祥，逆衆不濟；天與不取，反受其咎。願單于勿疑。”

《通志》卷一百八十六《載記一·前趙劉淵》頁二九七五中

劉宣等固諫曰：“晉爲無道，奴隸御我，是以右賢王猛不勝其忿。屬晉綱未弛，大事不遂，右賢王塗地，單于之恥也。今司馬氏父子兄弟自相魚肉，此天厭晉德，授之於我。單于積德在躬，爲晉人所服，方當興我邦族，復呼韓邪之業。鮮卑、烏丸可以爲援，奈何距之而拯仇敵！今天假手於我，不可違也。違天不祥，逆衆不濟，天與不取，反受其咎，願單于勿疑。”

《十六國春秋輯補》卷一《前趙録一·劉淵》頁四至五

公元三〇五年　西晉惠帝永興二年

王浚遣其將祁弘帥突騎鮮卑、烏桓爲越先驅。帥，讀曰率；下同。

《資治通鑑》卷八十六《晉紀八·惠帝永興二年》頁二七一四

公元三〇七年　西晉懷帝永嘉元年
漢光文帝元熙四年

烏丸張伏利度亦有衆二千，壁于樂平，元海屢招而不能致。勒僞獲罪于元海，因奔伏利度。伏利度大悅，結爲兄弟，使勒率諸胡寇掠，所向無前，諸胡畏服。勒知衆心之附己也，乃因會執伏利度，告諸胡曰："今起大事，我與伏利度孰堪爲主？"諸胡咸以推勒。勒於是釋伏利度，率其部衆歸元海。元海加勒督山東征討諸軍事，以伏利度衆配之。

　　《晉書》卷一百四《載記第四・石勒上》頁二七一〇

　　烏丸張伏利度亦有衆三千，壁於樂平，劉元海屢招而不能致。勒僞獲罪於元海，因奔伏利度。利度大悅，結爲兄弟，使勒率諸胡寇掠，所向無前，諸胡畏服。勒知衆心之服己也，乃因會執伏利度，告諸胡曰："今起大事，我與伏利度孰堪爲主？"諸胡咸以推勒。勒於是釋伏利度，率其部衆歸元海，加勒督山東征討諸軍事，以伏利度之衆配之。

　　《册府元龜》卷二二一《僭僞部・勳伐一》頁二六五一下

　　烏桓張伏利度有衆二千，壁于樂平，淵屢招，不能致。勒僞獲罪於淵，往奔伏利度，伏利度喜，結爲兄弟，使勒帥諸胡寇掠，帥，讀曰率；下同。所向無前，諸胡畏服。勒知衆心之附己，乃因會執伏利度，謂諸胡曰："今起大事，我與伏利度誰堪爲主？"諸胡咸推勒。勒於是釋伏利度，帥其衆歸漢。淵加勒督山東征討諸軍事，以伏利度之衆配之。史言石勒之衆浸盛。

　　《資治通鑑》卷八十六《晉紀八・懷帝永嘉元年》頁二七三二

　　烏丸張伏利度亦有衆二千，壁于樂平，淵屢招而不能致。

勒僞獲罪於淵,因奔伏利度。伏利度大悦,結爲兄弟,使勒率諸胡寇掠,所向無前,諸胡畏服。勒知衆心之附己也,乃因會執伏利度,告諸胡曰:“今起大事,我與伏利度孰堪爲主?”諸胡咸以推勒。勒於是釋伏利度,率其部衆歸淵。淵加勒督山東征討諸軍事,以伏利度衆配之。

《通志》卷一百八十七《載記二·後趙石勒》頁二九八九下

烏丸張伏利度亦有衆二千,壁於樂平,元海屢招而不能致。勒僞獲罪於元海,因奔伏利度。伏利度大悦,結爲兄弟,使勒率諸胡寇掠,所向無前,諸胡畏服。勒知衆心之附己也,乃因會執伏利度,告諸胡曰:“今起大事,我與伏利度孰堪爲主?”諸胡咸以推勒,勒於是釋伏利度,率其部衆歸元海。元海加勒都督山東征討諸軍事,以伏利度衆配之。

《十六國春秋輯補》卷十一《後趙録一·石勒》頁七五至七六

公元三一〇年　西晉懷帝永嘉四年

懷帝即位,以浚爲司空,領烏丸校尉,務勿塵爲大單于。

《晉書》卷三十九《列傳第九·王浚》頁一一四七

懷帝即位,以浚爲司空,領烏丸校尉,務勿塵爲大單于。

《通志》卷一百二十一下《列傳三十四下·王浚》頁一八六九上

公元三一二年　　西晉懷帝永嘉六年

雁門烏丸復反,琨親率精兵出禦之。

　　《晉書》卷六十二《列傳第三十二·劉琨》頁一六八二

雁門烏丸復反,琨親率精兵禦之。

　　《通志》卷一百二十五《列傳三十八·劉琨》頁一九五一中

公元三一三年　　西晉愍帝建興元年

烏丸薄盛執渤海太守劉既,率户五千降于勒。

　　《晉書》卷一百四《載記第四·石勒上》頁二七一九

烏丸薄盛執渤海太守劉既,率户五千降于勒。

　　《通志》卷一百八十七《載記二·後趙石勒》頁二九九二中

烏丸薄盛執渤海太守劉既,率户五千降於勒。

　　《十六國春秋輯補》卷十二《後趙録二·石勒》頁八五

烏丸審廣、漸裳、郝襲背王浚,密遣使降于勒,勒厚加撫納。

　　《晉書》卷一百四《載記第四·石勒上》頁二七二〇

烏丸審廣、漸裳、郝襲背王浚,密遣使降于勒,勒厚加撫納。

《通志》卷一百八十七《載記二·後趙石勒》頁二九九
二中

烏丸審廣、漸裳、郝襲背王浚，密遣使降於勒，勒厚加
撫納。

《十六國春秋輯補》卷十二《後趙録二·石勒》頁八五

漢主聰以勒爲侍中、征東大將軍。烏桓亦叛王浚，潛附
於勒。史言王浚之勢浸以孤弱。

《資治通鑑》卷八十八《晉紀十·愍帝建興元年》頁二八
〇〇

（王）浚始者唯恃鮮卑、烏桓以爲强，既而皆叛之。加以
蝗旱連年，兵勢益弱。

《資治通鑑》卷八十八《晉紀十·愍帝建興元年》頁二八
〇四

公元三一四年　西晉愍帝建興二年

勒將圖浚，引子春問之。子春曰：“幽州自去歲大水，人
不粒食，浚積粟百萬，不能贍恤，刑政苛酷，賦役殷煩，賊害賢
良，誅斥諫士，下不堪命，流叛略盡。鮮卑、烏丸離貳于外，棗
嵩、田矯貪暴于内，人情沮擾，甲士羸弊。而浚猶置立臺閣，
布列百官，自言漢高、魏武不足並也。又幽州謠怪特甚，聞者
莫不爲之寒心，浚意氣自若，曾無懼容，此亡期之至也。”

《晉書》卷一百四《載記第四·石勒上》頁二七二二

勒將圖浚，引子春問之。子春曰："幽州自去歲大水，人不粒食，浚積粟百萬，不能瞻恤，刑政苛酷，賦役殷煩，賊害賢良，誅斥諫士，下不堪命，流叛略盡。鮮卑、烏丸離貳于外，棗嵩、田矯貪暴于內，人情沮擾，甲士羸弊。而浚猶置立臺閣，布列百官，自言漢高、魏武不足並也。又幽州謠怪特甚，聞者莫不爲之寒心，浚意氣自若，曾無懼容，此亡期之至也。"

《通志》卷一百八十七《載記二·後趙石勒》頁二九九三上

勒將圖浚，引子春問之。子春曰："幽州自去歲大水，人不粒食，浚積粟百萬，不能瞻恤，刑政苛酷，賦役殷煩，賊害賢良，誅斥諫士，下不堪命，流叛略盡。鮮卑、烏丸離貳於外，棗嵩、田矯貪暴於內，人情沮擾，甲士羸弊。而浚猶置立臺閣，布列百官，自言漢高、魏武不足並也。又幽州謠怪特甚，聞者莫不爲之寒心，浚意氣自若，曾無懼容，此亡期之至也。"

《十六國春秋輯補》卷十二《後趙錄二·石勒》頁八七至八八

勒纂兵戒期，將襲浚，而懼劉琨及鮮卑、烏丸爲其後患，沈吟未發。

《晉書》卷一百四《載記第四·石勒上》頁二七二二

勒纂兵戒期，將襲浚，而懼劉琨及鮮卑、烏丸爲其後患，沈吟未發。

《通志》卷一百八十七《載記二·後趙石勒》頁二九九三上

勒纂兵戒期,將襲浚,而懼劉琨及鮮卑、烏丸爲其後患,沈吟未決。

《十六國春秋輯補》卷十二《後趙録二·石勒》頁八八

遷烏丸審廣、漸裳、郝襲、靳市等于襄國。

《晉書》卷一百四《載記第四·石勒上》頁二七二三

遷烏丸審廣、漸裳、郝襲、靳市等于襄國。

《通志》卷一百八十七《載記二·後趙石勒》頁二九九三中

遷烏丸審廣、漸裳、郝襲、靳市等於襄國。

《十六國春秋輯補》卷十二《後趙録二·石勒》頁八九

石勒纂嚴,將襲王浚,而猶豫未發。張賓曰:"夫襲人者,當出其不意。今軍嚴經日而不行,豈非畏劉琨及鮮卑、烏桓爲吾後患乎?" 勒曰:"然。爲之奈何?"

《資治通鑑》卷八十九《晉紀十一·愍帝建興二年》頁二八一一

公元三一六年　西晉愍帝建興四年

徙平原烏丸展廣、劉哆等部落三萬餘户于襄國。

《晉書》卷一百四《載記第四·石勒上》頁二七二五

徙平原烏丸展廣、劉哆等部三萬餘户於襄國。

《册府元龜》卷四八六《邦計部·遷徙》頁五八一七下

徙平原烏丸展廣、劉哆等部落三萬餘戸于襄國。

《通志》卷一百八十七《載記二・後趙石勒》頁二九九
三下

徙平原烏丸展廣、劉哆等部落三萬餘戸於襄國。

《十六國春秋輯補》卷十二《後趙録二・石勒》頁九〇

九年，帝召六脩，六脩不至。帝怒，討之，失利，乃微服民
間，遂崩。普根先守外境，聞難來赴，攻六脩，滅之。衛雄、姬
澹率晉人及烏丸三百餘家，隨劉遵南奔并州。

《魏書》卷一《序紀第一・穆皇帝》頁九

六脩之逆，國內大亂，新舊猜嫌，迭相誅戮。雄、澹並爲
群情所附，謀欲南歸，言於衆曰："聞諸舊人忌新人悍戰，欲
盡殺之，吾等不早爲計，恐無種矣。"晉人及烏丸驚懼，皆曰：
"死生隨二將軍。"於是雄、澹與劉琨任子遵率烏丸、晉人數萬
衆而叛。

《魏書》卷二十三《列傳第十一・衛操》頁六〇二至
六〇三

六脩之逆，國內大亂，雄、澹並爲群情所附，乃與劉遵率
烏丸、晉人數萬而叛。劉琨聞之，大悦，如平城撫納之，欲因
以滅石勒。後爲勒將孔長所滅。

《北史》卷二十《列傳第八・衛操》頁七三一

普根代立，國中大亂，新舊猜嫌，迭相誅滅。左將軍衛雄、信義將軍箕澹，澹，徒覽翻，又徒濫翻。久佐猗盧，爲衆所附，謀歸劉琨，乃言於衆曰："聞舊人忌新人悍戰，舊人，索頭部人也；新人，晉人及烏桓人也。悍，侯旰翻，又下罕翻。欲盡殺之，將奈何？"晉人及烏桓皆驚懼，曰："死生隨二將軍！"乃與琨質子遵帥晉人及烏桓三萬家、馬牛羊十萬頭歸于琨。質，音致。帥，讀曰率；下同。

《資治通鑑》卷八十九《晉紀十一·愍帝建興四年》頁二八三〇至二八三一

六修之逆，國内大亂，雄、澹並爲群情所附，乃與劉遵率烏丸、晉人數萬而部。刺史聞之，大悦，如平城撫納之，欲因以滅石勒。後爲勒將所害。

《通志》卷一百四十六《列傳五十九·衛操》頁二三〇三中

公元三一七年　東晉元帝建武元年

六月丙寅，司空、并州刺史、廣武侯劉琨，幽州刺史、左賢王、渤海公段匹磾，領護烏丸校尉、鎮北將軍劉翰，單于、廣甯公段辰，遼西公段眷，冀州刺史、祝阿子邵續，青州刺史、廣饒侯曹嶷，兗州刺史、定襄侯劉演，東夷校尉崔毖，鮮卑大都督慕容廆等一百八十人上書勸進……

《晉書》卷六《帝紀第六·元帝》頁一四五

六月丙寅，司空、并州刺史、廣武侯劉琨，幽州刺史、左賢

王、渤海公段匹磾,領護烏丸校尉、鎮北將軍劉翰,單于、廣寧
公段辰,遼西公段眷,冀州刺史、祝阿子邵續,青州刺史、廣饒
侯曹嶷,兗州刺史、定襄侯劉演,東夷校尉崔毖,鮮卑大都督
慕容廆等一百八十人上書勸進。

《通志》卷十下《晉紀十下·元皇帝》頁一九三中至一九
三下

公元三二一年　東晉元帝太興四年　後趙明帝三年

尋署石季龍爲車騎將軍,率騎三萬討鮮卑鬱粥于離石,
俘獲及牛馬十餘萬,鬱粥奔烏丸,悉降其衆城。

《晉書》卷一百五《載記第四·石勒下》頁二七三九

尋署季龍爲車騎將軍,率騎三萬討鮮卑鬱粥於離石,俘
獲牛馬十餘萬,鬱粥奔烏丸,悉降其衆城。

《冊府元龜》卷二三一《僭僞部·征伐》頁二七四六上

尋署石虎爲車騎將軍,率騎三萬討鮮卑鬱粥於離石,俘
獲及牛馬十餘萬,鬱粥奔烏丸,悉降其衆城。

《通志》卷一百八十七《載記二·後趙石勒》頁二九九
六中

尋署石季龍爲車騎將軍,率騎三萬討鮮卑鬱粥於離石,
俘獲男女及牛馬十餘萬。鬱粥奔烏丸,悉降其衆城。

《十六國春秋輯補》卷十三《後趙錄三·石勒》頁一〇一

公元三三四年　東晉成帝咸和九年

咸和九年，皝遣其司馬封弈攻鮮卑木堤于白狼，揚威淑虞攻烏丸悉羅侯於平堈，皆斬之。

　　　　《晉書》卷一百九《載記第九·慕容皝》頁二八一六

咸和九年，皝遣其司馬封奕攻鮮卑木堤于白狼，揚威淑虞攻烏丸悉羅侯於平堈，皆斬之。

　　　　《通志》卷一百八十八《載記三·前燕慕容皝》頁三〇一二下

皝元年，咸和九年。皝遣其司馬封弈攻鮮卑木堤於白狼，揚威淑虞攻烏丸悉羅侯於平堈，皆斬之。

　　　　《十六國春秋輯補》卷二十四《前燕録二·慕容皝》頁一八六

慕容皝遣將軍叔虞攻烏桓悉羅侯于平剛。[八]

【校勘記】

〔八〕悉羅侯　"侯"，《晉書》卷一〇九《慕容皝載記》作"侯"。

　　　　《讀史方輿紀要》卷十八《北直九》頁八三三、八六四

公元三三九年　東晉成帝咸康五年
北魏昭成帝建國二年

建國二年，初置左右近侍之職，無常員，或至百數，侍直禁中，傳宣詔命。皆取諸部大人及豪族良家子弟儀貌端嚴，

機辯才幹者應選。又置内侍長四人，主顧問，拾遺應對，若今之侍中、散騎常侍也。其諸方雜人來附者，總謂之"烏丸"，各以多少稱酋、庶長，分爲南北部，復置二部大人以統攝之。

《魏書》卷一百一十三《官氏志》頁二九七一至二九七二

代人謂他國之民來附者皆爲烏桓，什翼犍分之爲二部，各置大人以監之。弟孤監其北，子寔君監其南。監，工銜翻。

《資治通鑑》卷九十六《晉紀十八・成帝咸康五年》頁三〇三〇

公元三四八年　東晉穆帝永和四年
前燕文明帝十五年 ①

元真體貌不恒，暗符天表，沈毅自處，頗懷奇略。于時群雄角立，爭奪在辰，顯宗主祭于冲年，庾亮竊政于元舅，朝綱不振，天步孔艱，遂得據已成之資，乘土崩之會。揚兵南鶩，則烏丸卷甲；建旆東征，則宇文摧陣。

《晉書》卷一百十一《載記第十一・史臣曰》頁二八六二

公元三五〇年　東晉穆帝永和六年
後趙永寧元年

石祇僭號，以襄爲使持節、驃騎將軍、護烏丸校尉、豫州刺史、新昌公。

《晉書》卷一百十六《載記第十六・姚襄》頁二九六二

①本年慕容皝亡，故將其論贊繫於此處。

石祇僭號，以襄爲使持節、驃騎將軍、護烏丸校尉、豫州刺史、新昌公。

《通志》卷一百九十《載記五・後秦姚襄》頁三〇四三下

石祇僭號，以襄爲使持節、驃騎大將軍、護烏丸校尉、豫州刺史、新昌公。

《十六國春秋輯補》卷四十九《後秦錄一・姚襄》頁三七五

石祇僭號，以襄爲使持節、驃騎將軍，護烏丸校尉。

《太平御覽》卷一二三《偏霸部七・後秦姚襄》頁五九四上

公元三五一年　東晉穆帝永和七年
前燕景昭帝三年

庫傉官偉帥部衆自上黨降燕。傉，奴沃翻。庫傉官，漁陽烏桓大人庫傉之餘種。按溫公與劉道原書，以爲“庫”當作“厙”。詳見前例。厙，音舍。

《資治通鑑》卷九十九《晉紀二十一・穆帝永和七年》頁三一一九

公元三六〇年　東晉穆帝升平四年　前燕幽帝
建熙元年　前秦宣昭帝甘露二年

烏丸獨孤、鮮卑没奕于率衆數萬又降於堅。堅初欲處之塞內，苻融以“匈奴爲患，其興自古。比虜馬不敢南首者，畏

威故也。今處之于内地，見其弱矣，方當窺兵郡縣，爲北邊之
害。不如徙之塞外，以存荒服之義”。堅從之。

　　《晉書》卷一百十三《載記第十三・符堅上》頁二八八七

　　烏丸獨孤、鮮卑没奕于率衆數萬降于堅。堅初欲處之
塞内，符融以“匈奴爲患，其興自古。北虜馬不敢南首者，畏
威故也。今虜之於内地，見其弱矣，方當窺兵郡縣，爲北邊之
害。不如徙之塞外，以存荒服之義。”堅從之。

　　《册府元龜》卷二二九《僭僞部・聽納》頁二七二八下

　　冬，十月，烏桓獨孤部、鮮卑没奕干各帥衆數萬降秦，秦
王堅處之塞南。帥，讀曰率。降，户江翻。處，昌吕翻；下同。陽平
公融諫曰：“戎狄人面獸心，不知仁義。其稽顙内附，實貪地
利，非懷德也；稽，音啓。不敢犯邊，實憚兵威，非感恩也。今
處之塞内，與民雜居，彼窺郡縣虛實，必爲邊患，不如徙之塞
外以防未然。”堅從之。

　　《資治通鑑》卷一百一《晉紀二十三・穆帝升平四年》頁
三一八三

　　烏丸獨孤、鮮卑没弈于率衆數萬又降于堅。堅初欲處之
塞内，符融以“爲虜居内地，窺兵郡縣，必爲他日之害。不如
徙之塞外，以存荒服之義”。堅從之。

　　《通志》卷一百八十九《載記四・前秦符堅》頁三〇二六下

　　烏丸獨孤、鮮卑没奕于率衆數萬又降於堅。堅初欲處之

塞内，苻融以“匈奴爲患，其興自古，比虜馬不敢南首者，畏威故也。今處之於内地，見其弱矣，方當窺兵郡縣，爲北邊之害，不如徙之塞外，以存荒服之義。”堅從之。

《十六國春秋輯補》卷三十三《前秦録三·苻堅》頁二五七

（仇款）仕慕容暐 [①] 爲烏丸護軍、長水校尉。

《魏書》卷九十四《列傳閹官第八十二·仇洛齊》頁二〇一三

（仇款）仕慕容暐爲烏丸護軍、長水校尉。

《北史》卷九十二《列傳第八十·恩幸·仇洛齊》頁三〇三〇

（仇款）仕慕容暐爲烏丸護軍、長水校尉。

《通志》卷一百七十九《宦者傳一·仇洛齊》頁二八七二中

公元三七一年　東晉簡文帝咸安元年
前秦宣昭帝建元七年

徙關東豪杰及諸雜夷十萬户於關中，處烏丸雜類於馮翊、北地，丁零翟斌于新安，徙陳留、東阿萬户以實青州。

《晉書》卷一百十三《載記第十三·苻堅上》頁二八九三

---

① 該年慕容暐即位，故將其事繫於此。

前秦苻堅既平鄴都,徙關東豪杰及諸雜夷十萬戶于關中,處烏丸雜類于馮翊、北地,丁零翟斌于新安,徙陳留東阿萬戶以實青州。

《冊府元龜》卷四八六《邦計部·遷徙》頁五八一七下

秦王堅徙關東豪杰及雜夷十五萬戶于關中,處烏桓于馮翊、北地,丁零翟斌于新安、澠池。爲翟斌乘秦亂起兵張本。處,昌呂翻。澠,彌兗翻。斌,音彬。

《資治通鑑》卷一百三《晉紀二十五·簡文帝咸安元年》頁三二四三

徙關東豪杰及諸雜夷十萬戶于關中,處烏丸雜類于馮翊、北地,丁零翟斌于新安,徙陳留、東阿萬戶以實青州。

《通志》卷一百八十九《載記四·前秦苻堅》頁三〇二八中

徙關東豪杰及諸雜夷十萬戶於關中,處烏丸雜類於馮翊、北地,丁零翟斌於新安,徙陳留、東阿萬戶以實青州。

《十六國春秋輯補》卷三十四《前秦錄四·苻堅》頁二六六

公元三八〇年　東晉孝武帝太元五年
前秦宣昭帝建元十六年

(苻洛)分遣使者徵兵於鮮卑、烏丸、高句麗、百濟及薛羅、休忍等諸國,並不從。

《晉書》卷一百十三《載記第十三·苻堅上》頁二九〇二

　　幽州治中平規曰："逆取順守，湯、武是也；漢陸賈曰：湯、武逆取而順守之。因禍爲福，桓、文是也。齊桓、晉文皆因兄弟争國，得國而霸。主上雖不爲昏暴，然窮兵黷武，民思有所息肩者，十室而九。若明公神旗一建，必率土雲從。今跨據全燕，地盡東海，北總烏桓、鮮卑，東引句麗、百濟，燕，於賢翻。句，音駒。麗，力知翻。控弦之士不減五十餘萬，奈何束手就徵，蹈不測之禍乎！"

　　《資治通鑑》卷一百四《晉紀二十六·孝武帝太元五年》頁三二九三

　　（苻洛）分遣使者徵兵於鮮卑、烏桓、高句麗、百濟、新羅、休忍諸國，遣兵三萬助北海公重戍薊。諸國皆曰："吾爲天子守藩，爲，于僞翻。不能從行唐公爲逆。"

　　《資治通鑑》卷一百四《晉紀二十六·孝武帝太元五年》頁三二九三

　　（苻洛）分遣使者徵兵於鮮卑、烏丸、高句麗、百濟及薛羅、休忍等諸國，並不從。

　　《通志》卷一百八十九《載記四·前秦苻堅》頁三〇三〇下

　　（苻洛）分遣使者徵兵於鮮卑、烏丸、高句麗、百濟及薛一作"新"。羅、休忍等諸國，并不從。

　　《十六國春秋輯補》卷三十五《前秦録五·苻堅》頁二七六

太元四年苻路①以龍城叛,徵兵於鮮卑、烏桓、高句麗、百濟、新羅、休忍諸國是也。

《讀史方輿紀要》卷三十八《山東九》頁一七七一

於是分幽州置平州,以石越爲平州刺史,領護鮮卑中郎將,鎮龍城;大鴻臚韓胤領護赤沙中郎將,移烏丸府于代郡之平城……

《晉書》卷一百十三《載記第十三·苻堅上》頁二九〇三

於是分幽州置平州,以石越爲平州刺史,領護鮮卑中郎將,鎮龍城;大鴻臚韓允領護赤沙中郎將,移烏丸府于代郡之平城。

《通志》卷一百八十九《載記四·前秦苻堅》頁三〇三一上

於是分幽州置平州,以石越爲平州刺史,領護鮮卑中郎將,鎮龍城;大鴻臚韓胤領護赤沙中郎將,移烏丸府於代郡之平城。

《十六國春秋輯補》卷三十五《前秦録五·苻堅》頁二七七

---

①《通鑑》繫此事於太元五年。

公元三八四年　東晉孝武帝太元九年　前秦宣昭帝 建元二十年　後燕武成帝燕元元年

（慕容）垂子農亡奔列人，招集群盜，衆至萬數千。丕遣石越擊之，爲農所敗，越死之。垂引丁零、烏丸之衆二十餘萬，爲飛梯地道以攻鄴城。

《晉書》卷一百十四《載記第十四‧苻堅下》頁二九一九

（慕容）垂引丁零、烏丸之衆二十餘萬，爲飛梯、地道以攻鄴城。

《太平御覽》卷一二二《偏霸部六‧前秦苻堅》頁五九一上

燕王垂引丁零、烏桓之衆二十餘萬爲飛梯地道以攻鄴，不拔；乃築長圍守之，分處老弱於肥鄉，《晉志》，肥鄉縣屬廣平郡。魏收曰：天平初，併入魏郡臨漳縣。隋復分置肥鄉縣，唐屬洺州。處，昌呂翻。築新興城以置輜重。重，直用翻。

《資治通鑑》卷一百五《晉紀二十七‧孝武帝太元九年》頁三三二五

（慕容）垂子農亡奔列人，招集群盜，衆至萬數千。丕遣石越擊之，爲農所敗，越死之。垂引丁零、烏丸之衆二十餘萬，爲飛梯地道以攻鄴城。

《通志》卷一百八十九《載記四‧前秦苻堅》頁三〇三四中

　（慕容）垂子農亡奔列人，招集群盜，衆至萬數千。丕遣石越擊之，爲農所敗，越死之。垂引丁零、烏丸之衆二十餘萬，爲飛梯地道以攻鄴城。

　《十六國春秋輯補》卷三十七《前秦録七·苻堅》頁二八九

　（慕容）農西招庫辱官偉于上黨，東引乞特歸于東阿，各率衆數萬赴之，衆至十餘萬。

　《晉書》卷一百二十三《載記第二十三·慕容垂》頁三〇八二

　慕容農之奔列人也，止於烏桓魯利家，魯利本烏桓種，而家於列人。利爲之置饌，爲，于僞翻。饌，雛皖翻，又雛戀翻，饗也。農笑而不食。利謂其妻曰：“惡奴，句絶。惡奴，蓋詈其妻之語。郎貴人，家貧無以饌之，奈何？”妻曰：“郎有雄才大志，今無故而至，必將有異，非爲飲食來也。爲，于僞翻。君呕出，遠望以備非常。”利從之。農謂利曰：“吾欲集兵列人以圖興復，卿能從我乎？”利曰：“死生唯郎是從。”今世俗多呼其主爲郎主，又呼其主之子爲郎君。農乃詣烏桓張驤，說之曰：驤，思將翻。說，輸芮翻；下同。“家王已舉大事，翟斌等咸相推奉，遠近響應，故來相告耳。”驤再拜曰：“得舊主而奉之，敢不盡死！”於是農驅列人居民爲士卒，斬桑榆爲兵，裂襜裳爲旗，襜，昌占翻。《爾雅》曰：衣蔽前也。郭璞曰：衣蔽膝也。使趙秋説屠各畢聰。聰與屠各卜勝、張延、李白、郭超及東夷餘和、敕勃、屠，直於翻。餘和、敕勃，蓋二人。易陽烏桓劉大易陽縣，漢屬趙國，魏、晉屬陽平郡。劉昫

曰：唐洺州臨洺縣,古易陽縣也,隋開皇六年更名。各帥部眾數千赴
之。帥,讀曰率。農假張驤輔國將軍,劉大安遠將軍,魯利建威
將軍。農自將攻破館陶,館陶縣,漢屬魏郡,魏、晉屬陽平郡。將,即
亮翻。收其軍資器械,遣蘭汗、段讚、趙秋、慕輿悕略取康臺牧
馬數千匹。悕,香衣翻。魏收《地形志》:廣平郡平恩縣有康臺澤。杜
預曰:不以道取曰略。汗,燕王垂之從舅;讚,聰之子也。從,才用
翻。於是步騎雲集,眾至數萬,驤等共推農爲使持節、都督河
北諸軍事、驃騎大將軍,監統諸將,使,疏吏翻。驃,匹妙翻。騎,
奇寄翻。監,工銜翻。隨才部署,上下蕭然。農以燕王垂未至,
不敢封賞將士。趙秋曰:“軍無賞,士不往,言無賞以獎激之,則
士不往赴戰也。今之來者,皆欲建一時之功,規萬世之利,規,
圖也。宜承制封拜,以廣中興之基。”農從之,於是赴者相繼;
垂聞而善之。農間【章:十二行本“間”作“西”;乙十一行本同;孔
本同;張校同。】招庫【嚴:“庫”改“厙”,下同。】傿官偉於上黨,東
引乞特歸於東阿,北召光烈將軍平叡及叡兄汝陽太守幼於燕
國,偉等皆應之。間,古莧翻。遣間使招之也。傿,奴沃翻。東阿縣,
漢屬東郡,晉屬濟北郡,唐屬濟州。汝陽縣,漢、晉屬汝南郡,後分爲汝
陽郡。平幼蓋先嘗爲汝陽太守時居燕國也。偉等皆燕之舊臣,故招之而
應。光烈將軍,蓋亦前燕以授平叡。又遣蘭汗攻頓丘,克之。頓丘
縣,漢屬東郡;武帝泰始二年,分置頓丘郡。農號令整肅,軍無私掠,
言其軍不敢掠居民而私其物。士女喜悦。

　　《資治通鑑》卷一百五《晉紀二十七・孝武帝太元九年》
頁三三二一至三三二二

　　庚戌,燕王垂至鄴,改秦建元二十年爲燕元年,服色朝

儀,皆如舊章。朝,直遥翻。以前岷山公庫傉官偉爲左長史,前尚書段崇爲右長史,滎陽鄭豁等爲從事中郎。凡帶前字者,皆前燕所授官也。

　　《資治通鑑》卷一百五《晉紀二十七・孝武帝太元九年》頁三三二三

　　東胡王晏據館陶,爲鄴中聲援,鮮卑、烏桓及郡縣民據塢壁不從燕者尚衆;燕王垂遣太原王楷與鎮南將軍陳留王紹討之。楷謂紹曰:"鮮卑、烏桓及冀州之民,本皆燕臣,今大業始爾,人心未洽,所以小異;唯宜綏之以德,不可震之以威。吾當止一處,爲軍聲之本,汝巡撫民夷,示以大義,彼必當聽從。"楷乃屯于辟陽。《地理風俗記》曰:廣川西南六十里有辟陽亭,故縣也,漢高帝封審食其爲侯國。魏收《地形志》,長樂郡信都縣有辟陽城。紹帥騎數百往説王晏,爲陳禍福,帥,讀曰率。説,輸芮翻。爲,于僞翻。晏隨紹詣楷降,於是鮮卑、烏桓及塢民降者數十萬口。降,户江翻。楷留其老弱,置守宰以撫之,發其丁壯十餘萬,與王晏詣鄴。垂大悦曰:"汝兄弟才兼文武,足以繼先王矣!"言足以繼慕容恪也。

　　《資治通鑑》卷一百五《晉紀二十七・孝武帝太元九年》頁三三二六

　　庫傉官偉帥營部數萬至鄴,燕王垂封偉爲安定王。

　　《資治通鑑》卷一百五《晉紀二十七・孝武帝太元九年》頁三三二七

（慕容）農西招庫辱官偉于上黨，東引乞特歸于東阿，各率衆數萬赴之，衆至十餘萬。

《通志》卷一百九十一《載記六·後燕慕容垂》頁三〇六八中

公元三八五年　東晉孝武帝太元十年

昌黎太守宋敞帥烏桓、索頭之衆救兗，不及而還。帥，讀曰率。索，昔各翻。還，從宣翻，又如字。

《資治通鑑》卷一百六《晉紀二十八·孝武帝太元十年》頁三三五七

公元三八六年　東晉孝武帝太元十一年　北魏道武帝登國元年　後燕武成帝建興元年

八月，劉顯遣弟亢泥迎窟咄，以兵隨之，來逼南境。於是諸部騷動，人心顧望。帝左右于桓等，[三]與諸部人謀爲逆以應之。事泄，誅造謀者五人，餘悉不問。帝慮内難，乃北踰陰山，幸賀蘭部，阻山爲固。遣行人安同、長孫賀使于慕容垂以徵師，垂遣使朝貢，并令其子賀驎帥步騎以隨同等。

冬十月，賀驎軍未至而寇已前逼，於是北部大人叔孫普洛等十三人及諸烏丸亡奔衞辰。

【校勘記】

〔三〕帝左右于桓等　北、汲、殿、局四本“桓”作“植”。百衲本、南本作“桓”。按《北史》卷一、《通鑑》卷一〇六三三六八頁也作“桓”。今從百衲本。參卷二七校記。

《魏書》卷二《太祖紀第二》頁二一、四五

賀染干陰懷異端,乃爲窟咄來侵北部。人皆驚駭,莫有固志。於是北部大人叔孫普洛節及諸烏丸亡奔衛辰。

《魏書》卷十五《昭成子孫列傳第三·窟咄》頁三八五

秋八月,劉顯遣弟亢泥迎皇叔父窟咄于慕容永,以兵隨之,來逼南境。帝左右于桓等與諸部大人謀應之,事泄,誅造謀者五人,餘悉不問。帝慮內難,乃北踰陰山,幸賀蘭部,阻山爲固。遣行人安同、長孫賀徵師于慕容垂,垂令其子賀驎率師隨同等。軍未至而寇逼,於是北部大人叔孫普洛等十三人及諸烏丸亡奔衛辰。

《北史》卷一《魏本紀第一·太祖道武皇帝》頁一一

賀染干陰懷異端,[五〇]乃爲窟咄來侵北部。人皆驚駭,莫有固志,於是北部大人叔孫普洛節及諸烏丸亡奔衛辰。

【校勘記】

〔五〇〕軍既不至而稍前逼賀染干賀染干陰懷異端　《魏書》不重"賀染干"。按《魏書》卷二《太祖紀》云:"賀驎軍未至而寇已前逼,"此"而"下當脱"寇"字,指劉亢埿之軍。"賀染干"三字誤重出,受逼者是拓拔珪,非賀染干。

《北史》卷十五《列傳第三·魏諸宗室·窟咄》頁五八〇、五八七

八月,劉顯遣弟亢泥迎窟咄,以近隨之,來逼南境。於是諸部騷動,人心顧望。帝左右于桓等與諸部人謀爲逆以應之,事泄,誅造謀五人,餘悉不問。帝慮內難,乃北踰陰山,幸

賀蘭部,阻山爲固。遣行人安同、長孫賀使于慕容垂以徵師,垂遣使朝貢,并令其子賀驎率步騎以隨同等。十月,賀驎軍未至而寇已前逼,於是北部大人叔孫普雒等十三人及諸烏丸亡奔衛辰。

　　　　　　《册府元龜》卷六《帝王部・創業二》頁六四下

　　秋八月,劉顯遣弟亢泥迎皇叔父窟咄于慕容永,以兵隨之,來逼南境。帝左右于桓等與諸部大人謀應之,事泄,誅造謀者五人,餘悉不問。帝慮内難,乃北踰陰山,幸賀蘭部,阻山爲固。遣行人安同、長孫賀徵師于慕容垂,垂令其子賀驎率師隨同等。軍未至而寇逼,於是北部大人叔孫普洛等十三人及諸烏丸亡奔衛辰。

　　　　　　《通志》卷十五上《後魏紀十五上・太祖道武皇帝》頁二七一中

　　（賀）染干陰懷異端,乃爲窟咄來侵北部。人皆驚駭,莫有固志。於是北部大人叔孫普洛節及諸烏丸亡奔衛辰。

　　　　　　《通志》卷八十四上《宗室傳七上・窟咄》頁一〇五七中

　　以其左長史庫辱官偉、右長史段崇、龍驤張崇,中山尹封衡爲吏部尚書,[九]慕容德爲侍中、都督中外諸軍事、領司隸校尉,撫軍慕容麟爲衛大將軍,其餘拜授有差。

　　【校勘記】

　　〔九〕以其左長史庫辱官偉至封衡爲吏部尚書　李校:此處庫辱官偉、段崇、張崇三人姓名下皆有脱文。據下卷稱庫辱官偉爲太尉、段崇爲光禄大夫,則此處當作"庫辱官偉爲太尉,段崇爲左光禄大夫"。按:偉加太尉,據《通鑑》一〇八在太元十八年,李説未盡是,但三人下必有脱文,今於"張崇"下爲句。

《晉書》卷一百二十三《載記第二十三·慕容垂》頁三〇八六至三〇八七、三〇九一至三〇九二

以其左長史庫辱官偉、右長史段崇、龍驤張崇,中山尹封衡爲吏部尚書,慕容德爲侍中、都督中外諸軍事、領司隸校尉,撫軍慕容麟爲衛大將軍,其餘拜授有差。

《通志》卷一百九十一《載記六·後燕慕容垂》頁三〇六九中至三〇六九下

公元三八七年　東晉孝武帝太元十二年　北魏道武帝登國二年　後燕武成帝建興二年

燕主垂立劉顯弟可泥爲烏桓王,以撫其衆,徙八千餘落于中山。

《資治通鑑》卷一百七《晉紀二十九·孝武帝太元十二年》頁三三七九

(劉)顯奔西燕,垂立其弟爲烏桓王,以撫其衆,徙八萬餘落於中山。

《十六國春秋輯補》卷四十四《後燕録三·慕容垂》頁三四三

公元三九三年　東晉孝武帝太元十八年　北魏道武帝登國八年　後燕武成帝建興八年

夏，四月，庚子，燕主垂加太子寶大單于；以安定王庫傉官偉爲太尉，單，音蟬。傉，奴沃翻。范陽王德爲司徒，太原王楷爲司空，陳留王紹爲尚書右僕射。

《資治通鑑》卷一百八《晉紀三十・孝武帝太元十八年》頁三四一〇

公元三九六年　東晉孝武帝太元二十一年　北魏道武帝皇始元年　後燕惠愍帝永康元年

以其太尉庫辱官偉爲太師、左光禄大夫，段崇爲太保，其餘拜授各有差。

《晉書》卷一百二十四《載記第二十四・慕容寶》頁三〇九三

（慕容寶）又以安定王庫傉官偉爲太師，傉，奴沃翻。夫餘王蔚爲太傅。

《資治通鑑》卷一百八《晉紀三十・孝武帝太元二十一年》頁三四二七

以其太尉庫辱官偉爲太師、左光禄大夫，段崇爲太保，其餘拜授各有差。

《通志》卷一百九十一《載記六・後燕慕容寶》頁三〇七〇中

公元三九七年　東晉安帝隆安元年　北魏道武帝皇始二年　後燕惠愍帝永康二年

（慕容會）使征南將軍庫傉官偉、建威將軍餘崇將兵五千爲前鋒。崇，嵩之子也。餘嵩見上卷孝武帝太元二十一年。傉，奴沃翻。偉等頓盧龍近百日，遼東新昌縣有盧龍山，唐爲平州盧龍縣，慕容令所謂守肥如之險，即其地也。此遼東新昌，後人置於漢遼西郡界，非漢舊郡縣地也。近，其靳翻。無食，啖馬牛且盡；會不發。寶怒，累詔切責；會不得已，以治行簡練爲名，復留月餘。治，直之翻。復，扶又翻。時道路不通，偉欲使輕軍前行通道，偵魏強弱，且張聲勢；偵，丑鄭翻。諸將皆畏避不欲行。餘崇奮曰：“今巨寇滔天，京都危逼，京都，謂中山。匹夫猶思致命以救君父，諸君荷國寵任，而更惜生乎！荷，下可翻。若社稷傾覆，臣節不立，死有餘辱；諸君安居於此，崇請當之。”偉喜，簡給步騎五百人。

《資治通鑑》卷一百九《晉紀三十一·安帝隆安元年》頁三四四二

寶分其兵給農、隆，遣西河公庫辱官驥率衆三千助守中山。

《晉書》卷一百二十四《載記第二十四·慕容寶》頁三〇九五

寶分其兵給農、隆，遣西河公庫辱官驥率眾三千助守中山。

《通志》卷一百九十一《載記六・後燕慕容寶》頁三〇七一上

（慕容寶）乃減會兵分給農、隆。又遣西河公庫傉官驥帥兵三千助守中山。傉，奴沃翻。

《資治通鑑》卷一百九《晉紀三十一・安帝隆安元年》頁三四四六

燕庫傉官驥入中山，與開封公詳相攻。慕容寶遣驥助守中山，因與詳相攻。傉，奴沃翻。詳殺驥，盡滅庫傉官氏；又殺中山尹苻謨，夷其族。中山城無定主，民恐魏兵乘之，男女結盟，人自爲戰。使慕容農、慕容隆留中山而用之，未可知也。

《資治通鑑》卷一百九《晉紀三十一・安帝隆安元年》頁三四五四

秋七月，普鄰遣烏丸張驥率五千餘人出城求食，寇常山之靈壽，殺害吏民。賀麟自丁零中入于驥軍，因其眾，復入中山，殺普鄰而自立。

《魏書》卷二《太祖紀第二》頁三〇

秋七月，普鄰遣烏丸張驥率五千餘人出城求食，寇靈壽。賀驎自丁零中入驥軍，因其眾，復入中山，殺普鄰而自立。

《北史》卷一《魏本紀第一・太祖道武皇帝》頁一六

秋七月，普鄰遣烏丸張驤率五千餘人出城求食，寇靈壽。賀驎自丁零中入驤軍，因其眾，復入中山。殺普鄰而自立。

《通志》卷十五上《後魏紀十五上・太祖道武皇帝》頁二七二中

公元三九八年　東晉安帝隆安二年　北魏道武帝天興元年　後燕昭武帝建平元年

初，慕容奇聚眾于建安，將討蘭汗，百姓翕然從之。汗遣兄子全討奇，奇擊滅之，進屯乙連。盛既誅汗，命奇罷兵，奇遂與丁零嚴生、烏丸王龍之阻兵叛盛，引軍至橫溝，去龍城十里。盛出兵擊敗之，執奇而還，斬龍、生等百餘人。

《晉書》卷一百二十四《載記第二十四・慕容盛》頁三〇九九至三一〇〇

先是，慕容奇聚眾于建安，亦將討汗，百姓翕然從之。汗遣兄子金討奇，奇擊滅之，進屯乙連。盛既斬汗，命奇罷兵，奇遂與丁零嚴生、烏丸王龍之阻兵叛盛，引軍至橫溝，去龍城十里。盛出兵擊敗之，執奇而還，斬龍、生等百餘人。

《冊府元龜》卷二二三《僭偽部・勳伐三》頁二六六六上

（慕容）奇用丁零嚴生、烏桓王龍之謀，遂不受命，甲寅，勒兵三萬餘人進至橫溝，去龍城十里。

《資治通鑑》卷一百一十《晉紀三十二・安帝隆安二年》頁三四七三

　　初，慕容奇聚衆于建安，將討蘭汗，百姓翕然從之。汗遣兄子全討奇，奇擊滅之，進屯乙連。盛既誅汗，命奇罷兵，奇遂與丁零嚴生、烏丸王龍之阻兵叛盛，引軍至橫溝，去龍城十里。盛出兵擊敗之，執奇而還，斬龍、生等百餘人。

　　　　《通志》卷一百九十一《載記六・後燕慕容盛》頁三〇七二上

　　九月，烏丸張驤子超，收合亡命，聚黨三千餘家，據勃海之南皮，自號征東大將軍、烏丸王，抄掠諸郡。詔將軍庾岳討之。

　　　　　　　　　　《魏書》卷二《太祖紀第二》頁三三

　　皇始二年十月壬辰，日暈，有佩璃。占曰"兵起"。天興元年九月，烏丸張超收合亡命，聚黨三千餘家，據勃海之南皮，自號征東大將軍、烏丸王，鈔掠諸郡。

　　　　《魏書》卷一百五之一《天象志一》頁二三三三至二三三四

　　張驤子超收合三千餘家據南皮，自號烏桓王，抄掠諸郡。

張驤，烏桓種也；奉燕見一百五卷孝武帝太元九年；歸魏見上卷元年。驤，思將翻。抄，楚交翻。

　　　　《資治通鑑》卷一百一十《晉紀三十二・安帝隆安二年》頁三四七九

　　漁陽群盜庫傉官韜聚衆反。詔中堅將軍伊謂討之。

　　　　　　　　　　《魏書》卷二《太祖紀第二》頁三二

秋七月，遷都平城，始營宮室，建宗廟，立社稷。漁陽烏丸庫傉官韜復聚黨爲寇。詔冠軍將軍王建討平之。

《魏書》卷二《太祖紀第二》頁三三

中山平，賜建爵濮陽公。烏丸庫傉官鳴聚黨爲寇，[三]詔建討平之。

【校勘記】

〔三〕烏丸庫傉官鳴聚黨爲寇　諸本"庫傉官鳴"作"庫佷官鳴"。按卷二《太祖紀》天興元年三月記"漁陽群盜庫傉官韜聚衆反"，七月又記"漁陽群盜庫傉官韜復聚黨爲寇，詔冠軍將軍王建討平之"。卷一一三《官氏志》："庫褥官氏，後改爲庫氏。""庫傉官"是烏丸姓，"傉"或作"褥"，作"辱"。這裏"佷官"二字顯爲"傉官"之訛，今改正。其名，《紀》作"韜"，可能一人二名，也可能是二人，今不改。

《魏書》卷三十《列傳第十八·王建》頁七一〇、七三三

烏丸庫傉官鳴聚黨爲寇，詔建討平之。

《冊府元龜》卷三五二《將帥部·立功五》頁四一八二上

烏丸庫傉官鳴聚黨爲寇，詔建討平之。

《冊府元龜》卷三八一《將帥部·褒異七》頁四五二六上

後魏道武天興元年七月，漁陽烏丸庫傉官韜聚黨爲寇，詔冠軍將軍王建討平之。

《冊府元龜》卷九八四《外臣部·征討三》頁一一五五五上

公元三九九年　東晉安帝隆安三年　北魏道武帝
天興二年

庚戌，征虜將軍庾岳破張超於勃海。超走平原，爲其黨所殺。

《魏書》卷二《太祖紀第二》頁三五

孤以不才，忝荷先驅，都督元戎一十二萬，皆烏丸突騎，三河猛士，奮劍與夕火爭光，揮戈與秋月競色。

《晉書》卷一百二十七《載記第二十七·慕容德》頁三一六七

孤以不才，忝荷先驅，都督元戎一十二萬，皆烏丸突騎，三河猛士，奮劍與夕火爭光，揮戈與秋月競色。

《十六國春秋輯補》卷五十九《南燕錄二·慕容德》頁四三九

公元四〇六年　東晉安帝義熙二年　北魏道武帝
天賜三年　后秦文桓帝弘始八年

太史令郭黁言於興曰："戌亥之歲，當有孤寇起於西北，宜慎其鋒。起兵如流沙，死者如亂麻，戎馬悠悠會隴頭，鮮卑、烏丸居不安，國朝疲於奔命矣。"

《晉書》卷一百十七《載記第十七·姚興上》頁二九八六

太史令郭黁言於興曰："戌亥之歲，當有孤寇起於西北，宜慎其鋒。起兵如流沙，死者如亂麻，戎馬悠悠會隴頭，鮮卑、烏丸居不安，國家疲於奔命矣。"

《通志》卷一百九十《載記五·後秦姚興》頁三〇四九上

太史令郭黁言於興曰："戌亥之歲，當有孤寇起於西北，宜慎其鋒。起兵如流沙，死者如亂麻，戎馬悠悠會隴頭，鮮卑、烏丸居不安，國朝疲於奔命矣。"

《十六國春秋輯補》卷五十二《後秦錄四·姚興》頁三九七

公元四一六年　東晉安帝義熙十二年　北魏明元帝泰常元年　北燕文成帝太平八年

冬十月壬戌，幸犳山宮。徒何部落庫傉官斌先降，後復叛歸馮跋。驍騎將軍延普渡濡水討擊，大破之，斬斌及馮跋幽州刺史、漁陽公庫傉官昌，征北將軍、關內侯庫傉官提等首，生擒庫傉官女生，縛送京師。幽州平。

《魏書》卷三《太宗紀第三》頁五六至五七

泰常元年十月，徒河部落庫傉官斌先降，後復叛歸北燕馮跋。驍騎將軍延普渡濡水討擊，斬斌，大破之，及獲馮跋幽州刺史漁陽公庫傉官昌，征北將軍關內侯庫傉官提等首，生擒庫傉官女生，縛送京師。幽州平。

《冊府元龜》卷九八四《外臣部·征討三》頁一一五五五上至一一五五五下

公元四五〇年　南朝宋文帝元嘉二十七年　北魏太武帝太平真君十一年

索虜拓跋燾遣軍擊慕延，大破之，慕延率部落西奔白蘭，攻破于闐國。慮虜復至，二十七年，遣使上表云：“若不自固者，欲率部曲入龍涸越雟門。”并求輦車，獻烏丸帽、女國金酒器、胡王金釧等物。

《宋書》卷九十六《列傳第五十六·鮮卑吐谷渾》頁二三七二至二三七二

（慕利延）南征罽賓。遣使通劉義隆求援，獻烏丸帽、女國金酒器、胡王金釧等物，義隆賜以輦車。

《魏書》卷一百一《列傳第八十九·吐谷渾》頁二二三七

（慕利延）南征罽賓。遣使通宋求援，獻烏丸帽、女國金酒器、胡王金釧等物，宋文帝賜以輦車。

《北史》卷九十六《列傳第八十四·吐谷渾》頁三一八三

宋文帝元嘉二十七年，吐谷渾慕延遣使上表求輦車，獻烏丸帽、女國金酒器、胡王金釧等物。太祖賜以輦車。

《冊府元龜》卷九九九《外臣部·請求》頁一一七二〇上

（慕利延）南破罽賓。遣使通宋求援，獻烏丸帽、女國金酒器、胡王金釧等物，宋文帝賜以輦車。

《通志》卷一百九十五《四夷傳二·西戎上·吐谷渾》頁

三一二九中

公元五五五年　南朝梁敬帝紹泰元年　西魏恭帝二年 北齊文宣帝天保六年

壬戌,齊和州長史烏丸遠自南州奔還歷陽。

《陳書》卷一《本紀第一・高祖上》頁九

壬戌,齊和州長史烏丸遠自南州奔還歷陽。

《南史》卷九《陳本紀上第九・陳高祖武皇帝》頁二六二

壬戌,齊和州長史烏丸遠自南州奔還歷陽。劉昫曰:齊、梁通和,置和州於歷陽郡。烏丸蓋出於東胡烏丸之種,因以爲姓。[1]

《資治通鑑》卷一百六十六《梁紀二十二・敬帝紹泰元年》頁五一三九

壬戌,齊和州長史烏丸遠自南州奔還歷陽。

《通志》卷十四《陳紀十四・高祖武皇帝》頁二六〇中

公元六三二年　唐太宗貞觀六年

太宗時,北狄能自通者,又有烏羅渾,或曰烏洛侯,曰烏羅護,直京師東北六千里而贏,東靺鞨,西突厥,南契丹,北烏

---

[1]北朝時期,多有烏丸勳貴以族作姓,但也有一些他族將領被賜姓烏丸,如烏丸軌、烏丸德等。烏丸軌本名王軌,烏丸德本名王德,皆非烏桓族人,而史書中二姓並用。本書中并不詳錄非烏桓族諸人之具體事迹。

丸，大抵風俗皆鞦韉也。烏丸或曰古丸。

　　《新唐書》卷二百一十七下《列傳第一百四十二下·回鶻下》頁六一四六

公元七八九年　唐德宗貞元五年

　　貞元五年，遷左僕射，充幽州節度使。時烏桓、鮮卑數寇邊，濟率軍擊走之，深入千餘里，虜獲不可勝紀，東北晏然。

　　《舊唐書》卷一百四十三《列傳第九十三·劉濟》頁三九〇〇

　　劉濟爲幽州節度。元和初，烏桓、鮮卑數寇邊，濟帥師擊走之。深入千餘里，虜獲不可勝紀，東北晏然。

　　《冊府元龜》卷三五九《將帥部·立功一二》頁四二六二下

　　劉濟爲幽州節度使。烏桓、鮮卑數寇邊，濟帥師擊走之。深入千餘里，虜獲不可勝紀，東北晏然。

　　《冊府元龜》卷四二九《將帥部·守邊》頁五一一二上

公元九〇八年　後梁太祖開平二年

夏五月癸酉，詔撒剌討烏丸、黑車子室韋。

　　　　　　　《遼史》卷一《本紀第一·太祖上》頁三

皇弟惕隱撒剌討烏丸及黑車子室韋。

　　　　　　　《遼史》卷六十九《表第七·部族表》頁一〇七八

公元九一七年　後梁末帝貞明三年　遼太祖神册二年

李審進曰："戎狄無厭，唯利是視，從古已來，常爲邊患。古公避狄於岐下，高宗受困於平城，然周垂定鼎之基，漢享卜年之慶。其後宣王薄伐，孝武窮征，垂基七百餘里。凡夷狄之侵中國，皆乘間隙而來。或以天子政衰，諸侯侵伐，兵連禍結，樹黨分朋，畿甸邦域之中自相矛盾，遂有玁戎入爲邊患。晉之烏丸、鮮卑是也……"

《册府元龜》卷九九四《外臣部·備禦七》頁一一六七四上

公元一三八三年　明太祖洪武十六年

十五年巡視陝西，督屯田，簡軍士。明年鎮遼東，奉敕勿通高麗。高麗使至，察其奸，表聞。賜敕褒美，比魏田豫却烏桓賂，稱名臣。

《明史》卷一百三十一《列傳第十九·唐勝宗》頁三八五〇

公元一五七〇年　明穆宗隆慶四年

彼望生還，必懼我制其死命。志奪氣沮，不敢大逞，然後徐行吾計，策之中也。若遂棄而不求，則當厚加資養，結以恩信。其部衆繼降者，處之塞下，即令把漢統領，略如漢置屬國居烏桓之制。

《明史》卷二百二十二《列傳第一百十·王崇古》頁五八四〇

　　（王）崇古上言：“把漢來歸，非擁衆内附者比，宜給官爵，豐館餼，飭輿馬，以示俺答。俺答急，則使縛送板升諸叛人；不聽，即脅誅把漢牽沮之；又不然，因而撫納，如漢置屬國居烏桓故事，使招其故部，徙近塞。俺答老且死，黄台吉立，則令把漢還，以其衆與台吉抗，我按兵助之。”詔可，授把漢指揮使，阿力哥正千户。

　　《明史》卷三百二十七《列傳第二百十五·外國八·韃靼》頁八四八六

散見未繫年史料

燕北有東胡、山戎。〔一三〕各分散居溪谷,自有君長,往往而聚者百有餘戎,然莫能相一。

〔一三〕【集解】《漢書音義》曰:"烏丸,或云鮮卑。"【索隱】服虔云:"東胡,烏丸之先,後爲鮮卑。在匈奴東,故曰東胡。"案:《續漢書》曰"漢初,匈奴冒頓滅其國,餘類保烏桓山,以爲號。俗隨水草,居無常處。以父之名字爲姓。父子男女悉髡頭爲輕便也"。

《史記》卷一百十《匈奴列傳第五十》頁二八八三、二八八五

燕北有東胡、山戎。〔五〕各分散溪谷,自有君長,往往而聚者百有餘戎,然莫能相壹。

〔五〕服虔曰:"烏桓之先也,後爲鮮卑。"

《漢書》卷九十四上《匈奴傳第六十四上》頁三七四七

燕北有東胡、山戎,烏桓之先也,後爲鮮卑。各分散溪谷,自有君長,往往而聚者百有餘戎,然不相統一。

《通典》卷第一百九十四《邊防十·北狄一·序略》頁五二九九

燕北有東胡、山戎。服虔曰："烏桓之先也，後爲鮮卑。"

《太平御覽》卷八〇〇《四夷部二一·總叙北狄下》頁三五五〇上

燕北有東胡、山戎。烏桓之先也，後爲鮮卑。各分散溪谷，自有君長，往而聚者百有餘戎，然莫能相一。

《册府元龜》卷九五六《外臣部·種族》頁一一二五一上

燕北有東胡、山戎。烏桓之先也，後爲鮮卑。各分散溪谷，自有君長，往往而聚者百有餘戎，然不相統一。

《文獻通考》卷三百四十《四裔十七·北》頁二六六五上

【集解】徐廣曰："烏桓國有薔，似蓬草，實如葵子，十月熟。"

《史記》卷一百一十七《司馬相如列傳第五十七》注引裴駰《史記集解》頁三〇〇七

烏桓傳

以父名爲姓。（汪）

——汪《輯》

戎末瘣[一]。（汪）

——汪《輯》

〔一〕此二引均不詳所出。按《魏志·烏丸傳注》引《魏書》載有烏丸大人戎末廆爲都尉，順帝時從擊鮮卑有功。而范《書》本傳作"戎朱虎"。則汪引之"瘣"系"虎"之誤。

《八家後漢書輯注》之司馬彪《續漢書》卷第五《烏桓傳》
頁五○六至五○七

《廣志》曰：烏丸與匈奴同俗，丈夫婦人爲木幘，朱染之，
如杆盆以沓頭。

《太平御覽》卷八一四《布帛部一·染》頁三六二○上

《後漢書》曰：烏丸國其地宜穄。

《初學記》卷第二十七《寶器部花草附·五穀第十》頁
六六○

范曄《後漢書》曰：烏丸國，其地宜穄。

《太平御覽》卷八四二《百穀部六·稷》頁三七六四上

《魏書》曰：烏丸地宜東薔。東薔似蓬草，實如葵子，二十月
孰也。

《太平御覽》卷八四二《百穀部六·東薔》頁三七六五上

烏桓東胡俗能作白酒，而不知作麹蘖，常仰中國。

《太平御覽》卷八四四《飲食部二·酒中》頁三七七○上

《漢書·西域傳》曰：烏桓國有驢無牛。

《太平御覽》卷九○一《獸部一三·驢》頁三九九七上

《魏書》曰：烏丸俗，耕種常以穀鳥爲候。

　　《太平御覽》卷九二一《羽族部八・鳩》頁四〇八八下

　　（燕地）北鄰烏桓、〔四〕夫餘，東綰穢貉、〔五〕朝鮮、真番之利。〔六〕

　　〔四〕【索隱】鄰，一作“臨”。臨者，亦却背之義，他並類此也。

　　〔五〕【索隱】東綰穢貂。案：綰者，綰統其要津；則上云“臨”者，謂却背之。

　　〔六〕【正義】番音潘。

　　《史記》卷一百二十九《貨殖列傳第六十九》頁三二六五

　　上谷至遼東，地廣民希，數被胡寇，俗與趙、代相類，有魚鹽棗栗之饒。北隙烏丸、夫餘，〔一〕東賈真番之利。

　　〔一〕如淳曰：“有怨隙也。或曰，隙，際也。”師古曰：“訓際是也。烏丸，本東胡也，爲冒頓所滅，餘類保烏丸山，因以爲號。夫餘在長城之北，去玄菟千里。夫讀曰扶。”

　　《漢書》卷二十八下《地理志第八下》頁一六五七至一六五八

　　長水校尉一人，比二千石。〔一〕本注曰：掌宿衛兵。〔二〕司馬、胡騎司馬各一人，千石。本注曰：掌宿衛，主烏桓騎。

　　〔一〕如淳曰：“長水，胡名也。”韋昭曰：“長水校尉典胡騎，厩近長水，（胡）〔故〕以爲名。”校[1]長水蓋〔關〕中小水名。校[2]

〔二〕蔡質《漢儀》曰：“主長水、宣曲胡騎。”《漢官》曰：“員吏百五十七人，烏桓胡騎七百三十六人。”

【校勘記】

〔1〕三六一三頁一行　厥近長水（胡）〔故〕以爲名　據汲本、殿本改。

〔2〕三六一三頁一行　長水蓋〔關〕中小水名　《集解》引惠棟説，謂沈約引《辨釋名》云蓋關中小水名也。王先謙謂韋注“中”上奪“關”字。今據補。

《後漢書》志第二十七《百官四》頁三六一二至三六一三、三六一六

長水校尉一人，比二千石。本注曰：掌宿衛兵。司馬、胡騎司馬各一人，千石。本注曰：掌宿衛，主烏桓騎。

《東漢會要》卷二十《職官二·北軍中候》頁二九六至二九七

長水校尉一人。本注曰：掌宿衛兵。司馬、胡騎司馬各一人。本注曰：掌宿衛，主烏桓騎。

《東漢會要》卷三十三《兵中·北軍五營》頁四八〇

長水校尉，漢掌長水、宣曲胡騎，宣曲觀名，胡騎之屯於宣曲者。《宋志》引韋昭曰：“長水校尉典胡騎，〔二〇〕厥近長水，故以爲名。長水蓋關中小水名也。”又主烏桓騎也。

【校勘記】

〔二〇〕長水校尉典胡騎　“典”原訛“有”，據《宋書·百

官志》下一二四八頁、《後漢書·百官志》四劉昭注三六一三頁引韋昭語改。按：北宋本、傅校本、明抄本、明刻本訛作"曲"。

　　《通典》卷第三十四《職官十六·諸校尉》頁九四二、九五二

　　　長水校尉，漢掌長水、宣曲胡騎。宣曲，觀名，胡騎之屯於宣曲者。《宋志》引韋昭曰："長水校尉典胡騎，厩近長水，故以爲名。長水蓋關中小水名也。"又主烏桓騎也。

　　《文獻通考》卷六十四《職官十八·諸校尉》頁五七九上

　　　長水校尉，漢掌長水、宣曲胡騎，宣曲，觀名，胡騎之屯宣曲者。《宋志》引韋昭曰："長水校尉典胡騎，厩近長安水亭之左，故以爲名。又爲宣曲之稱，長水蓋關中小水名也，又主烏桓騎。"

　　《通志》卷五十七《職官略七·諸校尉附》頁六九六下至六九七上

　　　護羌校尉，後漢在涼州部，持節，職如護烏桓，主西羌。元康中，改爲涼州刺史。

　　　《通典》卷第三十四《職官十六·諸校尉》頁九四二

　　　護羌校尉，後漢涼州部，持節，職如護烏桓，主西羌。元康中，改爲涼州刺史。

　　《文獻通考》卷六十四《職官十八·諸校尉》頁五七九上

　　　護匈奴中郎將、護羌夷戎蠻越烏丸西域戊己校尉，銅印，

青綬。朝服,武冠。

　　　　　《宋書》卷十八《志第八‧禮五》頁五一〇

　　護匈奴中郎將、〔三九〕護羌戎夷蠻越烏丸西域戊己校尉,〔四〇〕銅印,青綬。

【校勘記】

　〔三九〕護匈奴中郎將　原脫"護",據《宋書‧禮志》五五一〇頁補。下同。

　〔四〇〕烏丸西域戊己校尉　"丸"原作"桓",據《宋書‧禮志》五〇一頁及北宋本、傅校本、明抄本、明刻本改。下同。原脫"戊己",據《宋書‧禮志》五補。

　　　《通典》卷第六十三《禮二十三‧沿革二十三‧嘉禮八》頁一七五六、一七七四

　　護匈奴中郎將,護羌、戎、夷、蠻、越、烏丸、西域校尉,銀印珪鈕,青綬,朝服,武冠,獸頭鞶。《陳令》,無此官。其庶子,鎮蠻、寧蠻、平戎、西戎校尉,平越中郎將,服章同。

　　　　　《隋書》卷十一《志第六‧禮儀六》頁二二三

　　公府司馬、諸軍城門五營校尉司馬、護匈奴中郎將護羌戎夷蠻越烏丸戊己校尉長史、司馬,銅印,墨綬。朝服,武冠。江左公府司馬無朝服,餘止單衣幘。

　　　　　《宋書》卷十八《志第八‧禮五》頁五一三

　　公府司馬,領、護軍司馬,諸軍司馬,護匈奴中郎將,護

羌、戎、夷、蠻、越、烏丸、戊己校尉長史、司馬，銅印環鈕，墨
綬，獸頭鞶，朝服，武冠。諸軍司馬，單衣，平巾幘。長史，介
幘。《陳令》：公府司馬，領、護軍司馬，諸軍司馬，鎮安蠻安遠護軍，蠻、
戎、越校尉中郎將長史、司馬，其服章與梁官同。

　　　　　　《隋書》卷十一《志第六·禮儀六》頁二二五

　　諸應給朝服佩玉，而不在京都者給朝服，①非護烏丸羌夷
戎蠻諸校尉以上及刺史、西域戊己校尉，皆不給佩玉。

　　　　　　《宋書》卷十八《志第八·禮五》頁五一七

　　諸應給朝服佩玉，而不在京都者給朝服，非護烏丸羌夷
戎蠻諸校尉以上，〔七二〕及刺史、西域戊己校尉，皆不給佩玉。
　　【校勘記】
　　〔七二〕而不在京都者給朝服非護烏丸羌夷戎蠻諸校尉
以上　原脫"不"，"護"訛"諸"，脫"夷"，據《宋書·禮志》
五五一七頁補改。

　　　　　　《通典》卷第六十三《禮二十三·沿革二十三·嘉禮八》
頁一七五八、一七七七

　　諸應給朝服佩玉，而在京師者給朝服，非諸烏丸羌戎蠻
諸校尉以上及刺史、西域戊己校尉，皆不給佩玉。

　　　　　　《通志》卷四十七《器服略一》頁六一四中

──────────

①此處中華書局點校本《宋書》無校勘記。據中華書局點校修訂本
　《宋書》五七七頁校勘記〔四六〕：而不在京都者給朝服　"給"字原
　闕，據局本補。

比二千石：月百斛。

……

護烏桓校尉

　《通典》卷第三十六《職官十八・比二千石》頁九八七

比二千石：月百斛。

……

護烏桓校尉

《文獻通考》卷六十六《職官二十・比二千石》頁五九六中

六百石：月七十斛。

……

護烏桓校尉擁節長史、司馬〔三八〕

【校勘記】

　〔三八〕護烏桓校尉擁節長史司馬　　按：《後漢書・百官志》五三六二六頁云：“護烏桓校尉一人，比二千石。”劉昭注引應劭《漢官》云：“擁節。長史一人，司馬二人，皆六百石。”擁節者，謂護烏桓校尉也。杜氏誤讀，乃竄入職官。下同。

　《通典》卷第三十六《職官十八・六百石》頁九八七至九八八、九九八

六百石：月七十斛。

……

護烏桓校尉擁節長史、司馬

《文獻通考》卷六十六《職官二十・六百石》頁五九六下至五九七上

佐吏：月八斛。

……

右内外文武官七千五百六十七人，一千五十五人内，六千五百一十二人外。内外諸司職掌人一十四萬五千四百一十九人，一萬四千二百二十五人内職掌：令史、御屬、從事、職佐、員吏、待詔、卒騎、治禮郎、假佐、官騎及鼓吹、宰者、屠者、士衛、緹騎、導從、領士、烏桓騎等。一十三萬一千一百九十四人外職掌：員吏、書佐、假佐、亭鄉有秩、三老、游徼、家什等。都計内外官及職掌人十五萬二千九百八十六人。其内有里魁，里數及命數未詳。

《文獻通考》卷六十六《職官二十·佐吏》頁五九七中至五九七下

（魏官品）第四品

……

越騎、烏丸、〔六九〕諸匈奴、護羌蠻夷等校尉

【校勘記】

〔六九〕烏丸　“丸”原作“桓”，據北宋本、明抄本、明刻本改。下同。

《通典》卷第三十六《職官十八·魏官品第四品》頁九九一至九九二、一〇〇二

（魏官品）第七品

……

護羌戎蠻夷越烏丸校尉長史、司馬

《通典》卷第三十六《職官十八·魏官品第七品》頁九九三

（晉官品）第四品

……

護羌戎夷蠻越烏丸校尉[四]

【校勘記】

〔四〕烏丸　“丸”原作“桓”，據北宋本、遞修本、明刻本改。下同。

《通典》卷第三十七《職官十九·晉官品第四品》頁一〇〇四、一〇二二

（晉官品）第五品

……

西域代部護羌烏丸等校尉

《通典》卷第三十七《職官十九·晉官品第五品》頁一〇〇四

（晉官品）第七品

……

護匈奴中郎將護羌戎夷蠻越烏丸校尉長史、司馬

《通典》卷第三十七《職官十九·晉官品第七品》頁一〇〇五

（晉官品）第八品

……

烏丸西域代部騎馬[一七]

【校勘記】

〔一七〕騎馬　“騎”北宋本、遞修本、明抄本、明刻本作

"騑"。王吴本作"司"。

《通典》卷第三十七《職官十九·晉官品第八品》頁一〇
〇五至一〇〇六、一〇二四

七品　正七品　六班　正三命
……
護羌戎蠻夷越烏桓校尉長史、司馬魏、晉、劉宋。

《文獻通考》卷六十七《職官二十一·官品·七品》頁
六〇三上

八品　正八品　四班　正二命
……
烏桓、西域、代部騎馬晉。

《文獻通考》卷六十七《職官二十一·官品·八品》頁
六〇五上

（南朝宋制）護匈奴中郎將護羌戎夷蠻越烏丸戊已校尉
長史、司馬，廷尉正、監、平，並銅印墨綬。

《通典》卷第六十三《禮二十三·沿革二十三·嘉禮八》
頁一七五七

（南朝梁制）護匈奴中郎將，護羌、戎、夷、蠻、越、烏丸、西
域校尉，銀印珪鈕，青綬，獸頭鞶。

《通典》卷第六十三《禮二十三·沿革二十三·嘉禮八》
頁一七六一

　　（南朝梁制）護匈奴中郎將護羌戎夷蠻越烏丸戊己校尉長史、司馬,銅印環鈕,墨綬,獸頭鞶。

　　　《通典》卷第六十三《禮二十三·沿革二十三·嘉禮八》頁一七六一

　　（校尉）護東羌、烏丸、護鮮卑、《水經注》:牽招屯昌平。西域、西戎。袁紹檄有摸金校尉。

　　　　　　《三國會要》卷十《職官下·武秩》頁一七二

　　令狐邵字孔叔。父仕漢,爲烏丸校尉。

　　　《三國志》卷十六《魏書·任蘇杜鄭倉傳第十六·倉慈》裴松之注引《魏略》頁五一四

　　令狐邵字孔叔。父仕漢,爲烏丸校尉。

　　　《冊府元龜》卷一七一《帝王部·求舊一》頁二〇六五下

　　令狐邵字孔叔。父仕漢,爲烏丸校尉。

　　　《通志》卷一百十五下《列傳二十八下·倉慈》頁一七三五下

　　東南四星曰狗國,主鮮卑、烏丸、沃且。熒惑守之,外夷爲變。

　　　　《晉書》卷十一《志第一·天文上·中宮》頁二九六

　　東南四星曰狗國,主鮮卑、烏丸、沃且。熒惑守之,外夷爲變。

　　《隋書》卷十九《志第十四·天文上·經星中宮》頁
五三七

　　狗國四星在建東北，主鮮卑、烏丸、沃沮。
　　　　　　　　《通志》卷三十八《天文略一》頁五二七中

　　狗國四星，在建東北，主鮮卑、烏丸、沃沮。
　　　　《文獻通考》卷二百七十九《象緯二》頁二二一三下

　　狗國四星，在建星東南，主三韓、鮮卑、烏桓、玁狁、沃且
之屬。星不具，天下有盜；不明，則安；明，則邊寇起。月犯
之，烏桓、鮮卑國亂。
　　　　《宋史》卷五十《志第三·天文三·北方》頁一〇一三

　　七月庚午，月犯狗國西南星。主三韓、鮮卑、烏丸、玁狁
之屬有咎。
　　　　《文獻通考》卷二百九十《象緯十三》頁二二九五中

　　弟胤爲琨引兵，路逢烏桓賊，戰没。
　　　　《晉書》卷六十二《列傳第三十二·劉琨》頁一六九三

　　弟允爲琨領兵，路逢烏桓賊，戰没。
　　　　《通志》卷一百二十五《列傳三十八·劉琨》頁一九五
二中

　　徒何段就六眷,出於遼西。其伯祖曰陸眷,因亂被賣爲漁陽烏丸大人庫辱官家奴。[三三]諸大人集會幽州,皆持唾壺,唯庫辱官獨無,[三四]乃唾曰陸眷口中。曰陸眷因咽之,西向拜天曰:"願使主君之智慧禄相,盡移入我腹中。"其後漁陽大饑,庫辱官以曰陸眷爲健,使將人詣遼西逐食,招誘亡叛,遂至强盛。

　　【校勘記】

　　〔三三〕因亂被賣爲漁陽烏丸大人庫辱官家奴　諸本"大人"作"子大",《魏書》卷一〇三《徒何段就六眷傳》"大"作"太",無"人"字。《通典》卷一九六、《通志》卷二〇〇《徒何段傳》作"大人"。按"子大"無義,今據《通典》改。

　　〔三四〕唯庫辱官獨無　諸本"獨"訛作"猶",據《魏書》、《通典》、《通志》改。

　　《北史》卷九十八《列傳第八十六·徒何段就六眷》頁三二六八至三二六九、三二八一

　　徒何段就六眷,本出於遼西。其伯祖曰陸眷,因亂被賣爲漁陽烏丸大庫辱官家奴。①諸大人集會幽州,皆持唾壺,唯

----

①此處中華書局點校本《魏書》無校勘記,中華書局點校修訂本《魏書》二五一七至二五一八頁校勘記〔三〇〕作:因亂被賣爲漁陽烏丸大庫辱官家奴　"大",原作"太",《北史》卷九八《徒何段就六眷傳》舊本並作"子大",《通典》卷一九六《邊防》一二《北狄》三《徒何段》、《通志》卷二〇〇作"大人"。按《晉書》卷三九《王沈傳》附《王浚傳》云:"浚又表封務勿塵遼西郡公,其別部大飄滑及其弟渴末、別部大屠甕等皆爲親晉王。"本書卷四下《世祖紀》(轉下頁)

庫辱官獨無,乃唾日陸眷口中。日陸眷因咽之,西向拜天曰:
"願使主君之智慧禄相盡移入我腹中。"其後漁陽大飢,庫辱
官以日陸眷爲健,使將之詣遼西逐食,招誘亡叛,遂至强盛。

《魏書》卷一百三《列傳第九十一·徒何段就六眷》頁
二三〇五

　　徒河段日陸眷出於遼西,[二九]因亂被賣爲漁陽烏桓大人
庫辱官家奴。諸大人集會幽州,皆持唾壺,唯庫辱官獨無,乃
唾日陸眷口中。日陸眷含出因咽之,西向拜天曰:"願使主君
之智慧禄相盡移入我腹中。"其後漁陽大饑,庫辱官以日陸眷
爲健,使將人衆詣遼西逐食,遂招誘亡叛,以至强盛。

【校勘記】

　　〔二九〕日陸眷出於遼西　"於"明抄本、明刻本、朝鮮
本、王吴本作"遊",與《魏書》、《北史·徒河段就六眷傳》
不合。

《通典》卷第一百九十六《邊防十二·北狄三·徒河段》
頁五三七一至五三七二、五三八七

　　徒河段日陸眷,出於遼西。因亂被賣爲漁陽烏桓大人庫
辱官家奴。諸大人集會幽州,皆持唾壺,唯庫辱官獨無,乃唾

（接上頁）下太平真君五年十月見吐谷渾部大崇娥。是鮮卑族首領
可單作"大"。《三國志》卷三〇《魏書·烏丸傳》裴《注》引《魏書》
稱烏丸數百千落自爲一部,"常推募勇健能理决鬥訟相侵犯者爲大
人,邑落各有小帥",疑統領衆多部落者稱"大人",邑落小帥即單稱
"大",或稱"子大"。此處"太"必是"大"字之訛,今據改。

日陸眷口中。日陸眷含出因咽之,西向拜天曰:"願使主君之智慧禄相,盡移入我腹中。"其後漁陽大飢,庫辱官以日陸眷爲健,使將人衆詣遼西逐食,遂招誘亡叛,以至强盛。

《文獻通考》卷三百四十二《四裔十九·徒河段》頁二六八三中

徒河段就六眷,出於遼西。其伯祖日陸眷,因亂被賣爲漁陽烏丸大人庫辱官家奴。諸大人集會幽州,皆持唾壺,唯庫辱官獨無,乃唾日陸眷口中。日陸眷因咽之,西向拜天曰:"願使主君之智慧禄相,盡移入我腹中。"其後漁陽大饑,庫辱官以日陸眷爲健,使將人衆詣遼西逐食,招誘亡叛,遂至强盛。

《通志》卷二百《四夷傳七·北國下·徒河段》頁三二〇三上

徒何段日陸眷。〔四〕出于遼西,因亂被賣爲漁陽烏丸大人庫辱官家奴。諸大人集會幽州,〔五〕皆持唾壺,惟庫辱官獨無,乃唾日陸眷口中。日陸眷因咽之,西向拜天曰:〔六〕"願使主君之智慧禄相盡移入我腹中。〔七〕"其後漁陽大饑,庫辱官以日陸眷爲健,使將人衆詣遼西逐食,招誘亡叛,遂至强盛。

【校勘記】

〔四〕徒何段日陸眷　底本"徒何段"下有"一名"二字,萬本、《庫》本同,據宋版及《魏書·徒何段就六眷傳》、《北史·徒何段就六眷傳》删。

〔五〕諸大人集會幽州　"集會",底本作"會集",據宋版、

萬本、《庫》本及《魏書·徒何段就六眷傳》、《北史·徒何段
就六眷傳》乙正。

〔六〕西向拜天曰　“天”，底本脱，萬本、《庫》本同，據宋
版、傅校及《魏書·徒何段就六眷傳》、《北史·徒何段就六眷
傳》補。

〔七〕願使主君之智慧禄相盡移入我腹中　“君”，底本
脱，《庫》本同，據宋版、萬本及《魏書·徒何段就六眷傳》、
《北史·徒何段就六眷傳》補。

　　《太平寰宇記》卷之一百九十四《四夷二十三·北狄
六·徒何段》頁三七一二至三七一三、三七二三至三七二四

　　烏丸氏，後改爲桓氏。

　　　　　　　《魏書》卷一百一十三《官氏志》頁三〇〇八

　　代北複姓

　　……

　　烏丸

　　　《通志》卷二十五《氏族略一》頁四四四中至四四四下

　　又烏丸氏，改桓氏，虜姓也。

　　　　　　　《通志》卷二十八《氏族略四》頁四七〇下

　　烏丸氏改爲桓氏。

　　　　　　　《通志》卷二十九《氏族略五》頁四七五中

烏丸之爲桓，阿鹿桓亦爲桓。

　　　　　《通志》卷三十《氏族略六》頁四八三下

　王軌，太原祁人也，小名沙門，漢司徒允之後。世爲州郡
冠族。累葉仕魏，賜姓烏丸氏。

　　　　　《周書》卷四十《列傳第三十二·王軌》頁七一一

　王軌，太原祁人也，小名沙門。漢司徒允之後，世爲州郡
冠族。累葉仕魏，賜姓烏丸氏。

　　　　　《北史》卷六十二《列傳第五十·王軌》頁二二一六

　王軌，太原祁人也，小名沙門，漢司徒允之後。世爲州郡
冠族。累葉仕魏，賜姓烏丸氏。

　　　　　《通志》卷一百五十六《列傳六十九·王軌》頁二五三
〇下

　史臣曰：四夷之爲中國患也久矣，北狄尤甚焉。種落實
繁，迭雄邊塞，年代遐邈，非一時也。五帝之世，則有獯粥焉；
其在三代，則獫狁焉；逮乎兩漢，則匈奴焉；當塗、典午，則烏
丸、鮮卑焉；後魏及周，則蠕蠕、突厥焉。此其酋豪，相繼互爲
君長者也。

　　　　　《隋書》卷八十四《列傳第四十九·北狄·史臣曰》頁
一八八三

　論曰：四夷之爲中國患也，久矣，北狄尤甚焉。種落實

繁，迭雄邊塞，年代遐邈，非一時也。五帝之世，則有獯鬻焉；其在三代，則獫狁焉；逮乎兩漢，則匈奴焉；當塗、典午，則烏丸、鮮卑焉；後魏及周，則蠕蠕、突厥。

　　　　《北史》卷九十九《列傳第八十七·論》頁三三〇四

　　當塗、典午，有烏丸、鮮卑焉。

　　　　《唐會要》卷七十三《安西都護府》頁一三二七

　　王珪字叔玠，太原祁人也。在魏爲烏丸氏，曾祖神念，自魏奔梁，復姓王氏。

　　　　《舊唐書》卷七十《列傳第二十·王珪》頁二五二七

　　烏丸王氏：霸長子殷，後漢中山太守，食邑祁縣。四世孫寔，三子：允、隗、懋。懋，後漢侍中、幽州刺史。六世孫光，後魏并州刺史。生回，度支尚書、護烏丸校尉、廣陽侯，因號“烏丸王氏”。生神念。北齊亡，徙家萬年。

　　　　《新唐書》卷七十二中《表第十二中·宰相世系二中》頁二六四二至二六四三

　　梁昭明太子《謝敕賚地圖啓》漢氏輿地，形茲未擬；晉代方丈，比此非妙。匹之長樂，唯畫古賢；儔之未央，止圖將帥。未有洞該八藪，混觀六合；域中天外，指掌可求；地角河源，戶庭不出。豈問千秋，自識烏丸之地；脫逢壯武，方著《博物》之書。

　　　　《初學記》卷第五《地理上·總載地第一》頁九〇

王朗《雜事》曰：焦生乞恩辭，生未有婦，從烏桓贖李娥爲妻，與耳中金璫一雙，珠四枚，璫二雙，珠三十雙，合中真珠一升。

《太平御覽》卷八〇三《珍寶部二·珠下》頁三五六七上

烏羅渾國亦謂之烏護，乃言訛也。東與靺鞨，西與突厥，[三三]南與契丹，北與烏丸爲鄰，風俗與靺鞨同。

【校勘記】

〔三三〕西與突厥　四字原脱，據《舊唐書·北狄傳》五三六四頁補。

《通典》卷第二百《邊防十六·北狄七·烏洛侯》頁五四八九、五五〇七

烏羅護之東北二百餘里，那河之北有古烏丸之遺人，今亦自稱烏丸國。武德、貞觀中，亦遣使來朝貢。其北大山之北有大室韋部落，其部落傍望建河居。其河源出突厥東北界俱輪泊，屈曲東流，經西室韋界，又東經大室韋界，又東經蒙兀室韋之北，落俎室韋之南，又東流與那河、忽汗河合，又東經南黑水靺鞨之北，北黑水靺鞨之南，東流注于海。烏丸東南三百里，又有東室韋部落，在猛越河之北。其河東南流，與那河合。

《舊唐書》卷一百九十九下《列傳第一百四十九·北狄·室韋》頁五三五七至五三五八

烏羅渾國，蓋後魏之烏洛侯也，今亦謂之烏羅護，其國在

京師東北六千三百里。東與靺鞨，西與突厥，南與契丹，北與烏丸接。風俗與靺鞨同。

　　《舊唐書》卷一百九十九下《列傳第一百四十九·北狄·烏羅渾》頁五三六四

　　烏羅護之東北百餘里，那河之北，有古烏丸之遺人，今亦自稱烏丸國。武德、貞觀中，亦遣使朝貢。其國北大山之北，亦有大室韋部落，其部落傍望建河居。其河源出突厥東北界俱輪泊地，屈曲東流，經西室韋界，又東經大室韋界，又東經蒙兀室韋之北，路丹室韋之南，又東流與那河、忽汗河合，又東經南黑水靺鞨之北，北黑水靺鞨之南，東流注于海。烏丸東南三百里，又有東室韋部落，在猲越河北。其河東南流與那河合。

　　《唐會要》卷九十六《室韋》頁一七二二

　　烏羅渾，蓋後魏烏洛侯也，今亦謂之烏羅護。東與靺鞨，南與契丹，北與烏丸爲鄰。風土與靺鞨同。

　　《唐會要》卷九十九《烏羅渾國》頁一七七一

　　猲越河東南亦與那河合，其北有東室韋，蓋烏丸東南鄙餘人也。

　　《新唐書》卷二百一十九《列傳第一百四十四·北狄·室韋》頁六一七七

　　《唐書》曰：烏羅渾國，蓋後魏之烏洛侯也，今亦謂之烏羅護,其國在京師東北六千三百里。東與靺鞨,西與突厥,南與契丹,北與烏丸接。風俗與靺鞨同。

《太平御覽》卷八〇一《四夷部二二·烏洛侯》頁三五五六下

烏羅護東北二百餘里,那河之側,〔四四〕有古烏丸之遺人,今亦自稱爲烏丸國。武德、貞觀中,亦遣使朝貢。其國北大山之北又有大車室韋部落,傍室建河居。其河源出突厥東北界俱輪泊,屈曲東流,經西室韋界,又東經大室韋界,〔四五〕又東經蒙兀室韋之北,落怛室韋之南,〔四六〕又東流與那河、忽汗河合,又東經南黑水靺鞨之北,北黑水靺鞨之南,東流注于海。烏丸東南三百里,又有東室韋部落,在猛越河之北。〔四七〕其東南流,與那河合。

【校勘記】

〔四四〕那河之側　“側”,《舊唐書·北狄傳》、《唐會要》卷九六作“北”。

〔四五〕又東經大室韋界　“界”,底本脱,據宋版、萬本、《庫》本及《舊唐書·北狄傳》、《唐會要》卷九六補。

〔四六〕落怛室韋　“落怛”,《舊唐書·北狄傳》作“落俎”,《新唐書·北狄傳》作“落坦”,《唐會要》卷九六作“路丹”。

〔四七〕猛越河　“猛”,底本作“崛”,《庫》本作“掘”,據宋版、萬本及《舊唐書·北狄傳》、《新唐書·北狄傳》、《唐會要》卷九六改。

《太平寰宇記》卷之一百九十九《四夷二十八·北狄十一·室韋》頁三八一四至三八一五、三八二八

　　四至：東與靺鞨，南與契丹，北與烏丸鄰。〔五五〕

【校勘記】

　　〔五五〕東與靺鞨南與契丹北與烏丸鄰　底本“靺鞨”下衍“接”字，“丸”作“桓”，並據宋版、萬本、《庫》本及《通典·邊防》一六、《舊唐書·北狄傳》刪改。傅校亦作“丸”。又《舊唐書》云：“東與靺鞨，西與突厥，南與契丹，北與烏丸接。”此蓋脱“西與突厥”四字。

　　《太平寰宇記》卷之一百九十九《四夷二十八·北狄十一·烏洛侯》頁三八一六、三八二九

　　《蕃中記》云：“完水即烏丸水也。〔五八〕”

【校勘記】

　　〔五八〕烏丸水　“丸”，底本作“桓”，據宋版、萬本、《庫》本及傅校改。

　　《太平寰宇記》卷之一百九十九《四夷二十八·北狄十一·烏洛侯》頁三八一六、三八二九

　　烏羅渾國，亦謂之烏護，皆烏洛侯音之訛也。東與靺鞨，南與契丹，北與烏丸爲鄰。風俗與靺鞨同。

　　《通志》卷二百《四夷傳七·北國下·烏洛侯》頁三二一五中

　　烏羅渾國亦謂之烏護，乃言訛也。東與靺羯，南與契丹，北與烏丸爲鄰，風俗與靺羯同。

　　《文獻通考》卷三百四十七《四裔二十四·烏洛侯》頁二七一七中至二七一七下

代北三字姓

……

庫傉官

　　　　　《通志》卷二十五《氏族略一》頁四四五上

《官氏志》：庫傉官氏，改爲庫氏。

　　　　　《通志》卷二十八《氏族略四》頁四六八下

庫傉官氏改爲庫氏。《前燕録》有岷山公庫傉官泥，生津，後燕太師安定王。又有西河公庫傉官驥、大司農庫傉官乾。

　　　　　《通志》卷二十九《氏族略五》頁四七六上

庫傉官之爲庫。

　　　　　《通志》卷三十《氏族略六》頁四八四上

互市舶法　自漢初與南越通關市，而互市之制行焉。後漢通交易於烏桓、北單于、鮮卑，北魏立互市於南陲，隋、唐通貿易于西北。

　　　　　《宋史》卷一百八十六《志第一百三十九·食貨志下八·互市舶法》頁四五五八

烏州，静安軍，刺史。本烏丸之地，東胡之種也。遼北大王撥剌占爲牧，〔二二〕建城，後官收。隸興聖宫。有遼河、夜河、烏丸川、烏丸山。統縣一：

愛民縣。撥剌王從軍南征，俘漢民置于此。户一千。

【校勘記】

〔二二〕遼北大王撥剌占爲牧　按牧下應有“地”或“場”字，文意始完。

　　　　《遼史》卷三十七《志第七·地理志一·上京道》頁
四四五、四五三

　　　　《元史》：“蒙古自孛端叉兒始蕃衍，居烏桓北，與畏羅、乃蠻、九姓回鶻、故城和林接壤，世奉貢於遼、金，而總領於韃靼。”

　　　　　　　《讀史方輿紀要》卷八《歷代州域形勢八》頁三五一

　　　桓州城，在衛西。本烏桓所居，金置桓州，亦曰威遠軍，治清塞縣。州有二城，南爲新城，北爲故城，相去三十里。

　　　　　　　　　《讀史方輿紀要》卷十八《北直九》頁八二一

　　　廢烏州，在臨潢東南。《遼志》：本烏丸地，東胡別種也。遼北大王撥剌占爲牧地，建城，因置烏州靜安軍于此，領愛民一縣。金廢。

　　　　　　　　　《讀史方輿紀要》卷十八《北直九》頁八五一

　　　烏丸山，《遼志》烏州有烏桓山、烏丸川，蓋烏桓之地。後漢時烏丸保據于此，曹操斬蹋頓，即其後也。

　　　　　　　　　《讀史方輿紀要》卷十八《北直九》頁八五三

　　　白山，在朵顔南境。後漢時烏桓所居。

　　　　　　　　　《讀史方輿紀要》卷十八《北直九》頁八五四

蒙古，東抵兀良哈，西連西番，北逾沙漠，自和林距京師凡四千餘里。《四裔考》：“北方歷代爲患，種類不齊，稱名各異。夏曰獯鬻，周曰獫狁，秦、漢曰匈奴，漢末曰烏桓，晉曰鮮卑，南北朝有蠕蠕，隋、唐時曰突厥，宋曰契丹，及女貞衰而蒙古起焉。”

　　　　《讀史方輿紀要》卷四十五《山西七》頁二〇五五

和林城，在漠北千餘里。唐回鶻毘伽可汗故城也，蒙古初都此，以西有哈喇和林河，因名。志云：蒙古之先有孛端叉兒，其部族居烏桓北，與畏羅、乃蠻、九姓回鶻、故城和林接壤，世奉貢於遼、金，而總領於韃靼，至也速該始盛，攻塔塔部，還次跌里温盤陀山而生鐵木真，後日以強大。

　　　　《讀史方輿紀要》卷四十五《山西七》頁二〇五九

内蒙古：古雍、冀、幽、并、營五州北境。周，獫狁、山戎。秦、漢，匈奴盡有其地。漢末，烏桓、鮮卑薦居。元魏，蠕蠕及庫莫奚爲大。隋、唐屬突厥，後入回紇、薛延陀。遼、金建都邑城郭同内地。元，故蒙古，起西北有天下。明，阿裕實哩達喇遁歸朔漠，復改號，遺踵曼衍，北陲多故。

　　　　《清史稿》卷七十七《志五十二·地理二十四·内蒙古》頁二三九五

蘇尼特部二旗：在張家口北。漢，上谷、代二郡北境。後漢，烏桓、鮮卑地。隋、唐爲突厥地。遼置撫州。金因之，屬西京路。元爲興和路地。明爲蘇尼特所據，察哈爾汗族也。

　　　　《清史稿》卷七十七《志五十二·地理二十四·内蒙古》頁二四一四

參考文獻

紀傳體史料：

（西漢）司馬遷撰：《史記》，中華書局，一九五九年。

（東漢）班固撰：《漢書》，中華書局，一九六二年。

（南朝宋）范曄撰：《後漢書》，中華書局，一九六五年。

（西晉）陳壽撰：《三國志》，中華書局，一九五九年。

（唐）房玄齡等撰：《晉書》，中華書局，一九七四年。

（南朝梁）沈約撰：《宋書》，中華書局，一九七四年。

（北齊）魏收撰：《魏書》，中華書局，一九七四年。

（唐）令狐德棻等撰：《周書》，中華書局，一九七一年。

（唐）魏徵等撰：《隋書》，中華書局，一九七三年。

（唐）李延壽撰：《北史》，中華書局，一九七四年。

（北宋）歐陽修、宋祁撰：《新唐書》，中華書局，一九七五年。

（南宋）鄭樵撰：《通志》，中華書局，一九八七年。

（元）脫脫等撰：《宋史》，中華書局，一九七七年。

（元）脫脫等撰：《遼史》，中華書局，一九七四年。

（清）張廷玉等撰：《明史》，中華書局，一九七四年。

趙爾巽等撰：《清史稿》，中華書局，一九七七年。

（東漢）劉珍等撰，吳樹平校注：《東觀漢記校注》，中華書局，二〇〇八年。

周天游輯注：《八家後漢書輯注》，上海古籍出版社，一九八
六年。

編年體史料：

（北宋）司馬光編著，（元）胡三省音注：《資治通鑑》，中華書
局，一九五六年。

（東晉）袁宏撰，周天游校注：《後漢紀校注》，天津古籍出版
社，一九八七年。

典制體史料：

（唐）杜佑撰：《通典》，中華書局，一九八八年。

（元）馬端臨撰：《文獻通考》，中華書局，一九八六年。

類書：

（唐）徐堅等著：《初學記》，中華書局，一九六二年。

（北宋）李昉等撰：《太平御覽》，中華書局，一九六〇年。

（北宋）王欽若等編：《册府元龜》，中華書局，一九六〇年。

地理類史料：

（北魏）酈道元著，陳橋驛校證：《水經注校證》，中華書局，
二〇〇七年。

（北宋）樂史撰：《太平寰宇記》，中華書局，二〇〇七年。

（清）顧祖禹撰：《讀史方輿紀要》，中華書局，二〇〇五年。

會要體史料:

（南宋）徐天麟撰:《西漢會要》,上海人民出版社,一九七七年。

（南宋）徐天麟撰:《東漢會要》,上海古籍出版社,一九七八年。

（清）楊晨著:《三國會要》,中華書局,一九五六年。

（北宋）王溥撰:《唐會要》,中華書局,一九六〇年。

其他史料:

（北魏）崔鴻撰,（清）湯球輯補:《十六國春秋輯補》,中華書局,一九八五年。

黃懷信、張懋鎔、田旭東撰:《逸周書彙校集注》,上海古籍出版社,一九九五年。

袁珂校注:《山海經校注》,上海古籍出版社,一九八〇年。

何建章注釋:《戰國策注釋》,中華書局,一九九〇年。

後　記

　　《東胡資料輯録　烏桓（丸）資料輯録》即將付梓，希望能對研究東胡、烏桓的歷史有所裨益。真正做好一部資料輯録既需要熟悉掌握相關歷史，還需要具備一定的古文字、版本目録學知識。該資料輯録涉及紀傳體、編年體、典制體、大型類書、地理總志等多類古籍，内容龐雜、分布零散、謬誤繁多、生僻字及異體字大量存在，無疑增加了完成的難度。作爲資料類工具書，可貴的是其準確性、全面性和系統性。工作伊始，我們就明確了這樣的目標，並不斷强化、逐步完善。但是，能否達到預先設想，爲研究者所用，助益專業研究，還要實踐檢驗。

　　"東胡系民族資料彙編"第一批四種成果的面世，得到了許多人的支持和幫助。國家社科基金重大委托項目"蒙古族源與元朝帝陵綜合研究"項目辦公室曾將"東胡—烏桓、鮮卑文獻史料彙編"列爲子課題，給與經費資助。在該成果出版之際，對項目辦主任劉國祥研究員、白勁松研究員致以由衷謝忱。在編輯出版過程中，内蒙古大學歷史與旅游文化學院李德鋒教授悉心溝通、鼎力相助，最終確定由享譽中外的中華書局出版，使得該古籍整理系列成果得到質量保障；碩士研究生張祥瑞負責辦理單一來源采購事宜，多次往返，不厭其煩，使得出版經費按期撥付；博士研究生林睿、張宇、于伯樂，碩士研究生馬傲天、張祥瑞、郝意如和本科生劉佳宣分工做了本書的校對工作，花費了很多時間，付出了巨大精力。對於支持和幫助我們的人，一併表示衷心的感謝！

　　責編陳喬付出了大量辛勤勞動，謹致以誠摯的謝意！

　　書中難免有錯誤紕漏，敬祈讀者批評指正。

2022 年 10 月 11 日